SAMMLUNG GUTTENTAG

196

Wehrstrafgesetz

vom 30. März 1957

mit Einführungsgesetz

erläutert von

Martin Rittau

Oberstaatsanwalt a. D.

BERLIN 1958

WALTER DE GRUYTER & CO.

vormals G. J. Göschen'sche Verlagshandlung — J. Guttentag, Verlagsbuchhandlung Georg Reimer — Karl J. Trübner — Veit & Comp.

Archiv-Nr. 21 1 196/58

Satz und Druck: Deutsche Zentraldruckerei AG, Berlin SW 61

Vorwort

Ende 1950 erhielt ich von der damaligen „Dienststelle Blank" den Auftrag, ihr den Entwurf eines Militärstrafgesetzbuchs vorzulegen. In der Begründung dieses Entwurfs, der auch den Vorschlag enthielt, die nur für den Verteidigungsfall geltenden Vorschriften (Kriegsrecht) in einen Anhang zu verweisen, schrieb ich: „Es wird nötig sein, aus dem künftigen MStGB alles auszuscheiden, was schon im allgemeinen Strafrecht eine auch für die Belange der Wehrmacht ausreichende Regelung gefunden hat, also keiner besonderen Würdigung unter militärischen Gesichtspunkten bedarf." Diesen Grundsatz hat sich das Wehrstrafgesetz zu eigen gemacht. Es ist zu hoffen, daß die „Ergänzung durch die für den Verteidigungsfall erforderlichen Vorschriften, wie etwa die Tatbestände der Übergabe an den Feind, Feigheit, Plünderung, Verwüstung, Fledderei und des rechtswidrigen Beutemachens" (Begr.), nicht mehr lange auf sich warten läßt.

Infolge der zahlreichen Abweichungen vom früheren Militärstrafgesetzbuch, die das Wehrstrafgesetz enthält, konnte das vorliegende Werk keine Neuauflage meines 1944 in 5. Auflage erschienenen Kommentars zum Militärstrafgesetzbuch sein, sondern stellt eine völlige Neubearbeitung dar. Aber auch für diese bildete die vorbildliche Rechtsprechung des früheren Reichsmilitärgerichts (1900 bis 1920) die Hauptgrundlage. Der Grundriß des Wehrstrafrechts von Bundesrichter Dr. Herbert Arndt (München und Berlin 1958) konnte leider keine Berücksichtigung finden, weil bei seinem Erscheinen die Drucklegung des vorliegenden Kommentars schon zu weit vorgeschritten war.

Frankfurt a. M., den 16. April 1958.

Martin Rittau

Inhaltsverzeichnis

Wehrstrafgesetz

vom 30. März 1957

ERSTER TEIL

Allgemeine Bestimmungen

ZWEITER TEIL

Militärische Straftaten

Abkürzungen

Paragraphenzahlen ohne Zusatz sind solche des Wehrstrafgesetzes, andere Zahlen ohne nähere Bezeichnung (z. B. 18, 141) bedeuten Band und Seite der Entscheidungen des Reichsmilitärgerichts.

Sonstige Abkürzungen

a.A.	anderer Ansicht
Abg.	Abgeordneter
Abs.	Absatz
Anm.	Anmerkung
Art.	Artikel
BBG	Bundesbeamtengesetz vom 14. 7. 1953 (BGBl. I S. 551)
Bd.	Band
Begr.	(ohne Zusatz) Begründung zum Entwurf eines Wehrstrafgesetzes und eines Einführungsgesetzes zum Wehrstrafgesetz (Bundestagsdrucksache 3040)
Begr. 36	Begründung zum Entwurf eines Strafgesetzbuchs für die deutsche Wehrmacht, Berlin 1936
Begr. 40	Begründung zur Neufassung des Militärstrafgesetzbuchs vom 10. 10. 1940, veröffentlicht im „Gesetzesdienst für die Wehrmachtgerichte", Sonderheft, Berlin 1940
BGB	Bürgerliches Gesetzbuch
BGBl.	Bundesgesetzblatt
BGH	Bundesgerichtshof
BGHSt.	Entscheidungen des Bundesgerichtshofs in Strafsachen
BMdI	Bundesminister des Innern
BMVtg.	Bundesminister für Verteidigung
BPr.	Bundespräsident
BR	Bundesregierung
BT	Bundestag
BW	Bundeswehr
DaB	Bestimmungen für den Dienst an Bord (MDv. Nr. 49)
Dallinger-Lackner	Jugendgerichtsgesetz. Kommentar von Dr. Wilhelm Dallinger und Dr. Karl Lackner. München und Berlin 1935

Dietz, Einst.u.Entl.Best.	Dietz, Heinrich, Einstellungs- und Entlassungsbestimmungen für Heer und Luftwaffe (Erläuterungen). Leipzig 1936
—, WStDO	Dietz, Heinrich, Wehrmachtdisziplinarstrafordnung. Leipzig 1943
—, WG	Dietz, Heinrich, Wehrgesetz. 2. Aufl. Leipzig 1943
Diss.	Dissertation
DJZ	Deutsche Juristen-Zeitung
Dörken-Scherer	Militärstrafgesetzbuch, Kommentar von Georg Dörken und Dr. Werner Scherer. 4. Aufl. Berlin 1943
EG	Einführungsgesetz
Entw.	Entwurf (falls ohne Zusatz: Entwurf eines Wehrstrafgesetzes und eines Einführungsgesetzes zum Wehrstrafgesetz vom 20. 12. 1956; Bundestagsdrucksache 3040)
Fuhse	Fuhse, Wilhelm, Militärstrafgesetzbuch, Kommentar. 2. Aufl. Berlin 1926
G	Gesetz
GeschlKrG	Gesetz zur Bekämpfung der Geschlechtskrankheiten vom 23. 7. 1953 (BGBl. I S. 700)
GG	Grundgesetz für die Bundesrepublik Deutschland
GMBl.	Gemeinsames Ministerialblatt, herausgegeben vom Bundesministerium des Innern
GoltdArch.	Goltdammers Archiv für Strafrecht und Strafprozeß
GVBl.	Gesetz- und Verordnungsblatt
HDStO	Heeresdisziplinarstrafordnung
Heckel	Prof. Dr. Joh. Heckel, Wehrverfassung und Wehrrecht, I. Teil. Hamburg 1939
hess.	hessisch
HGB	Handelsgesetzbuch
i.S.	im Sinne
i.V.	in Verbindung
JGG	Jugendgerichtsgesetz vom 4. 8. 1953 (BGBl. I S. 751)
JW	Juristische Wochenschrift
JWG	Reichsgesetz für Jugendwohlfahrt vom 9. 7. 1922 (RGBl. I S. 633)
MinDir.	Ministerialdirektor
MinRat	Ministerialrat
MStGB	Militärstrafgesetzbuch in der Fassung der Verordnung vom 10. 10. 1940 (RGBl. I S. 1347)
Nato	North Atlantic Treaty Organization
NJW	Neue Juristische Wochenschrift
NMilRBl.	Neue militärrechtliche Blätter, herausgegeben von Heinrich Dietz. Einziger Jahrgang 1935/36
OLG	Oberlandesgericht
ORR	Oberregierungsrat

PE	Prüfungsergebnisse des Reichsmilitärgerichts
Peters	Lehrbuch der Verwaltung von Prof. Dr. Hans Peters. Berlin-Göttingen-Heidelberg 1949
Potrykus	Das Einführungsgesetz zum Wehrstrafgesetz von Amtsgerichtsdirektor Dr. Potrykus. Neue Juristische Wochenschrift 1957 S. 814
RA	Rechtsausschuß des Deutschen Bundestages
RegDir.	Regierungsdirektor
RG	Reichsgericht
RGSt.	Entscheidungen des Reichsgerichts in Strafsachen
RGZ	Entscheidungen des Reichsgerichts in Zivilsachen
Richthofen, Gotthard Freiherr von	Wehrstrafgesetz mit Einführungsgesetz. Köln-Berlin 1957 (Zahl = Anmerkung zu dem betreffenden Paragraphen)
RKG	Reichskriegsgericht
Romen-Rissom	Militärstrafgesetzbuch, Kommentar von Romen und Rissom. 3. Aufl. Berlin 1918
Rotermund	Militärstrafgesetzbuch, Kommentar von Rotermund. 2. Aufl. Hannover 1911
Rsp.	Rechtsprechung des Reichsgerichts in Strafsachen
s.	siehe
S.	Seite
Scherer	Soldatengesetz, Kommentar von Dr. Werner Scherer. Berlin und Frankfurt a. M. 1956
Scherer-Flohr	Wehrpflichtgesetz, Kommentar von Dr. Werner Scherer und Dr. Georg Flor. Berlin und Frankfurt a. M. 1957
Schlayer	Militärstrafrecht von Schlayer im Handbuch der Gesetzgebung. Berlin 1904
Schmidt	Prof. Dr. Eberhard Schmidt, Militärstrafrecht. Berlin 1936
Schönke-Schröder	Strafgesetzbuch, Kommentar von Dr. Adolf Schönke, 8. Aufl. bearbeitet von Dr. Horst Schröder. München und Berlin 1957
Schwinge	Prof. Dr. Erich Schwinge, Militärstrafgesetzbuch einschließlich Kriegsstrafrecht. Kommentar. 6. Aufl. Berlin 1944
SG	Soldatengesetz vom 19. 3. 1956 (BGBl. I S. 114) in der Fassung des Änderungsgesetzes vom 20. 12. 1956 (BGBl. I S. 925)
SG-Kom.	Kommentar zum Soldatengesetz von Martin Rittau. München und Berlin 1957
StGB	Strafgesetzbuch
StODV	Standordtdienstvorschrift (ZDv. 40/1)
StPO	Strafprozeßordnung
USA	Vereinigte Staaten von Amerika
VO	Verordnung

VMBl.	Ministerialblatt des Bundesministers für Verteidigung
VorgVO	Verordnung über die Regelung des militärischen Vorgesetztenverhältnisses vom 4. 6. 1956 (BGBl. I S. 459)
WDO	Wehrdisziplinarordnung vom 15. 3. 1957 (BGBl. I S. 189)
WG 21	Wehrgesetz vom 23. 3./18. 6. 1921
WG 35	Wehrgesetz vom 21. 5. 1935
WK	Wehrkunde. Organ der Gesellschaft für Wehrkunde. München 1952 ff.
WPfG	Wehrpflichtgesetz vom 21. 7. 1956 (BGBl. I S. 651)
WStG	Wehrstrafgesetz vom 30. 3. 1957 (BGBl. I S. 298)
ZDv.	Zentrale Dienstvorschrift 2/1 Militärische Institutionen, Unterstellungsverhältnisse, Befehle und Richtlinien. August 1956 10/6 Schutz und Sicherheit der Bundeswehr (Entwurf) 40/1 Standortdienstvorschrift (Entwurf)
ZPO	Zivilprozeßordnung
ZWehrR	Zeitschrift für Wehrrecht, herausgegeben von Heinrich Dietz. Berlin und München 1936 ff.

Wehrstrafgesetz

vom 30. März 1957

ERSTER TEIL
Allgemeine Bestimmungen

§ 1
Geltungsbereich

(1) Dieses Gesetz gilt für Straftaten, die Soldaten der Bundeswehr begehen.

(2) Es gilt auch für Straftaten, durch die militärische Vorgesetzte, die nicht Soldaten sind, ihre Pflichten verletzen (§§ 30 bis 41).

(3) Wegen Anstiftung und Beihilfe zu militärischen Straftaten ist nach diesem Gesetz auch strafbar, wer nicht Soldat ist.

1. Soldat (Abs. 1) ist nach § 1 (1) SG, wer auf Grund der Wehrpflicht oder freiwilliger Verpflichtung in einem Wehrdienstverhältnis steht. Man unterscheidet

1. Berufssoldaten (§ 1 Abs. 3 Nr. 1 SG),
2. Soldaten auf Zeit (§ 1 Abs. 3 Nr. 2 SG),
3. „die übrigen Soldaten" (§ 4 Abs. 2 Satz 2 SG), d. h. diejenigen, die auf Grund der durch das WPfG vom 21. 7. 1956 (BGBl. I S. 651) begründeten Wehrpflicht Wehrdienst leisten.

Die Stellung eines Soldaten auf Zeit haben auch Offizierbewerber bis zum Abschluß des für sie vorgesehenen Ausbildungsganges (§ 40 Abs. 1 Nr. 3 SG) und die zu einer Eignungsübung einberufenen Soldaten und Beamten der früheren Wehrmacht und „Außenseiter" für die Dauer der Eignungsübung (§ 60 Abs. 1 Satz 5 SG).

Nach § 1 (2) SG stehen „auf Grund der Wehrpflicht auch noch die Angehörigen der Reserve, die zu einem Dienstgrad befördert sind, in einem Wehrdienstverhältnis, solange sie zum Wehrdienst einberufen sind". Damit soll nach dem Bericht des Verteidigungsausschusses (6. Ausschuß) des Deutschen Bundestages über den Entwurf eines SG (Drucks. 2140) deutlich gemacht werden, „daß auch Unteroffiziere der Reserve während der Leistung einer Übung als Wehrpflichtige anzusehen sind". Etwas anderes läßt sich auch aus der Fassung des Absatzes nicht herauslesen. Dann würden also Angehörige der Reserve, die nicht zu einem Dienstgrad befördert worden sind, wenn sie auf Grund ihrer Wehrpflicht zum Wehrdienst einberufen werden und solchen leisten, nicht in einem Wehrdienstverhältnis stehen. Daß dies nicht gemeint sein kann, ergibt sich aus § 4 WPfG. Nach Scherer (II 1) will § 1 (2) SG, dessen Fassung als völlig mißglückt bezeichnet werden muß, tatsächlich besagen, daß der Wehrpflichtige während der Zeit, für die er einberufen ist, Soldat ist, „und zwar so lange, als er den Grundwehrdienst zu leisten hat, als auch nach dem Grundwehrdienst, wenn er Wehrübungen oder Kriegsdienst leistet und einen Dienstgrad, also den eines Gefreiten der Reserve bis zum Offizier der Reserve, bekleidet". Auch diese Deutung läßt die Frage offen, ob denn der Angehörige der Reserve, solange er auf Grund der Wehrpflicht zum Wehrdienst einberufen, jedoch zu einem Dienstgrad noch nicht befördert worden ist, in keinem Wehrdienstverhältnis steht. Daß diese Frage zu verneinen ist, geht, wie schon bemerkt, aus § 4 WPfG hervor. Der Sinn des § 1 (2) SG kann auch nicht der sein, die Wehrpflichtigen, solange sie auf Grund ihrer Wehrpflicht zum Wehrdienst einberufen sind, rechtlich den Berufssoldaten oder den Soldaten auf Zeit gleichzustellen. Denn nach § 6 (2) Satz 2 WPfG behalten sogar die Wehrpflichtigen, die über ihre gesetzliche Pflicht hinaus freiwillig Wehrdienst leisten, die Rechtsstellung eines Soldaten, der auf Grund der Wehrpflicht Wehrdienst leistet. Auch das G vom 24. 12. 1956 (BGBl. I S. 1017), das die Dauer des Grundwehrdienstes und der Wehrübungen festgesetzt hat, vermochte kein Licht in das Dunkel zu bringen, das § 1 (2) SG um sich verbreitet.

Ausländer können nach § 37 (2) SG in die BW als Berufssoldaten oder als Soldaten auf Zeit eingestellt werden, wenn der BMVtg. eine Ausnahme von der Regel zugelassen hat, daß nur Deutsche i. S. des Art. 116 GG in das Dienstverhältnis eines Berufssoldaten oder eines Soldaten auf Zeit berufen werden dürfen (§ 37 Abs. 1 Nr. 1 SG). Infolge des Bündnisses mit den Streitkräften Westeuropas und der USA wird gelegentlich Veranlassung bestehen, Ausländer in die Reihen der BW aufzunehmen. Das SG enthält keine dem § 11 (2) Nr. 1 BBG entsprechende Bestimmung, wonach die Einstellung eines Ausländers als Beamten, ohne daß der BMdI eine Ausnahme zugelassen hat, ohne weiteres die Nichtigkeit der Ernennung zur Folge hat. Daher wird die Berufung eines Bewerbers, der nicht Deutscher i. S. des Art. 116 GG ist, in das Dienstverhältnis eines Berufssoldaten oder eines Soldaten auf Zeit ohne Ausnahmegenehmigung des BMVtg. nicht als nichtig, sondern nur als unwirksam anzusehen sein. Ein unwirksamer Verwaltungsakt liegt vor, wenn „durch Hinzutreten weiterer behördlicher oder privater Erklärungen ein zunächst keine Wirkungen äußerndes Rechtsgeschäft noch fehlerlos werden kann; wird die vorgeschriebene, aber noch fehlende Genehmigung einer Behörde später erteilt, so tritt die Wirksamkeit damit ein" (Peters S. 167). Die nachträgliche Genehmigung des BMVtg. wirkt zurück, unterwirft aber den Soldaten nicht dem militärischen Straf- und Disziplinarrecht für Handlungen, die vor der Genehmigung liegen (Dietz, WG S. 133). Vor Erteilung der Genehmigung gelten Bewerber, die ohne eine solche in das Dienstverhältnis eines Berufssoldaten oder eines Soldaten auf Zeit berufen worden sind, als „Bedienstete, die nicht Soldaten sind" (§ 70 SG).

Das Wehrdienstverhältnis beginnt — im Unterschied zu § 18 Nr. 1 WG 21 — nicht mit dem Gestellungstag, d. h. mit dem Beginn des Tages, an dem der Einberufene bei seinem Truppenteil oder seiner Dienststelle eintrifft, sondern mit dem Zeitpunkt, der für den Diensteintritt des Soldaten festgesetzt ist, d. h. der hierfür bestimmten Uhrzeit; der tatsächliche Diensteintritt ist also nicht maßgebend (§ 2 SG). Hingegen endet das Dienstverhältnis nicht mit dem Zeitpunkt des Ausscheidens, sondern — wie nach § 18 Nr. 1 Satz 1 WG 21 — mit dem Ablauf des Entlassungstages. Der Einberufene kann durch Fernbleiben nicht verhindern, daß er den militärischen Pflichten, Straf- und Disziplinarvorschriften unterworfen wird.

Die Dienstgradbezeichnungen und die Uniform der Soldaten sind durch die Anordnung des BPr. vom 7. 5. 1956 (BGBl. I S. 422) bestimmt worden; sie ist als Anhang 2 S. 148 abgedruckt.

2. Vorgesetzter (Abs. 2) ist, wer befugt ist, einem Soldaten Befehle zu erteilen (§ 1 Abs. 4 SG). Im einzelnen ist die Frage, wer Vorgesetzter ist, Sache der tatsächlichen Feststellung nach Maßgabe der Verordnung über die Regelung des militärischen Vorgesetztenverhältnisses vom 4. 6. 1956 (BGBl. I S. 459). Sie regelt nur das Vorgesetztenverhältnis von Soldaten und enthält keine dem Abschnitt D der Bestimmungen über Rang- und Vorgesetztenverhältnis der Soldaten des Heeres vom 1. 10. 1940 entsprechende Vorschrift, wonach ein Vorgesetztenverhältnis von Wehrmachtbeamten gegenüber Soldaten nicht bestand, Soldaten jedoch die dienstlichen Anordnungen von Wehrmachtbeamten, unter deren Leitung oder Verantwortung sie Dienst taten, zu befolgen hatten. Es ist Scherer (V 1) darin beizupflichten, daß auf Grund der Ermächtigung im § 1 (4) Satz 2 SG auch die Möglichkeit besteht, Nichtsoldaten Befehlsbefugnis über Soldaten zu übertragen. Von dieser Möglichkeit hat aber der BMVtg. in der VorgVO keinen Gebrauch gemacht, und sein Gutachter hat am 20. 2.

1957 im RA erklärt, „eine bestimmte Vorstellung in dieser Hinsicht sei noch nicht vorhanden". Es geht nun nicht an, trotzdem Beamten auf dem Wege über § 1 (2) BBG das Recht zu bindenden Anordnungen gegenüber Soldaten einzuräumen und aus dem Grundsatz, „daß der Staatsaufbau auf Überordnung und Unterordnung beruht", zu folgern, einerseits könne ein Beamter Vorgesetzter des Soldaten in dem Sinne sein, daß er ihm Anordnungen erteilen kann, und andererseits eine Gehorsamspflicht des Soldaten gegenüber den Anordnungen eines „übergeordneten Beamten" aus der Pflicht des Soldaten zu treuem Dienst herzuleiten (Scherer V 2). Der Soldat ist kein Beamter i.S. des BBG, s. Anm. 1 zu § 48. Die Vorschriften des BBG gelten für den Soldaten entsprechend nur, soweit es das SG ausdrücklich vorschreibt (z. B. in den §§ 5 (2), 14 (2), 20 (4), 34 (3) usw.). Ausgeschlossen ist aber nicht, daß ein Vorgesetzter Untergebenen befiehlt, den Anordnungen eines Beamten, unter dessen Leitung oder Verantwortung sie dienstlich tätig sind, Folge zu leisten, soweit dienstliche Belange es erfordern; die Pflicht zum Gehorsam ergibt sich dann für die Soldaten aus dem ihnen allgemein erteilten Befehl ihres militärischen Vorgesetzten. Der Beamte, dem die Soldaten zur Dienstleistung zugewiesen werden, wird aber durch den Befehl, seinen Anordnungen Folge zu leisten, nicht ihr militärischer Vorgesetzter, so daß § 1 (2) auf ihn nicht anwendbar ist.

Hingegen ist ihm der BMVtg. unterworfen, der nach Art. 65 a GG die Befehls- und Kommandogewalt über die Streitkräfte hat, und der Bundeskanzler, wenn nach Verkündung des Verteidigungsfalles die Befehls- und Kommandogewalt auf ihn übergegangen ist. Da Art. 65a GG den BPr. nicht erwähnt, obwohl ein großer Teil der sich aus der höchsten Befehls- und Kommandogewalt ergebenden Befugnisse ihm anvertraut ist (s. hierzu SG-Kom. S. 17), findet § 1 (2) WStG auf ihn in keinem Falle Anwendung.

3. Der Begriff der Anstiftung und Beihilfe ist hier, wie sich aus § 3 (1) ergibt, der gleiche wie im allgemeinen Strafrecht (§§ 47 bis 50 StGB). Die Frage, ob auch Zivilpersonen wegen Anstiftung und Beihilfe zu militärischen Straftaten zur Rechenschaft gezogen werden können, war früher nicht ausdrücklich geregelt und streitig (vgl. Schwinge, Vorbemerkung VII vor § 47). Vom Reichsgericht und vom Reichskriegsgericht ist sie in ständiger Rechtsprechung bejaht worden. Auch nach der Rechtsprechung zu den sog. eigentlichen Beamtendelikten, d. h. denjenigen, die nur von Beamten begangen werden können, können sich Nichtbeamte der Anstiftung und Beihilfe zu solchen Delikten schuldig machen. Diesen Delikten stehen hier die militärischen Straftaten gleich, da sie nur von Soldaten oder im Bereich

des Abs. 2 nur von Zivilpersonen begangen werden können, die militärische Vorgesetzte von Soldaten sind (Begr.). Auch die hier nicht erwähnte Begünstigung von Personen, für die Abs. 1 oder 2 gilt, durch Zivilpersonen zieht für diese Bestrafung nach den Vorschriften des WStG i.V. mit § 257 StGB nach sich (Abg. Dr. Arndt im RA).

Anstiftung und Beihilfe setzen nach den §§ 48, 49 StGB zwar eine objektiv rechtswidrige Haupttat voraus, auf die sie sich beziehen, die Haupttat braucht aber nicht subjektiv schuldhaft zu sein. Nach § 50 StGB ist, wenn mehrere an einer Tat beteiligt sind, jeder ohne Rücksicht auf die Schuld des anderen nach seiner Schuld strafbar. Bestimmt das Gesetz, daß besondere persönliche Eigenschaften oder Verhältnisse die Strafe schärfen, mildern oder ausschließen, so gilt dies nur für den Täter oder Teilnehmer, bei dem sie vorliegen. Hieraus folgt: a) Bei einer Beteiligung mehrerer an der Tat ist jeder nach dem Maß seiner Schuld strafbar, ganz gleich, wie der andere Beteiligte zu beurteilen ist; b) neben dem unmittelbaren Täter ist auch der mittelbare Täter als Täter anzusehen und mit der Täterstrafe zu belegen, wenn er mit Tätervorsatz handelt, die Tat also als eigene will, sonst als Anstifter oder Gehilfe; c) wer die Ausführungshandlung mit Täterwillen, d. h. indem er die Tat als eigene will, unternimmt, ist Täter; wer nur eine fremde Tat als fremde unterstützen will, ist Gehilfe (subjektive Teilnahmelehre); d) Täter ist nicht nur, wer die Tat ausführt, sondern auch, wer sie (mit Täterwillen) durch einen anderen (Werkzeug) ausführen läßt, ohne an der Ausführung selbst teilzunehmen.

Wer einen anderen zu bestimmen versucht, eine als Verbrechen mit Strafe bedrohte Handlung zu begehen, wird nach § 49a (1) StGB nach den für den Versuch des Verbrechens geltenden Vorschriften (§§ 44, 45 StGB) bestraft. Unberührt hiervon bleibt die Sonderregelung des § 34 (s. die dortige Anm. 1).

Die Beihilfe zur Selbstverstümmelung und zur Dienstpflichtentziehung durch Täuschung, die Verleitung zum Ungehorsam und zur Fahnenflucht sind durch das 4. StrafrechtsänderungsG vom 11. 6. 1957 (BGBl. I S. 597) zu Delikten des allgemeinen Strafrechts geworden (§§ 109—109 c StGB). Es bestimmen jedoch

§ 109 b (6) StGB: Begeht ein Soldat der Bundeswehr Anstiftung zum Ungehorsam, so sind die Vorschriften des Wehrstrafgesetzes anzuwenden.

§ 109 c (4) StGB: Begeht ein Soldat der Bundeswehr Anstiftung oder Beihilfe zur Fahnenflucht, so sind die Vorschriften des Wehrstrafgesetzes anzuwenden.

Zivilpersonen, die sich nach Abs. 3 strafbar machen, sind durch § 10 (2) von der Anwendung der Arreststrafe ausgenommen (s. Anm. zu § 10).

§ 2

Begriffsbestimmungen

Im Sinne dieses Gesetzes ist

1. **eine militärische Straftat eine Handlung, die der Zweite Teil dieses Gesetzes mit Strafe bedroht;**
2. **ein Befehl eine Anweisung zu einem bestimmten Verhalten, die ein militärischer Vorgesetzter (§ 1 Abs. 4 des Soldatengesetzes) einem Untergebenen schriftlich, mündlich oder in anderer Weise, allgemein oder für den Einzelfall und mit dem Anspruch auf Gehorsam erteilt;**
3. **eine schwerwiegende Folge eine Gefahr für die Sicherheit der Bundesrepublik Deutschland, die Schlagkraft der Truppe, Leib oder Leben eines Menschen oder Sachen von bedeutendem Wert, die dem Täter nicht gehören.**

1. **Nr. 1** bestimmt den schon im § 1 (3) verwendeten Begriff der militärischen Straftat. Er umfaßt alle Handlungen, die im Zweiten Teil mit Strafe bedroht sind, und kehrt wieder in den §§ 4, 7, 10 und 12. Durch die Begriffsbestimmung werden zugleich alle Handlungen, die im Ersten Teil mit Strafe bedroht sind, aus den militärischen Straftaten ausgeschieden. Die von einem Nichtsoldaten begangene Anstiftung und Beihilfe zu einer militärischen Straftat (§ 1 Abs. 3) ist daher ihrerseits keine militärische Straftat (Begr.).

2. Ein Befehl, der zum Gehorsam verpflichtet (Nr. 2), liegt nur dann vor, wenn er zu dienstlichen Zwecken erteilt wird (§ 22 Abs. 1). Ein Befehl zu dienstlichen Zwecken (§ 10 Abs. 4 SG) ist nichts anderes als ein „Befehl in Dienstsachen" i.S. der §§ 47 und 92 MStGB (s. hierüber nachstehend unter b).

a) Der Begriff des Befehls, der in den §§ 5, 19, 20, 21, 22, 32, 33, 34, 35, 37, 38, 44 und 45 verwendet wird, war in der früheren deutschen Militärgesetzgebung nicht ausdrücklich festgelegt, bildete jedoch den Gegenstand einer umfangreichen Rechtsprechung (Begr.). Dieser entspricht die Begriffsbestimmung der Nr. 2. Danach setzt der Befehl einen Vorgesetzten voraus und dieser muß den Willen haben, zu befehlen. Die Worte „mit dem Anspruch auf Gehorsam" sollen nach der Erklärung des BMVtg.-Gutachters im RA gegenüber unverbindlichen Bitten, Ratschlägen und anderen Äußerungen, die auch ein gewisses Verlangen darstellen, jedoch nicht Befehle sein sollen, abgrenzen. Selbstverständlich braucht der Vorgesetzte nicht jedesmal zu sagen, daß er den Anspruch auf Gehorsam erhebe; das liegt vielmehr im Wesen der Äußerung. Es ist nunmehr im G ausdrücklich festgelegt, daß der Befehl keiner besonderen Form bedarf, daß er nicht nur schriftlich oder mündlich, sondern auch „in anderer Weise" erteilt werden kann, z. B. durch Zeichen, Signale oder Gebärden. Die Befehlsgebung kann sich in Frageform (12, 12; 14, 199), in die Formen einer Bitte (13, 133) oder eines Ersuchens (8, 84) kleiden oder in schlüssigen Handlungen zum Ausdruck kommen (RGSt. 57, 401). In subjektiver Hinsicht ist aber immer erforderlich, daß derjenige, dem Befehle erteilt werden, sie auch als solche erkennt (6, 18). Irrt er über den Befehlscharakter einer ihm von einem Vorgesetzten erteilten Weisung und hält er sie infolgedessen für unverbindlich, so greift § 22 (3) Platz.

Der Auftrag ist ein Befehl. Er bezeichnet das in einem begrenzten Zeitraum zu erreichende Ziel. Er läßt dem Empfänger Handlungsfreiheit in bezug auf seine Durchführung im Rahmen der ihm zur Verfügung stehenden Mittel. Er verlangt daher in besonderem Maße eigene Urteils- und Entschlußkraft und selbständiges Handeln (ZDv. 2/1 Nr. 60).

Die Weisung ist ein Befehl. Sie gibt oft nur die Gesamtabsicht des Vorgesetzten, jedenfalls die Zielsetzung im großen und gilt in der Regel für einen längeren Zeitraum. Sie läßt dem Empfänger Handlungsfreiheit in bezug auf ihre Durchführung im Rahmen der ihm zur Verfügung stehenden Mittel. Die Herausgabe von Weisungen ist im allgemeinen der oberen und obersten Führung vorbehalten (ZDv. 2/1 Nr. 61).

Die besondere Anweisung ist ein Befehl. Sie regelt die Tätigkeit auf einem Spezialgebiet. Besondere Anweisungen können unabhängig von Befehlen anderer Art oder aber auch zu deren Ergänzung hinsichtlich solcher Einzelheiten herausgegeben werden, deren Kenntnis für die Gesamtheit des von dem Befehl berührten militärischen Personals ohne Belang, deren Regelung jedoch für die Tätigkeit auf einzelnen Spezialgebieten zur Durchführung des Gesamtauftrages geboten ist (ZDv. 2/1 Nr. 62).

Die Richtlinie, d. h. eine schriftlich, mündlich oder sonst in erkennbarer Weise erteilte Anweisung eines militärischen Vorgesetzten an einen Untergebenen zu einem allgemeinen Verhalten, ist kein Befehl. Sie gibt Hinweise und die allgemeine Richtung für ein Tätigwerden des Untergebenen, ohne ein konkretes Verhalten für den

Einzelfall oder generell vorzuschreiben. Sie soll dem Untergebenen ein Anhalt für die eigene, selbstverantwortliche dienstliche Tätigkeit sein (ZDv. 2/1 Nr. 73).

Unter einem Befehl ist nicht nur ein von dem Vorgesetzten dem einzelnen Untergebenen speziell erteilter Befehl zu dienstlichen Zwecken zu verstehen (sog. echte Befehle oder Kommandos, „die auf einen Einzelvorgang nach Ort und Zeit abzielen", (Dietz, HDStO, 2. Aufl. (1935) S. 31); es kann vielmehr ein Befehl zu dienstlichen Zwecken, wie sich aus der Fassung der Nr. 2 nunmehr zweifelsfrei ergibt, auch in allgemeinen dienstlichen Anordnungen (Dienstvorschriften, Instruktionen usw.) enthalten sein, sofern sie bestimmte Gebote oder Verbote in sich schließen (5, 3; 8, 227; 10, 41; 12, 114; RGSt. 64, 66/69). Solche aus Dienstvorschriften unzweifelhaft zu entnehmende Weisungen, die „für eine gleichmäßig wiederkehrende Lage ein genau umgrenztes typisches Verhalten fordern" (Dietz a.a.O.), verpflichten aber die Untergebenen zum Gehorsam nur dann, wenn sie ihnen als Befehle gehörig bekanntgegeben worden sind. „Die Belehrung über Dienstvorschriften in der Unterrichtsstunde (vgl. § 33 SG) ist an sich noch kein Befehl" (Dietz, WDStO S. 46). Die im Ersten Abschnitt Nr. 2 SG behandelten „Pflichten und Rechte der Soldaten", die früher in den Kriegsartikeln und in den „Pflichten des deutschen Soldaten" (letzte Fassung vom 25. 5. 1934) niedergelegt waren, stellen ebensowenig wie diese Befehle dar; wohl aber sind bestimmte Gebote oder Verbote, die auf Grund der Bestimmungen des SG von befehlsberechtigten Vorgesetzten erlassen worden sind, Befehle zu dienstlichen Zwecken (RGSt. 58, 197; OLG Dresden in JW 1932, 177).

b) „Dienstliche Zwecke" (= Dienstsachen) sind der Inbegriff alles dessen, was der militärische Dienst nach seinem inneren Wesen erfordert (RGSt. 58, 110), mit anderen Worten die Gesamtheit der Verrichtungen, denen sich die Soldaten zu unterziehen haben, um die Erfüllung der zu den Angelegenheiten der BW gehörenden Aufgaben zu ermöglichen. Außer dem Truppendienst im engeren Sinne fällt hierunter jedes Geschäft der Wehrverwaltung, das einem Soldaten als solchem befugterweise als Dienstverrichtung übertragen wird (RGSt. 64, 67). Ein Befehl zu dienstlichen Zwecken liegt daher dann vor, wenn ein zur Befehlsgebung Berechtigter in gebietender Weise mit dem Anspruch auf Gehorsam von einem seiner Befehlsgewalt Unterworfenen ein Handeln oder Unterlassen fordert, dessen Vornehmen oder dessen Unterlassen das Wesen des militärischen Dienstes erheischt (5, 150; RGSt. 58, 110 und 64, 293).

c) Die Verbindlichkeit gehört nicht zum Wesensmerkmal eines Befehls im allgemeinen (MinDir. Dr. Schafheutle im RA). Auch der nicht rechtmäßige Befehl ist verbindlich, soweit nicht das Gesetz klar und deutlich etwas anderes bestimmt (Schmidt S. 58, Schwinge II zu § 47, Heckel S. 368 ff.; Beckmann, Vorgesetzter und Untergebener nach dem Militärstrafrecht, Diss. Breslau 1937, S. 29). Die Verbindlichkeit ist auch keine Bedingung der Strafbarkeit wegen Ungehorsams (§ 22); s. hierzu Vorbemerkung 2 vor § 19.

d) Über den Begriff „Vorgesetzter" s. Anm. 2 zu § 1.

Die vorübergehende Übertragung einer Befehlsbefugnis muß allen Beteiligten dienstlich bekannt gegeben werden, kann aber auch durch schlüssige Handlungen und in diesem Sinne stillschweigend erfolgen. Der Auftrag des Vorgesetzten, den Dienst zu beaufsichtigen (vgl. § 5 VorgVO), offenbart notwendig zugleich den Willen, den Aufsichthabenden zum Vorgesetzten der zu beaufsichtigenden Soldaten zu machen (RKG 1, 112). Immer aber gilt die vorübergehend übertragene Befehlsbefugnis nur dann, wenn der Soldat, dem die Vorgesetzteneigenschaft übertragen worden ist, den ihm unterstellten Soldaten bei einer der damit verbundenen Diensthandlungen als Leiter oder Ausbilder entgegentritt (RG vom 18. 10. 1935 — 4 D 905/35 — ZWehrR I, S. 54).

3. Der Begriff der schwerwiegenden Folge (Nr. 3) findet sich in den §§ 19, 21, 41, 42, 44 und 45. Das in diesen Tatbeständen umschriebene Verhalten erfordert nur dann eine gerichtliche Bestrafung, wenn es schuldhaft zu einer schwerwiegenden Folge der in Nr. 3 genannten Art führt. Tritt eine solche Folge nicht oder unverschuldet ein, so liegt nur eine Pflichtverletzung nichtkrimineller Art vor, die mit einer Disziplinarstrafe ausreichend geahndet werden kann (Begr.).

a) Gefahr soll nach einer einstimmigen Entschließung des RA vom 20. 2. 1957 „wie sonst die konkrete, bestimmte, wirklich eingetretene Gefahr bedeuten". Wie nahe die danach zu befürchtende Eventualität sein muß, um von vorhandener Gefahr zu sprechen, läßt sich nur für den Einzelfall entscheiden (8, 247/256).

b) Die Sicherheit der Bundesrepublik Deutschland kann von außen gefährdet werden durch Erleichterung eines Angriffs gegen die Bundesrepublik als solche oder eine zu ihrer Verteidigung geschaffene Anlage oder Einrichtung, oder im Innern, z. B. durch verfassungswidrige kommunistische Betätigung.

c) Die Schlagfertigkeit der Truppe ist das Endergebnis einer einheitlichen, den Kriegserfahrungen Rechnung tragenden Ausbildung, zu der auch die Kenntnis des Wesens aller Waffen sowie die sorgfältige Behandlung von Waffen und Gerät in allen Lagen gehören.

Es bedeutet bereits eine Gefahr für die Schlagfertigkeit der Truppe und für die Sicherheit der Bundesrepublik, wenn nur die Möglichkeit besteht, daß ein Wehrpflichtiger sich seiner Pflicht, die er für die Verteidigung des Landes an der ihm zugewiesenen Stelle zu erfüllen hat, entzieht (RKG 1, 127). Zu einer Gefährdung der Schlagfertigkeit reicht aus, wenn eine nicht nur ganz unbestimmte Möglichkeit dafür geschaffen wird, daß die volle und sofortige Einsatzbereitschaft und Verwendbarkeit der Truppe auch nur an einer Stelle gestört oder beeinträchtigt wird; RKG vom 13. 8. 1943 StPL 4(HLS) III 17/43).

d) Es reicht aus, daß Leib oder Leben eines einzigen Menschen, auch des Täters selbst, gefährdet werden. Ob dieser Auffassung in dieser Form und in dieser Verallgemeinerung zugestimmt werden kann, kann nach RKG 1, 84 dahingestellt bleiben. Jedenfalls gefährdet ein als Flugzeugführer ausgebildeter Soldat, der durch Nichtbeachtung eines zu dienstlichen Zwecken erteilten Befehls eine Gefahr für sein Leben herbeiführt, nicht nur sich selbst, sondern setzt auch seine Einsatzfähigkeit als Flugzeugführer und seine Verwendungsfähigkeit und Verwendungsmöglichkeit für die ihm übertragenen besonderen soldatischen Aufgaben und Pflichten aufs Spiel. Eine solche Gefährdung stellt sich aber über die Person des einzelnen ausgebildeten Flugzeugführers hinaus und unabhängig von ihr als eine Gefährdung der Schlagkraft der Truppe dar.

Eine Gefahr für Menschenleben bedeutet nichts anderes als die Gefahr, daß der Tod eines Menschen herbeigeführt wird. Wenn ein Flugzeug während eines Fluges in Gefahr gerät, ist nach menschlichem Ermessen mit dem Tod der Insassen zu rechnen (RKG 1,98).

e) Sachen von bedeutendem Wert, die dem Täter nicht gehören, brauchen nicht in fremdem Eigentum zu stehen. Es kann sich auch um herrenloses Gut handeln (Begr.). Ob der Wert bedeutend ist, ist Tatfrage.

§ 3

Anwendung des allgemeinen Strafrechts

(1) Das allgemeine Strafrecht ist anzuwenden, soweit dieses Gesetz nichts anderes bestimmt.

(2) Für Straftaten von Soldaten, die Jugendliche oder Heranwachsende sind, gelten besondere Vorschriften des Jugendgerichtsgesetzes.

1. Das allgemeine Strafrecht umfaßt nicht nur den allgemeinen Teil des StGB, sondern auch die Vorschriften des besonderen Teils und die strafrechtlichen Nebengesetze.

Während nach § 2 MStGB die in Beziehung auf Verbrechen und Vergehen allgemein geltenden Vorschriften des StGB auf militärische Verbrechen und Vergehen nur entsprechend anzuwenden waren, d. h. insoweit, als die besonderen Bedürfnisse der Wehrmacht und die Rücksicht auf die Erhaltung der Mannszucht mit der Anwendung vereinbar waren, unterwirft § 3 die Soldaten der BW genauso wie Zivilpersonen dem allgemeinen Strafrecht. Abweichungen davon sind nur in den gesetzlich ausdrücklich geregelten Fällen zulässig. Nach der Begr. hat man angenommen, daß die frühere Regelung nicht mehr den Anforderungen entspreche, die heute unter dem Gesichtspunkt der Rechtssicherheit gestellt werden müßten.

2. Die besonderen Vorschriften des JGG, die für jugendliche und heranwachsende Soldaten gelten (Abs. 2), sind durch das EG in das JGG eingefügt worden; s. Anm. zu Art. 1 EG.

§ 4

Militärische Straftaten gegen verbündete Streitkräfte

(1) Die Vorschriften dieses Gesetzes sind auch dann anzuwenden, wenn ein Soldat der Bundeswehr eine militärische Straftat gegen Streitkräfte eines verbündeten Staates oder eines ihrer Mitglieder begeht.

(2) Das Gericht kann von Strafe absehen, wenn die Wahrung der Disziplin in der Bundeswehr eine Bestrafung nicht erfordert.

1. Abs. 1 schließt sich an § 8 MStGB an, setzt aber nicht mehr — wie jener — voraus, daß der Täter und der Verletzte in einem gemeinsamen Dienstverhältnis stehen und daß Gegenseitigkeit verbürgt ist. Die enge Zusammenarbeit zwischen der BW und den verbündeten Streitkräften im Rahmen der NATO erfordert es, von solchen Einschränkungen abzusehen. Bei der z. Z. bestehenden Organisation der NATO-Streitkräfte ist nicht gesichert, daß strafwürdige militärische Taten nur begangen werden können, wenn Täter und Verletzter unter einheitlichem Befehl stehen. Bei militärischen Straftaten gegen verbündete Streitkräfte wird es sich überwiegend um die Verletzung von Pflichten des Vorgesetzten oder des Untergebenen handeln (Begr.). Die Taten deutscher Soldaten gegen die Angehörigen verbündeter Streitkräfte müssen auch vom Gesichtspunkt der deutschen Disziplin aus gewürdigt werden. Diese muß auch aufrechterhalten werden, wenn im umgekehrten Fall der alliierte Soldat nicht strafbar ist (MinDir. Dr. Schafheutle im RA).

Die im Zweiten und Dritten Abschnitt enthaltenen Vorschriften zum Schutze Dienstgradhöherer gegen Taten Dienstgradniederer und Dienstgradniederer gegen Taten Dienstgradhöherer (§§ 29, 36) sind nach den 2. Absätzen dieser Vorschriften zugunsten der alliierten Streitkräfte nicht anwendbar, so daß z. B. eine Streitigkeit zwischen einem Soldaten der BW und einem alliierten Offizier strafrechtlich erheblich immer nur ist, wenn dieser Offizier im Einzelfall wirklich Vorgesetzter des deutschen Soldaten und nicht nur höherer Dienstgrad ist (RegDir. Dr. Lackner im RA).

2. Die allgemeinen Strafgerichte, die im Regelfall nach Abs. 2 zu entscheiden haben werden, werden meist nicht in der Lage sein, zu beurteilen, ob die Aufrechterhaltung der Disziplin in der BW eine Bestrafung erfordert, und auf „die Einholung einer Auskunft" angewiesen sein (Abg. Haasler im RA). Hier zeigt sich wieder einmal, daß die Regelung des Art. 96 a GG, durch welche eine eigene Gerichtsbarkeit der BW nur über ins Ausland entsandte oder an Bord von Kriegsschiffen eingeschiffte Angehörige der Streitkräfte zugelassen ist, die allgemeinen Strafgerichte vor Aufgaben stellt, denen sie nicht gerecht werden können. Außerdem wird durch die Notwendigkeit, Auskünfte einzuholen, der Willkür Tür und Tor geöffnet. Nur jemand, dem militärische Verhältnisse fremd sind und der die menschliche Natur falsch einschätzt, wird erwarten können, daß die Frage, ob die Wahrung der Disziplin in der BW im Einzelfalle eine Bestrafung erfordert, stets objektiv beantwortet wird; in den meisten Fällen wird sich die Bejahung oder Verneinung danach richten, ob der Täter als „guter" oder als „schlechter" Soldat gilt (s. hierzu SG-Kom. Anm. 3 zu § 7).

§ 5
Handeln auf Befehl

(1) Begeht ein Untergebener eine mit Strafe bedrohte Handlung auf Befehl, so trifft ihn eine Schuld nur, wenn es sich um ein Verbrechen oder Vergehen handelt und er dies erkennt oder es nach den ihm bekannten Umständen offensichtlich ist.

(2) Ist die Schuld des Untergebenen mit Rücksicht auf die besondere Lage, in der er sich bei der Ausführung des Befehls befand, gering, so kann das Gericht die Strafe nach den Vorschriften über die Bestrafung des Versuches mildern, bei Vergehen auch von Strafe absehen.

1. Nach § 47 (1) Satz 2 MStGB konnte ein Untergebener, der eine mit Strafe bedrohte Handlung auf Befehl beging, nur dann bestraft werden, „wenn ihm bekannt gewesen ist, daß der Befehl des Vorgesetzten eine Handlung betraf, welche ein allgemeines oder militärisches Verbrechen oder Vergehen bezweckte". Wegen einer auf Befehl begangenen Übertretung konnte der Soldat in keinem Falle bestraft werden. Hier traf die strafrechtliche Verantwortung allein den Vorgesetzten. Das SG hat in § 11 (2) Satz 2 diese Regelung übernommen, jedoch mit der Einschränkung: Der Untergebene ist verantwortlich, sowohl wenn er erkennt, daß durch das Befolgen des Befehls ein Verbrechen oder Vergehen begangen wird, als auch, wenn dies nach den ihm bekannten Umständen offensichtlich ist. Ob die Handlung das Verbrechen oder Vergehen „bezweckt", ist ohne Bedeutung (Begr.). Hierin liegt der bedeutsamste Unterschied der jeztigen Regelung von der früheren im § 47 (1) Satz 2 Nr. 2 MStGB. Diese befreite von der Gehorsamspflicht nur dann, wenn zum Vorsatz des Vorgesetzten, ein Verbrechen oder Vergehen zu verüben, „eine gewisse Absicht" hinzugekommen war, „durch das Mittel der Begehung eines Verbrechens oder Vergehens einen rechtswidrigen Zweck zu erreichen" (13, 180). War hingegen die Absicht des Vorgesetzten darauf gerichtet, durch die Begehung eines Verbrechens oder Vergehens einen nach allgemeinen militärdienstlichen Grundsätzen vertretbaren oder notwendigen Erfolg zu erzielen, so mußte sein Befehl befolgt werden. Das hat in den zahlreichen Strafverfahren, die nach dem letzten Kriege gegen frühere Soldaten wegen „Handelns auf Befehl" eingeleitet und durchgeführt worden sind, eine bedeutsame Rolle gespielt. Über den Einfluß des übergesetzlichen Notstands auf die Befehlsgebung s. die nachstehende Anm.

Obwohl nunmehr — einer alten Forderung entsprechend — die Befehlslehre im SG, also im militärischen Verwaltungsrecht, behandelt wird, wiederholt § 5 (1) „der Vollständigkeit halber" den Inhalt des § 11 (2) SG (BMVtg.-Gutachter im RA); s. hierzu Vorbemerkung 2 VI vor § 19.

2. U n t e r g e b e n e r ist ein relativer, d. h. von den jeweiligen besonderen Umständen abhängiger Begriff. Jeder Soldat kann, je nachdem, grundsätzlich sowohl Vorgesetzter als Untergebener einzelner Soldaten sein. Es hängt das nicht nur vom Rangverhältnis und der dauernden Stellung, sondern daneben auch von der jeweiligen dienstlichen Funktion nach Maßgabe der Wehrverfassung, der Dienstvorschriften und besonderer Anordnungen zuständiger Stellen ab. Und derselbe, der gegenüber einer Person Vorgesetzter ist, ist anderen gegenüber wieder Untergebener; vgl. auch Anm. 1 zu § 19.

3. Über „B e f e h l" s. Anm. 2 zu § 2.

Nach § 11 (1) Satz 2 SG darf ein Befehl nicht befolgt werden, wenn dadurch ein Verbrechen oder Vergehen begangen würde. Hiermit will das SG „mit Rücksicht auf die Erfahrungen der Vergangenheit" deutlich feststellen, „daß eine strafrechtliche Norm stets stärker ist, als der militärische Befehl", hiervon jedoch Übertretungen ausnehmen. „Hier wird", so meint die Begr. zum SG (S. 20), „vielfach die Pflicht, militärische Notwendigkeiten durchzusetzen, es nach den Grundsätzen des übergesetzlichen Notstandes gestatten, den Übertretungstatbestand zu verwirklichen. Die militärische Pflicht ist häufig höher zu bewerten als die Übertretungsnorm, die im allgemeinen nur eine nicht besonders ins Gewicht fallende Ordnungswidrigkeit verhindern will". Das hierin erkennbare Bestreben, die Grundsätze des übergesetzlichen Notstandes für unanwendbar auf Befehle zu dienstlichen Zwecken zu erklären, durch deren Ausführung der objektive Tatbestand eines Verbrechens oder Vergehens verwirklicht werden würde, hat weder im Text des SG noch in dem des WStG einen Niederschlag gefunden. Es kann Fälle geben, in denen die militärische Pflicht dazu zwingt, zu ihrer Erfüllung ein weniger wertvolles Rechtsgut zu verletzen, auch wenn diese Verletzung den Tatbestand eines Verbrechens oder Vergehens erfüllt, aber das einzige Mittel ist, um das unmittelbar bedrohte höhere Rechtsgut zu schützen, und entsprechende Befehle zu erteilen. Beispiel: Die Truppe muß, um während einer Übung ein befohlenes Marschziel rechtzeitig zu erreichen, statt vorhandene Wege zu benutzen, über ein Stoppelfeld marschieren. Dessen Eigentümer stellt sich ihr mit einer geladenen Jagdflinte entgegen und droht, von dieser Gebrauch zu machen, wenn der Marsch über das Feld fortgesetzt würde. Der Führer der Truppe befiehlt, den Grundstückseigentümer, obwohl dieser nach § 53 StGB notwehrberechtigt war, zu entwaffnen und solange festzuhalten, bis der letzte Mann der Marschkolonne am anderen Ende des Feldes angelangt ist. Durch die Ausführung des Befehls werden die Tatbestände der Freiheitsberaubung und der Nötigung objektiv verwirklicht. Anderes Beispiel aus dem 1. Weltkrieg: Bevor im März 1917 im Westen der Rückzug in die „Siegfriedlinie" angetreten wurde, wurde das Vorfeld dieser Linie, um dem nachdrängenden Feind das Festsetzen zu erschweren und die Schußfelder frei zu machen, auf Befehl der Obersten Heeresleitung in eine Wüste verwandelt. Die Ortschaften wurden durch Abreißen oder Abbrennen der Gebäude, nachdem die Einwohner evakuiert worden waren, dem Erdboden gleichgemacht, die Bäume wurden gefällt, Brunnen und Straßenkreuzungen gesprengt usw. Alles das waren Verbrechen und Vergehen im objektiven Sinne (Brandstiftung, Sachbeschädigung, Verbrechen gegen das Sprengstoffgesetz usw.), aber durch die Kriegslage gebotene Handlungen, nicht zuletzt deswegen notwendig, um auf deutscher Seite die Verluste trotz der feindlichen Übermacht in erträglichen Grenzen zu halten. Sie dürften, wollte man der Begr. zum SG folgen, auch unter dem Gesichtspunkte des übergesetzlichen Notstandes nicht mehr befohlen werden. Hätten das SG und das WStG auf solche Weise befehlende Vorgesetzte unter Ausnahmerecht stellen wollen, so hätte das im Text klar und deutlich zum Ausdruck kommen müssen. Da das nicht geschehen ist, sind die betreffenden Ausführungen in der Begr. zum SG unbeachtlich. Im übrigen ist nicht nur „die Frage, ob die Übertretung weiterhin als kriminelles Unrecht behandelt werden soll, im Fluß" (Begr. zum SG S. 20), sondern auch die Auffassung, was als Vergehen und was als Übertretung zu bewerten ist, hat mehrfach gewechselt. Beispiele: Unbefugte Führung von Dienstbezeichnungen, Titeln usw. (§ 132 a StGB), Tierquälerei, Fälschung von Legitimationspapieren; diese Vergehen waren früher Übertretungen, und mit solchen Umwandlungen muß auch im Zuge der in Angriff genommenen Strafrechtsreform gerechnet werden. Es ist nicht gut möglich, die Gehorsamspflicht darauf abzustellen, wie eine Gesetzesverletzung strafrechtlich jeweils bezeichnet oder bewertet wird.

4. Die beiden Voraussetzungen für das Schuldigwerden des auf Befehl handelnden Untergebenen, daß „er erkennt" oder daß „es nach den ihm bekannten Umständen offensichtlich ist", es handele sich um ein Verbrechen oder Vergehen, begründen seine Haftung nicht, wenn er vor Befolgung eines verbrecherischen Befehls nicht große Überlegungen angestellt hat; er soll „bei einem Befehl das Vertrauen haben, daß dieser Befehl rechtmäßig sei", und nur dann haften, wenn er entweder positiv gewußt hat, daß er ein Verbrechen oder Vergehen begeht, wenn er den Befehl ausführt, oder wenn er das zwar nicht positiv gewußt hat, dieses Nichtwissen aber nur auf der Blindheit seines Gewissens, auf der Stumpfheit seiner moralischen Anschauung beruht (RegVertreter im RA bei der Beratung des SG-Entw.). Es werden also gewisse Anforderungen an sein Gewissen und an seinen Verstand gestellt. Niemand kann damit exkulpiert werden, daß man sagt: Dessen Gewissen war bereits eingeschläfert, und im übrigen war er so unzureichend für seine Funktion, daß er das eben nicht begriffen hat (Abg. Dr. Arndt im RA). Eine besondere Prüfungspflicht, eine Pflicht zur Gegenvorstellung wird aber dem Untergebenen nicht auferlegt. Er soll nicht überfordert werden. Er muß ja damit rechnen, daß er bei Nichtausführung des Befehls sein Leben verliert (vgl. § 10 Abs. 5 Satz 2 SG). Besteht der Vorgesetzte auf der Ausführung des Befehls, durch den ein Verbrechen oder Vergehen begangen wird, so wird er nach § 33 zur Rechenschaft gezogen. Wenn z. B. ein Hauptmann einem Untergebenen den Befehl erteilt, einen Mann, von dem er, der Vorgesetzte, behauptet, er sei ein Freischärler, nach Kriegsausbruch zu erschießen, so trifft den Untergebenen keine Schuld, wenn er den Befehl ausführt und sich hinterher herausstellt, daß es sich um eine unschuldige Person gehandelt hat; denn das ist ja für den Untergebenen nicht offensichtlich gewesen. So hat auch der amerikanische Hauptankläger im Nürnberger „Prozeß gegen die Hauptkriegsverbrecher" am 21. 11. 1945 erklärt: „Von einem einfachen Soldaten in einem Erschießungskommando kann man nicht erwarten, daß er eine gerichtliche Untersuchung über die Rechtmäßigkeit der Hinrichtung anstelle" (Amtl. Text Bd. II S. 178). Wenn dagegen der Soldat den Befehl, eine Kirche, in der sich Frauen und Kinder befinden, in Brand zu stecken, ausführt (wie die SS-Leute in Oradour), so ist er trotz der Behauptung, er habe den Befehl für rechtmäßig gehalten, nicht von Schuld freizusprechen, weil hier ganz offensichtlich ist, daß durch die Ausführung des Befehls ein Verbrechen begangen wird (wenn ein Soldat von dem Vorgesetzten mit vorgehaltener Pistole gezwungen würde, den Brand an die Kirche zu legen, so würde die Tat als Notstandshaltung — § 54 StGB — anzusehen und der Täter freizusprechen sein). Weitere Beispiele der Offensichtlichkeit der Begehung eines Verbrechens durch Befehlsausführung aus der Rechtsprechung des BGH bringt Bundesrichter Dr. Herbert Arndt in seinem Aufsatz „Straftaten und Befehl"; WK 55, 502. Nimmt der Soldat z. B. eine befohlene Erschießung, die er als unrechtmäßig erkannt hat, vor, nicht um sein Leben zu retten, sondern weil er selbst der Meinung ist, „daß solche Leute umgelegt werden müßten", so befindet er sich in keinem Notstand (Abg. Dr. Arndt im RA). Wenn in der Begr. zum SG (S. 21) vom „gewissenhaften Soldaten" gesprochen worden ist, der sicher sein könne, daß er die Ausführung keines Befehls zu befürchten brauche, so heißt das: Was der gewissenhafte Soldat nicht als verbrecherisch erkennt, davon kann man auch später nicht sagen, es sei offensichtlich ein Verbrechen oder Vergehen gewesen. In dem Wort „offensichtlich" liegt hier in der Tat etwas Objektives und Normatives, das jedoch durch den Zusatz „nach den ihm bekannten Umständen" mit etwas Subjektivem gemischt ist. Die Anforderung, die hier an den Soldaten gestellt wird, richtet sich nicht so sehr an den Intellekt als an das Gewissen (RegVertreter im RA).

5. Befolgt ein Untergebener einen Befehl nicht, weil er irrig annimmt, daß durch die Ausführung ein Verbrechen oder Vergehen begangen würde, so ist er wegen Ungehorsams nicht strafbar, wenn ihm der Irrtum nicht vorzuwerfen ist (§ 22 Abs. 2); siehe die dortige Anm. 3.

6. Die Rücksicht auf die besondere Lage (Abs. 2) kann gerechtfertigt sein, wenn die strafbare Handlung unter dem besonderen Druck der Befehlsverhältnisse begangen wurde, indem ein gewisser moralischer Widerstand, den der Untergebene vielleicht leistet, aus der viel größeren Sorge um die Auswirkungen der Befehlssituation überwunden wird (Abg. Rehs im RA). Eine Rückkehr zu § 47 (2) MStGB, wonach von Bestrafung abgesehen werden konnte, wenn die Schuld des Untergebenen gering war, lehnte der BT ab, indem er von jedem Soldaten bei allen als Verbrechen gekennzeichneten strafbaren Handlungen einen so starken moralischen Widerstand verlangte, daß man ihn in keinem Falle von der Verantwortung freistellen könne.

§ 6
Furcht vor persönlicher Gefahr

Furcht vor persönlicher Gefahr entschuldigt eine Tat nicht, wenn die soldatische Pflicht verlangt, die Gefahr zu bestehen.

1. Durch § 49 (1) MStGB

> Die Verletzung einer Dienstpflicht aus Furcht vor persönlicher Gefahr ist ebenso zu bestrafen wie die Verletzung der Dienstpflicht aus Vorsatz

wurde die Anwendbarkeit der Bestimmungen des StGB über Zwang (§ 52), Notstand (§ 54) und Notwehrüberschreitung aus Furcht vor persönlicher Gefahr (§ 53 Abs. 3) für die Fälle einer Dienstpflichtverletzung aus Feigheit ausgeschlossen. Diese Auslegung des § 49 (1) MStGB, die nach einer Erklärung von MinDir. Dr. Schafheutle im RA unerträglich erschien, soll durch die gewählte Fassung des § 6 beseitigt werden. Der Soldat soll nach einer weiteren Erklärung des gleichen RegVertreters im Krieg nicht mehr verpflichtet sein, in den sicheren Tod zu gehen, wenn ihm ein entsprechender Befehl erteilt worden ist. Es soll für seine Pflicht, eine Gefahr zu bestehen, Grenzen geben. Die Fassung „w e n n die soldatische Pflicht verlangt, die Gefahr zu bestehen", soll verdeutlichen, daß es auch Fälle gibt, in denen die Furcht vor persönlicher Gefahr entschuldigt, wenn die soldatische Pflicht es nicht verlangt, die Gefahr zu bestehen (Abg. Dr. Wahl im RA).

2. Die „soldatische Pflicht" ergibt sich aus der Gesamtheit der Normen, die sich im SG und sonst für die soldatische Pflicht finden. Die nähere Abgrenzung muß nach einer Erklärung von MinRat Dr. Dreher im RA der Rechtsprechung überlassen werden. Die allgemeinen Strafgerichte, die im Regelfall zu entscheiden haben, werden damit vor eine Aufgabe gestellt, der sie unmöglich werden gerecht werden können (vgl. Anm. 2 zu § 4).

§ 7
Selbstverschuldete Trunkenheit

(1) Selbstverschuldete Trunkenheit führt nicht zu einer Milderung der angedrohten Strafe, wenn die Tat eine militärische Straftat ist oder in Ausübung des Dienstes begangen wird.

(2) Der Trunkenheit steht ein Rausch anderer Art gleich.

1. § 7 geht über die frühere Regelung im § 49 (2) MStGB hinaus, die nur bei strafbaren Handlungen gegen die Pflichten der militärischen Unterordnung sowie bei allen in Ausübung des Dienstes begangenen strafbaren Handlungen die Berücksichtigung der selbstverschuldeten Trunkenheit als Strafmilderungsgrund ausschloß. Die Begr. bemerkt dazu, es sei nicht einzusehen, warum nicht auch bei Vorgesetztendelikten, z. B. der Mißhandlung von Untergebenen, und bei allen anderen militärischen Straftaten die Strafmilderung ausgeschlossen sein soll. Denn vom Soldaten müsse verlangt werden, daß er sich nicht in einen Zustand versetzt, der Hemmungen gegenüber militärischen Straftaten und Straftaten im Dienst vermindert.

2. Der Begriff der „militärischen Straftat" ist dem § 2 Nr. 1 zu entnehmen.

3. Der Begriff „Ausübung des Dienstes" ist insofern enger als der Begriff „Dienst" (Anm. 3 zu § 23), als darunter eine spezielle Dienstverrichtung des Täters, auch wenn sie nicht unter Aufsicht eines Vorgesetzten erfolgt, zu verstehen ist (2, 193; 7, 294); er umfaßt aber auch Handlungen, die bei Gelegenheit derartiger Dienstverrichtungen begangen werden (2, 193).

4. „Selbstverschuldet ist die Trunkenheit nur dann nicht, wenn sie durch Umstände verursacht wurde, die nicht auf dem freien Willen des Täters beruhen oder deren Folgen für ihn nicht voraussehbar waren" (Schlayer 187).

5. Die selbstverschuldete Trunkenheit des Täters soll in den Fällen, auf die sich Abs. 1 bezieht, keineswegs überhaupt ohne rechtliche Bedeutung sein, sondern es soll durch diese Bestimmung lediglich die Zulässigkeit mildernder Umstände und einer Strafmilderung auf Grund des § 51 (2) StGB ausgeschlossen werden, nicht aber die sonstige rechtliche Wirkung der Trunkenheit hinsichtlich der Schuldfrage wie bezüglich der Strafzumessung (4, 53). Selbstverständlich wird durch § 7 die Anwendbarkeit des § 51 (1) StGB (gemäß § 3 Abs. 1) nicht ausgeschlossen oder beschränkt; auch ein militärisches Verbrechen oder Vergehen ist dann nicht vorhanden, wenn der Täter zur Zeit der Tat wegen Bewußtseinsstörung, wegen krankhafter

Störung der Geistestätigkeit oder wegen Geistesschwäche infolge von Trunkenheit oder eines Rausches anderer Art (Abs. 2) unfähig war, das Unerlaubte der Tat einzusehen oder nach dieser Einsicht zu handeln (2, 92); § 330 a StGB (Volltrunkenheit) wird aber durch die Vorschrift des § 7 nicht berührt. Die „verminderte Zurechnungsfähigkeit" (§ 51 Abs. 2 StGB) ist im Gegensatz zur Zurechnungsunfähigkeit (§ 51 Abs. 1 StGB) lediglich ein Strafmilderungsgrund. Die Anwendbarkeit des § 51 (2) StGB wird daher, falls dem Täter eine militärische oder eine in Ausübung des Dienstes begangene Straftat zur Last fällt und seine verminderte Zurechnungsfähigkeit auf selbstverschuldete Trunkenheit zurückzuführen ist, durch § 7 (1) ausgeschlossen. Zum Begriff der „verminderten Zurechnungsfähigkeit" s. RKG 2, 144.

6. Abs. 2 stellt in Anlehnung an die §§ 42 c und 330 a StGB dem Alkoholrausch Rauschzustände anderer Art gleich, die für die Disziplin mindestens ebenso gefährlich werden können (Begr.)

§ 8
Strafen

Die in diesem Gesetz angedrohten Strafen sind Strafarrest, Einschließung, Gefängnis und Zuchthaus.

1. Wie im § 14 (1) MStGB, dem § 8 entspricht, sind in diesem Geldstrafe und Haft nicht vorgesehen. Die Anwendung des § 27 b StGB wird für militärische Straftaten zwar noch nicht durch § 8, jedoch durch § 10 (1) Nr. 4 ausgeschlossen. In der überwiegenden Mehrzahl seiner Strafvorschriften droht das WStG Gefängnis und Arrest wahlweise an, in einer Reihe von Bestimmungen daneben auch die Einschließung. Diese ist an die Stelle der früheren Festungshaft getreten. Sie besteht nach § 17 (2) StGB in Freiheitsentzug mit Beaufsichtigung der Beschäftigung und Lebensweise der Gefangenen. Sie wird in besonderen Anstalten oder in besonderen Abteilungen der Anstalten vollzogen. Die Höchstdauer der Einschließung, auf die nach den §§ 15 (3), 19 (1) und (4), 20 (1), 25 (1) und (2), 35 (1) und (2), 42 (1), 44 (1) und (3) und 45 erkannt werden kann, ist nach § 17 (1) StGB fünfzehn Jahre, bei militärischen Straftaten jedoch nach § 10 (1) Nr. 2 nur fünf Jahre. Zuchthaus ist im § 27 (3) für Rädelführer und Urheber einer Meuterei, im § 30 (4) für schwere Mißhandlung Untergebener, in den §§ 33 und 34 (Verleiten und erfolgloses Verleiten zu einem Verbrechen oder Vergehen), ferner in einigen Vorschriften für besonders schwere Fälle, im übrigen nur insoweit vorgesehen, als § 48 Soldaten den Beamten gleichstellt und in den dort angeführten, für Beamte geltenden Vorschriften des StGB Zuchthaus angedroht ist.

Die Bezeichnung „Strafarrest" ist gewählt worden, um diese Arrestart von der des disziplinaren Arrestes zu unterscheiden. Das Höchstmaß des Strafarrestes ist nach § 9 (1) sechs Monate, das Mindestmaß ein Tag, bei militärischen Straftaten eine Woche.

2. Besondere Ehrenstrafen für Soldaten kennt das WStG im Gegensatz zum MStGB nicht. An die Stelle des Rangverlustes, der Dienstentlassung und des Verlustes der Wehrwürdigkeit sind die Laufbahnstrafen des Wehrdisziplinarrechts getreten. Sie können nicht vom Disziplinarvorgesetzten, sondern nur im disziplinargerichtlichen Verfahren verhängt werden. Außerdem treten an die Stelle der früheren Ehrenstrafen für Soldaten die gesetzlichen Nebenfolgen einer Verurteilung nach den §§ 48, 49, 54, 56 SG und §§ 10, 30 WPfG (Begr.).

§ 9
Strafarrest

(1) Das Höchstmaß des Strafarrestes ist sechs Monate, das Mindestmaß ein Tag, bei militärischen Straftaten eine Woche.

(2) Der Strafarrest besteht in Freiheitsentziehung. Im Vollzug soll der Soldat, soweit tunlich, in seiner Ausbildung gefördert werden.

(3) Die Vollstreckung des Strafarrestes verjährt in zwei Jahren.

(4) Gegen Personen, die zur Zeit der Tat nicht Soldaten sind, darf Strafarrest nicht verhängt werden. An die Stelle von Strafarrest bis zu sechs Wochen tritt Haft.

1. Der Strafarrest soll, anknüpfend an die Gestaltung der Arreststrafe im MStGB, eine kurzfristige Freiheitsstrafe besonderer Art sein, die weniger ehrenrührig empfunden wird als die Gefängnisstrafe und daher für den Richter ein geeignetes Mittel bildet, den notwendigen Schutz der Rechtsordnung mit der Schonung des Milde verdienenden Täters zu verbinden. Er soll, wie die bei den laufenden Arbeiten für die große Strafrechtsreform vorgesehene „Strafhaft" des allgemeinen Strafrechts, eine Besinnungsstrafe mit Denkzettelcharakter sein, was durch straffen Vollzug zu erreichen sein wird. Über diese Zwecksetzungen hinaus erschien die Einführung des Strafarrestes auch zum Ausgleich dafür unerläßlich, daß die Soldaten in besondere Pflichtverhältnisse gestellt werden, denen sie oft nur eingeschränkt gewachsen sind, daß sie ferner mit Geldstrafe wegen militärischer Straftaten überhaupt nicht (§§ 8 und 10 Abs. 1 Nr. 4) und wegen nichtmilitärischer

Straftaten nur eingeschränkt (§ 12 Nr. 2) bestraft werden können, daß sie schließlich auf Grund erhöhter Anforderungen in weitem Umfang Strafbestimmungen unterliegen, die für andere Staatsbürger nicht gelten (Begr.). Die Verschärfung des Arrestes durch hartes Lager und Kostschmälerung, die das Gericht nach dem Entw., wenn erforderlich, sollte anordnen können, um den Täter zur Wahrung der Disziplin zu führen, wurde vom BT abgelehnt. Es ist dadurch die Gefahr heraufbeschworen, daß Soldaten sich bestrafen lassen, um einem anstrengenden Dienst zu entgehen, und ihre Zeit in geheizten Stuben bei guter Ernährung absitzen, während ihre Kameraden z. B. auf Nachtmärschen schwersten Anstrengungen ausgesetzt sind (MinDir. Dr. Schafheutle im RA am 20. 2. 1957). Dieser Gefahr wirksam zu begegnen, wird Aufgabe der nach Art. 7 EG von der BR zu erlassenden RechtsVO für den Vollzug des Strafarrestes sein.

Die alte Streitfrage, ob der Arrest, wenn auch eine Freiheitsstrafe besonderer Art, so doch der Gefängnis- und Einschließungsstrafe ihrer Art nach g l e i c h w e r t i g ist, findet durch das WStG keine Lösung. Die Gleichwertigkeit ist vom RMG (3, 154; 12, 53) und vom RG (70, 269) unter Aufgabe der von ihm früher vertretenen gegenteiligen Ansicht (RGSt. 58, 65) bejaht worden (anderer Meinung Schwinge, Anm. II zu § 16). Die Frage ist von Bedeutung für die Bildung einer Gesamtstrafe bei Zusammentreffen von Arrest- und Gefängnisstrafen (s. Anm. 3 zu § 13).

2. Abs. 1 begrenzt das Höchstmaß des Strafarrestes auf sechs Monate, während der Arrest nach der WDO (§ 15 Abs. 2) höchstens drei Wochen dauert. Eine längere Dauer des Strafarrestes wäre mit dem Wesen einer Besinnungsstrafe unvereinbar (Begr.). Im Gegensatz zu § 15 (2) WDO, wonach der Arrest mindestens drei Tage dauert, beträgt das Mindestmaß des Strafarrestes einen Tag, bei militärischen Straftaten (§ 2 Nr. 1) eine Woche. Mit einer weniger als drei Tage betragenden Dauer des Strafarrestes wird, auch bei nichtmilitärischen Straftaten, „die notwendige Besinnung nicht zu erreichen sein" (Begr.).

3. Abs. 2 kennzeichnet den Strafarrest als eine Freiheitsstrafe, die zugleich besonderen militärischen Zwecken dient. Bei den kurzen Arreststrafen — bis zu einem Monat — wird der Erziehungszweck im Vordergrund stehen, bei den längeren daneben der Ausbildungszweck zur Geltung kommen. Damit der Strafarrest für diese militärischen Bedürfnisse auch wirklich nutzbar gemacht werden kann, muß er unter Berücksichtigung der Anforderungen, welche die BW an die Soldaten zu stellen hat, vollzogen werden (Begr.). Daher bestimmt Art. 5 EG, daß Strafarrest bis zu einem Monat an den Soldaten der BW von deren Behörden vollzogen wird und daß auch längere Arreststrafen auf Ersuchen der Vollstreckungsbehörden an Soldaten der BW von deren Behörden vollzogen werden können.

4. Abs. 3 stellt, wie schon § 52 MStGB, den Arrest hinsichtlich der Vollstreckungsverjährung der Haft gleich.

5. Nach dem MStGB war Arrest auch gegen Personen zulässig, die zur Zeit der Aburteilung der von ihnen verübten militärischen oder nichtmilitärischen Straftat nicht mehr Wehrmachtangehörige waren. Hieran hat das WStG nichts geändert. **Abs. 4** gilt nur für Personen, die z. Z d e r T a t nicht Soldaten waren, also für solche, die nach § 1 Abs. 2 oder 3 unter das WStG fallen. Gegen sie darf Strafarrest nicht verhängt werden, sondern nur eine der Freiheitsstrafen des allgemeinen Strafrechts. Wäre gegen sie, falls sie Soldaten gewesen wären, Strafarrest von keiner längeren Dauer als sechs Wochen zu erkennen, so tritt an dessen Stelle Haft.

§ 10
Strafen bei militärischen Straftaten

(1) Bei militärischen Straftaten gelten folgende besonderen Vorschriften:

1. **Das Mindestmaß der Gefängnisstrafe und der Einschließung ist ein Monat.**
2. **Das Höchstmaß der Einschließung ist fünf Jahre.**
3. **Ist nach den Vorschriften über die Bestrafung des Versuchs eine Freiheitsstrafe unter einem Monat verwirkt, so ist die Strafe Strafarrest.**
4. **Auf Geldstrafe anstelle von Freiheitsstrafe (§ 27 b des Strafgesetzbuches) darf nicht erkannt werden.**

(2) Absatz 1 Nr. 1, 3 und 4 gilt nur für Soldaten.

1. Die Vorschrift enthält zusätzliche Bestimmungen zum Strafensystem bei militärischen Straftaten (§ 2 Nr. 1) und ergänzt damit den § 8 (Begr.).

2. Abs. 1 Nr. 2 begrenzt das Mindestmaß der Gefängnisstrafe und der Einschließung auf einen Monat und folgt damit im Grundsatz dem § 17 (1) MStGB. Dort war das Mindestmaß dreiundvierzig Tage. Ein Monat ist eine leichter merkbare Grenze, zumal im allgemeinen Strafrecht Mindeststrafen von sechs Wochen nirgends, von einem Monat jedoch mehrfach angedroht sind.

3. Abs. 1 Nr. 2 bestimmt als Höchstmaß der Einschließung fünf Jahre. Die Begrenzung ist notwendig, weil das WStG, soweit es die Einschließung zuläßt, sie stets mit Gefängnis zur Wahl stellt und das Höchstmaß der Gefängnisstrafe nach § 16 (1) StGB fünf Jahre, das Höchstmaß der Einschließung nach § 17 (1) StGB jedoch fünfzehn Jahre ist.

4. Abs. 1 Nr. 3 regelt den Fall, daß nach den Vorschriften über die Bestrafung des Versuchs (§§ 43, 44 StGB) eine Freiheitsstrafe von weniger als einem Monat festzusetzen ist. Hier ist die Strafe Arrest.

5. Abs. 1 Nr. 4 schließt bei militärischen Straftaten die Möglichkeit aus, nach § 27 b StGB anstelle einer verwirkten Freiheitsstrafe von weniger als drei Monaten auf Geldstrafe zu erkennen. Diese Möglichkeit würde nicht in das Strafensystem des WStG passen, das bei militärischen Straftaten nur Freiheitsstrafen kennt. Daß § 27 b StGB bei militärischen Straftaten nicht anwendbar ist, entspricht auch dem früheren Recht. § 27 b (2) StGB, der erst durch Art. 1 Nr. 7 des Dritten StrafrechtsänderungsG vom 4. 8. 1953 (BGBl. I S. 735) gestrichen wurde, bestimmte, daß die Vorschriften des MStGB unberührt bleiben. Nach § 29 MStGB durfte aber bei Verletzung einer militärischen Dienstpflicht auf Geldstrafe auch anstelle einer Freiheitsstrafe nicht erkannt werden (Begr.).

6. Nach **Abs. 2** sind die Vorschriften des Abs. 1 mit Ausnahme der Höchstgrenze für die Einschließung (Nr. 2) auf Zivilpersonen nicht anzuwenden. Es handelt sich hier um zivile Vorgesetzte (§ 1 Abs. 2) und um zivile Anstifter und Gehilfen (§ 1 Abs. 3). Gegen sie darf Strafarrest nach § 9 (4) nicht verhängt werden (Begr.).

§ 11
Wahl zwischen verschiedenen Strafarten

(1) Wo dieses Gesetz die Wahl zwischen Gefängnis und Strafarrest läßt, darf auf Strafarrest nur erkannt werden, wenn der Täter bei vorsätzlichen Taten nur mit geringer Schuld, bei fahrlässigen Taten nicht gewissenlos oder sonst mit schwerer Schuld gehandelt hat.

(2) Wo dieses Gesetz die Wahl zwischen Gefängnis und Einschließung läßt, darf auf Einschließung nur erkannt werden, wenn für das Verhalten des Täters achtenswerte Beweggründe ausschlaggebend waren und die Tat nicht schon wegen der Art der Ausfürung oder der vom Täter verschuldeten Folgen besonders verwerflich ist.

1. In einer Reihe von Vorschriften des Zweiten Teils werden Gefängnis, Einschließung und Strafarrest oder Gefängnis und Strafarrest wahlweise angedroht. Das macht Wahlregeln notwendig, aus denen zu entnehmen ist, unter welchen Voraussetzungen die eine oder die andere Strafart nach dem Willen des Gesetzgebers verhängt werden soll (Begr.).

2. **Abs. 1** betrifft die Wahl zwischen Gefängnis und Strafarrest. Das WStG ermöglicht sie im Bereich der Freiheitsstrafen von einem Monat bis zu sechs Monaten (§§ 9 Abs. 1, 10 Abs. 1 Nr. 1, 33 Abs. 2 Nr. 3, 47 Abs. 1 Nr. 2, 48 Abs. 3 Nr. 1). Der Richter muß die Wahl aus dem Wesen jeder dieser Strafen heraus treffen. Für die Wahlregel können deshalb keine anderen Grundsätze maßgebend sein als jene, die für die Einführung des Strafarrestes entscheidend waren (Begr.); s. Anm. 1 bis 3 zu § 9.

a) Hinsichtlich der Abstellung auf „geringe Schuld" und „schwere Schuld" des Täters äußerte Abg. Dr. Arndt im RA Bedenken dagegen, „ständig neue Begriffe zu erfinden und von den Begriffen des allgemeinen Strafrechts abzuweichen". Was „schwere Schuld" sei, sei völlig unklar. Man sage wohl, die Schuld sei schwer; aber schwere Schuld als gesetzestechnischer Begriff sei ihm nicht sympathisch. Demgegenüber wies MinDir. Dr. Schafheutle auf folgende Gesichtspunkte hin: Man habe im § 9 eine Ausweitung des Arrestes von früher sechs Wochen auf sechs Monate vorgenommen. Damit werde auf Erwägungen zurückgegriffen, die in der Strafrechtsreform dazu geführt hätten, daß die Strafrechtskommission zur Ergänzung des allgemeinen Freiheiststrafensystems eine neue Strafart vorgeschlagen habe, nämlich die Strafhaft, die bis zu sechs Monaten dauern solle und für deren Abgrenzung von der Gefängnisstrafe derselbe Grundsatz maßgebend sei, wie er im § 11 (1) umschrieben werde. Das Bedürfnis für die Einführung einer solchen besonderen Strafart sei besonders bei Fahrlässigkeitstaten hervorgetreten. Man könne nicht den Fahrlässigkeitstäter, etwa den Verkehrsdelinquenten, auf dieselbe Stufe stellen wie den Dieb, den Hehler oder den Betrüger und beim Vollzug der Strafe mit Dieben, Betrügern usw. zusammenbringen.

Die Abgrenzung sei gefunden worden in dem Maß der Schuld. Bei Vorsatztaten sei nach der Meinung der Strafrechtskommission die Strafhaft, falls Wahlmöglichkeit zwischen Strafhaft und Gefängnis bestehe, nur bei geringerer Schuld zuzulassen, bei Fahrlässigkeitsdelikten dagegen dann, wenn der Täter nicht gewissenlos oder sonst mit schwerer Schuld gehandelt habe. Das Justizministerium glaube, daß man bei der Sorgfalt der Arbeit der Strafrechtskommission an diesem Gedanken nicht vorbeigehen sollte, eine Besinnungsstrafe von geringerer Schwere insbesondere bei Fahrlässigkeitstaten einzuführen. Aus den gleichen Erwägungen heraus sei man im militärstrafrechtlichen Bereich zum Strafarrest gekommen. Deshalb sei die Formulierung im § 11 (1) genau so gewählt, wie sie bei der Strafrechtsreform für die Abgrenzung von Strafhaft und Gefängnis vorgesehen sei.

b) Gewissenlos handelt, wer das Gefühl der Verantwortlichkeit aus gemeinschaftswidriger Gesinnung heraus bewußt unterdrückt oder gar nicht aufkommen läßt (RGSt. 75, 240).

3. Abs. 2 handelt von der Wahl zwischen Gefängnis und Einschließung. Im Entw. war vorgesehen, daß auf Einschließung nur erkannt werden sollte, wenn für die Tat achtenswerte Beweggründe ausschlaggebend waren. Diese Fassung barg nach den Ausführungen von MinDir. Dr. Schafheutle im RA die Gefahr in sich, daß man die Beweggründe auf die Tatbestandserfüllung beziehen müsse. Bei der vom Gesetz gewählten Fassung glaube man sicher zu sein, daß auch Fahrlässigkeitstaten einbezogen würden, weil auch die Fahrlässigkeitstat in einem Verhalten bestehe, das aus gewissen Beweggründen des Täters zu erklären sei. Die Beschränkung auf vorsätzliche oder fahrlässige Taten, wenn für das Verhalten des Täters achtenswerte Beweggründe ausschlaggebend waren, sowie das weitere Erfordernis, daß die Tat nicht schon wegen der Art ihrer Ausführung oder wegen der vom Täter verschuldeten Folgen besonders verwerflich ist, schaffen den notwendigen Ausgleich dafür, daß das WStG mit Rücksicht auf die Besonderheiten des militärischen Lebens die Einschließung in wesentlich weiterem Umfange zuläßt als das allgemeine Strafrecht (Begr.).

§ 12

Geldstrafe bei nichtmilitärischen Straftaten

(1) Ist das Vergehen eines Soldaten keine militärische Straftat und läßt das Gesetz die Wahl zwischen Freiheitsstrafe und Geldstrafe, so darf auf Geldstrafe nicht erkannt werden, wenn die Wahrung der Disziplin eine Freiheitsstrafe erfordert. Unter denselben Voraussetzungen ist § 27 b des Strafgesetzbuches nicht anzuwenden.

(2) Ist Geldstrafe nach Absatz 1 ausgeschlossen, so kann anstelle von Gefängnis von weniger als drei Monaten auf Strafarrest von gleicher Dauer erkannt werden.

1. Abs. 1 folgt dem § 29 (2) MStGB, welcher lautete:

> Auf Geldstrafe, die wahlweise angedroht ist, darf nicht erkannt werden, wenn durch die strafbare Handlung zugleich eine militärische Dienstpflicht verletzt ist,

sieht jedoch von der Beschränkung auf die Verletzung militärischer Dienstpflichten wegen der „nicht unerheblichen Schwierigkeiten“, die ihre Abgrenzung der Rechtsprechung bereitet hat, ab und läßt die Verhängung von Freiheitsstrafe anstelle von Geldstrafe nur bei Vergehen (nicht bei Übertretungen) zu. Er macht jedoch die Anwendung der Vorschrift davon abhängig, daß die Wahrung der Disziplin eine Freiheitsstrafe erfordert. Damit werden die allgemeinen Strafgerichte, die im Regelfall zu entscheiden haben, wieder vor eine Aufgabe gestellt, der sie unmöglich gerecht werden können. Wie sollen sie ohne jede Verbindung mit der Truppe, ohne Kenntnis ihres Geistes, ihres Ausbildungsgrades und der militärdienstlichen Grundsätze in der Lage sein, darüber zu entscheiden, ob die Wahrung der Disziplin eine Freiheitsstrafe erfordert oder ob eine Geldstrafe im Einzelfalle ausreicht? Das Verfahren wird dann auf die Vernehmung von Vorgesetzten als Sachverständige hinauslaufen. Diese sind nach § 10 (2) SG für die Disziplin ihrer Untergebenen verantwortlich. Sie werden also, wenn sie als Sachverständige vernommen werden, ihr Gutachten sozusagen in eigener Sache erstatten müssen. Ein militärisches Gericht würde für die Entscheidung, ob die Wahrung der Disziplin eine Freiheitsstrafe erfordert, keinen Sachverständigen benötigen.

Disziplin. „Die ersten Eigenschaften des Soldaten", sagte Napoleon, „sind Ausdauer und Disziplin", und Generalfeldmarschall Graf Moltke äußerte bei der Beratung des MStGB von 1872 im Deutschen Reichstag: „Autorität von oben und Gehorsam von unten, mit einem Worte Disziplin ist die ganze Seele der Armee. Die Disziplin macht die Armee erst zu dem, was sie sein soll, und eine Armee ohne Disziplin ist auf alle Fälle eine kostspielige, für den Krieg eine nicht ausreichende und im Frieden eine gefahrvolle Institution" (vgl. Schwinge, Entwicklung der Mannszucht in der deutschen, britischen und französischen Wehrmacht seit 1914; 2. Aufl. Berlin 1941). Auch das RKG hat in einer Entscheidung (1, 179) ausgesprochen: „Grundlage der Wehrmacht ist ihre Manneszucht." Ihre Aufrechterhaltung wird eine Freiheitsstrafe nach § 12 (1) nur erfordern, wenn andere Mittel zur Aufrechterhaltung der Disziplin, die den Vorgesetzten zur Verfügung stehen, z. B. Disziplinarstrafen, schärferes Herannehmen im Dienst und sonstige Disziplinarmaßnahmen, zu keinem Erfolg geführt haben. Maßnahmen, die ohne das Merkmal der Vergeltung dem reinen Zweck der Erziehung oder Ausbildung dienen (Disziplinarmaßnahmen) darf jeder Vorgesetzte innerhalb seines Befehlsbereichs anwenden. Er ist befugt und verpflichtet, zur Aufrechterhaltung der Mannszucht jedes Mittel anzuwenden, das nach der Sachlage zur Erreichung dieses Zwecks erforderlich und nicht durch Gesetz oder militärische Dienstvorschrift oder durch dienstlichen Befehl verboten ist oder militärischen Grundsätzen zuwiderläuft (18, 122; Dietz,

WDStO S. 160). Die Möglichkeit, Verstöße, die den Tatbestand einer gerichtlich strafbaren Handlung erfüllen, in leichteren Fällen disziplinar zu ahnden, besteht für die Disziplinarvorgesetzten nicht mehr, was für sie und für die betroffenen Untergebenen einen schweren Nachteil bedeutet (s. SG-Kom. Anm. 3 zu § 7).

2. **Abs. 2** will für den auch dem § 27 b StGB zugrunde liegenden Bereich der kurzen Freiheitsstrafe dem Richter die Möglichkeit geben, anstelle von Gefängnis unter drei Monaten auf Arrest von gleicher Dauer zu erkennen, wenn diese typisch militärische Strafart angemessen erscheint, Härten zu vermeiden und die Strafzwecke zu erreichen. Eine Ersetzung von Einschließung durch Strafarrest kommt bei Freiheitsstrafen von über einem Monat im Unterschied zu Abs. 1 nicht in Betracht, weil sie zu einer sinnwidrigen Schlechterstellung des Täters führen würde (Begr.).

§ 13
Zusammentreffen mehrerer Straftaten

(1) Treffen mehrere Arreststrafen zusammen und ist eine Gesamtstrafe (§ 74 des Strafgesetzbuches) von mehr als sechs Monaten zu bilden, so wird auf Gefängnis oder Einschließung erkannt. Die Gesamtstrafe darf zwei Jahre nicht übersteigen. Auf Einschließung darf nur erkannt werden, wenn das Schwergewicht bei den Taten liegt, für die das Gesetz Einschließung androht.

(2) Treffen mehrere nach diesem Gesetz verwirkte Einschließungsstrafen zusammen, so darf die Einschließung als Gesamtstrafe zehn Jahre nicht übersteigen.

1. Bezüglich der Tateinheit (Idealkonkurrenz) bewendet es gemäß § 3 (1) ohne weiteres bei den Grundsätzen des StGB (§ 73). Das G, das die schwerste Strafe androht, ist in „konkreter“ Betrachtungsweise zu ermitteln (RGSt. 75, 14 u. 19). Die Grundsätze des § 73 StGB gelten auch für den Begriff der „fortgesetzten Handlung“. Die Annahme einer solchen setzt außer der Gleichartigkeit und dem äußeren Zusammenhang der einzelnen Tätigkeitsakte sowie der Einheit des angegriffenen Rechtsgutes insbesondere auch die Einheit des Vorsatzes voraus. Dieser muß als Gesamtvorsatz von vornherein den Gesamterfolg umfassen (RGSt. 58, 183; BGHSt. 1, 315), um ihn stoßweise zu verwirklichen (RGSt. 58, 183; 70, 52). Daher reicht der allgemeine Entschluß, bei sich bietender Gelegenheit, in gegebener Veranlassung oder zur Erreichung eines vorgesetzten Ziels eine Mehrheit von Straftaten zu

begehen, zur Annahme eines fortgesetzten Delikts nicht aus (6, 216; RGSt. 58, 183 und 70, 52; OLG. Frankfurt NJW 48, 392). Ob eine fortgesetzte Handlung vorliegt, ist wesentlich Tatfrage (6, 125). Werden höchstpersönliche Rechtsgüter (Leben, Körper, Freiheit, Ehre usw.) verschiedener Personen verletzt, so ist die Annahme eines Fortsetzungszusammenhanges im allgemeinen ausgeschlossen (RKG 1, 54 in Übereinstimmig mit RGSt. 70, 243 und 282); er kann jedoch z. B. vorliegen, wenn mehrere Unzuchtshandlungen mit verschiedenen Kindern in einem Einzelakt zusammentreffen (BGSt. 6, 81), oder wenn mehrere Geschlechtskranke entgegen den Vorschriften des GeschlkrG von einem nicht in Deutschland bestallten oder zugelassenen Arzt untersucht und behandelt werden, weil das GeschlkrG in erster Linie nicht den einzelnen schützen soll, sondern die Volksgesamtheit (RGSt. 73, 18). Völlig unbestimmte Einzelfälle dürfen in den Fortsetzungszusammenhang nicht einbezogen werden. Auf Fälle, hinsichtlich derer weder der Zeitpunkt noch die Umstände der Ausführung noch auch die Personen der Geschädigten festgestellt werden können, kann eine Verurteilung wegen einer im Fortsetzungszusammenhang begangenen Straftat nicht gestützt werden (RGSt. 70, 150; RKG vom 16. 9. 1937 RevL 107/37 I). Die Gehorsamsverweigerung gegenüber verschiedenen Vorgesetzten, die sich in der äußeren und inneren Tatseite gegen denselben Befehl richtet, ist als e i n e Tat anzusehen (RKG 1, 77). Das wiederholte Anwenden einer auf Täuschung berechneten Machenschaft der gleichen Art stellt sich, auch wenn es verschiedenen Stellen gegenüber erfolgt, als ein einheitlicher Dauerverstoß i.S. des § 18 dar (RKG 1, 76/77). Die Bezeichnung einer fortgesetzten Tat als teils versucht, teils vollendet ist begrifflich ausgeschlossen (RG in JW 1936 S. 2232; RKG vom 16. 9. 1937 RevL 120/37 I).

2. Bezüglich der H a n d l u n g s m e h r h e i t (R e a l k o n k u r e n z) gelten die gleichen Grundsätze wie im StGB (§ 74). Ausnahmen hiervon macht Abs. 1 für das Zusammentreffen mehrerer Arreststrafen und Abs. 2 für das Zusammentreffen mehrerer Einschließungsstrafen.

a) Da das Höchstmaß des Strafarrestes sechs Monate beträgt (§ 9 Abs. 1) und dieses möglicherweise bei Begehung mehrerer Straftaten nicht ausreicht, muß an die Stelle des Strafarrestes in solchen Fällen Gefängnis oder Einschließung treten. Es darf jedoch nach Abs. 1 Satz 2, wenn die Einzelstrafen, aus denen die Gesamtstrafe gebildet wird, in Strafarrest bestehen, nicht auf das nach § 16 (1) StGB zulässige Höchstmaß der Gefängnisstrafe von fünf Jahren oder auf das Höchstmaß der Einschließung, das bei militärischen Straftaten gemäß § 10 (1) Nr. 2 WStG ebenfalls fünf Jahre, bei Bildung einer Gesamtstrafe nach § 13

(2) zehn Jahre beträgt, erkannt werden, sondern auf höchstens zwei Jahre Gefängnis oder Einschließung. Droht das Gesetz wegen sämtlicher abgeurteilten Straftaten die Einschließung nicht an, so kommt als Gesamtstrafe nur Gefängnis in Betracht. Treffen dagegen mit solchen Straftaten andere zusammen, bei denen Einschließung zugelassen ist, so kommt es nach Abs. 1 Satz 3 darauf an, bei welchen Taten das Schwergewicht liegt. Spielen neben den Taten, die nicht schon wegen der Art der Ausführung oder wegen der vom Täter verschuldeten Folgen besonders verwerflich waren und bei deren Begehung der Täter achtenswerte Beweggründe für sein Verhalten nicht erkennen ließ, die anderen, bei denen diese Voraussetzungen für die Wahl von Gefängnis statt Einschließung nach § 13 (2) nicht vorlagen, nur eine untergeordnete Rolle, so darf die Gesamtstrafe nicht in Einschließung, sondern muß in Gefängnis bestehen.

b) Nach § 17 (1) StGB ist das Höchstmaß der Einschließung fünfzehn Jahre. Entsprechend dem § 10 (1) Nr. 2, der als Höchstmaß der Einschließung bei militärischen Straftaten fünf Jahre bestimmt, läßt § 13 (2), falls mehrere nach dem WStG verwirkte Einschließungsstrafen zusammentreffen, nur eine Gesamtstrafe von zehn Jahren zu.

3. Das G enthält keine Vorschrift, wie zu verfahren ist, wenn aus mehreren, teils in Gefängnis, teils in Strafarrest bestehenden Einzelstrafen eine Gesamtstrafe zu bilden ist. Da Gefängnis und Strafarrest ihrer Art nach als gleichwertige Freiheitsstrafen anzusehen sind (vgl. Anm. 1 zu § 9), ist eine Gesamtstrafe, falls ihre Dauer sechs Monate nicht übersteigt, entweder als Gefängnis oder als Strafarrest auszusprechen, als Strafarrest dann, wenn eine Besinnungsstrafe mit Denkzettelcharakter ausreichend erscheint. Es kommt also eine Erhöhung der Gefängnisstrafe als „ihrer Art nach schwersten Strafe" (§ 74 Abs. 2 StGB) nicht in Betracht.

§ 14
Strafaussetzung zur Bewährung

(1) Die Vollstreckung des Strafarrestes kann zur Bewährung ausgesetzt werden. Die §§ 23 bis 26 des Strafgesetzbuches gelten entsprechend.

(2) Bewährungsauflagen (§ 24 des Strafgesetzbuches) sollen die Besonderheiten des Wehrdienstes berücksichtigen.

(3) Für die Dauer des Wehrdienstverhältnisses kann ein Soldat als ehrenamtlicher Bewährungshelfer (§ 24 Abs. 1 Nr. 6 des Strafgesetz-

buches) bestellt werden. Er untersteht bei der Überwachung des Verurteilten nicht den Anweisungen des Gerichts.

(4) Von der Überwachung durch einen Bewährungshelfer, der nicht Soldat ist, sind für die Dauer des Wehrdienstverhältnisses Angelegenheiten ausgeschlossen, für welche die militärischen Vorgesetzten des Verurteilten zu sorgen haben. Maßnahmen des Disziplinarvorgesetzten haben den Vorrang.

1. Abs. 1 sieht die Möglichkeit vor, die Vollstreckung des Strafarrestes zur Bewährung auszusetzen. Er ergänzt den § 23 (1) StGB, wonach die Aussetzung nur bei Gefängnis, Einschließung und Haft zulässig ist. Die bedingte Entlassung läßt § 26 StGB bei jeder zeitigen Freiheitsstrafe zu. Um Zweifel auszuschließen, erklärt Abs. 1 Satz 2 auch diese Vorschrift bei Arreststrafen ausdrücklich für anwendbar. (Begr.).

Die Strafaussetzung zur Bewährung auch bei Strafarrest zuzulassen, war vor allem deswegen geboten, weil der Strafarrest ergänzend neben die aussetzungsfähigen Freiheitsstrafen des allgemeinen Strafrechts tritt und sie in einem gewissen Bereich sogar vollständig verdrängt. Es mußten daher die bei den allgemeinen Straftaten vorgesehenen Bewährungsmöglichkeiten unter den gleichen Voraussetzungen und im gleichen Umfange auch beim Strafarrest zugelassen werden. Hinzu kommt, daß die WDO (§ 35 Abs. 1) die Möglichkeit der Aussetzung des disziplinaren Arrestes, also einer nahe verwandten Strafart, vorsieht. (Begr.).

2. Abs. 2 weist die Gerichte darauf hin, bei der Auswahl von Bewährungsauflagen stets die Tatsache zu beachten, daß die im § 24 (1) StGB aufgeführten Beispiele von Auflagen zu einem erheblichen Teil gegenüber Soldaten nicht oder nur mit Einschränkungen brauchbar sind. Wegen der Besonderheiten des militärischen Dienstverhältnisses entfallen die sonst besonders wichtigen Auflagen über den Aufenthaltsort und die Arbeit überhaupt. Auflagen, die der Überwachung der Lebensführung des Verurteilten dienen, sind weitgehend unanwendbar, weil der Soldat ohnehin einer ständigen dienstlichen und disziplinarischen Aufsicht unterliegt. Die Gerichte können sich deshalb bei der Erteilung von Auflagen nur in einem engen Rahmen bewegen. Daß die allgemeinen Strafgerichte, die im Regelfall Soldaten abzuurteilen haben, ohne jede Verbindung mit der Truppe, ohne Kenntnis ihres Geistes, ihres Ausbildungsgrades und der militärischen Grundsätze in der Lage sein sollen, „die Besonderheiten des Wehrdienstes" zu berücksichtigen, wird sich in vielen Fällen als ein verhängnisvoller Irrtum erweisen. Da Abs. 2 als Sollvorschrift ausgestaltet ist, würde ein Verstoß dagegen die Auflage nicht gesetzwidrig i.S. des § 305 a (1) Satz 2 und des § 453 (3) Satz 2 StPO machen; jedoch bleibt die in diesen Bestimmungen weiter vorgesehene Möglichkeit unberührt, die Beschwerde darauf zu stützen, daß die Auflage einen einschneidenden, unzumutbaren Eingriff in die Lebensführung des Beschwerdeführers enthalte (Begr.).

3. Die **Absätze 3 und 4**, die sich mit Fragen der Bewährungsaufsicht und Bewährungshilfe befassen, versuchen, zu einem sachgemäßen Ausgleich der militärischen und der fürsorgerischen Belange zu kommen. Auf der einen Seite muß unter allen Umständen vermieden werden, daß durch Kompetenzüberschneidungen ein Neben- oder sogar Gegeneinanderarbeiten der militärischen Vorgesetzten und der zur fürsorgerischen Betreuung berufenen Bewährungshelfer entsteht; auf der anderen Seite wollte man jedoch nicht auf die positiven Möglichkeiten verzichten, die der Bewährungsaufsicht und Bewährungshilfe auch während des Wehrdienstes eines Soldaten innewohnen. Um dieses Ziel zu erreichen, läßt Abs. 4 die Bestellung und die Tätigkeit von Bewährungshelfern nach den allgemeinen Vorschriften zu, soweit es sich nicht um Angelegenheiten handelt, für welche die militärischen Vorgesetzten zu sorgen haben. Mit dieser Fassung knüpft die Vorschrift an die Ausdrucksweise des § 10 (3) SG an; sie will diejenigen Angelegenheiten von der Betreuung durch allgemeine Bewährungshelfer ausschließen, bei denen der militärische Vorgesetzte auf Grund seiner Dienstpflichten tätig wird. Es wäre mit den Erfordernissen des Dienstes unvereinbar, wenn die allgemeine Bewährungsaufsicht auch spezifisch militärische Aufgaben wahrnehmen wollte. Bei Ausschluß dieser Angelegenheiten bleibt für den Bewährungshelfer immer noch ein bedeutsamer Raum, in dem er zum Besten des Soldaten tätig werden kann. Zu denken ist dabei namentlich an die Fortführung von Maßnahmen, die sich auf zivilrechtliche Verhältnisse des Verurteilten oder auf die Vorbereitung der Zeit nach Beendigung des Wehrdienstes beziehen. In der Praxis werden allerdings bisweilen Grenzfälle vorkommen, in denen schwer zu entscheiden ist, ob es sich um eine den militärischen Vorgesetzten vorbehaltene Angelegenheit handelt oder nicht. Um in diesem Bereich jede Möglichkeit eines unlösbaren Konflikts auszuschließen, bestimmt Abs. 4 Satz 2, daß die Maßnahmen des Disziplinarvorgesetzten in jedem Falle den Vorrang haben, und zwar auch dann, wenn sie nicht vorbehaltene Angelegenheiten betreffen. Fühlt sich der Bewährungshelfer durch eine solche Maßnahme beeinträchtigt, steht ihm der Weg der Aufsichtsbeschwerde an die vorgesetzte Dienststelle der BW offen (Begr.).

Durch die Regelung des Abs. 4 wird der allgemeinen Bewährungsaufsicht und Bewährungshilfe aus militärischen Gründen ein verhältnismäßig enges Arbeitsgebiet zugewiesen. Um jedoch die kriminalpolitisch erfolgversprechenden Methoden dieser besonderen Behandlung Straffälliger voll ausnutzen zu können, läßt Abs. 3 die Bestellung eines anderen Soldaten als ehrenamtlicher Bewährungshelfer zu, der seine Aufgaben ohne sachliche Beschränkung wahrnehmen kann. Dieser andere Soldat kann auch der Disziplinarvorgesetzte sein. Um jedoch Unzuträglichkeiten und Widersprüche in der Behandlung des Verurteilten im dienstlichen Bereich und im Rahmen der Bewährungshilfe zu vermeiden, hebt Abs. 3 Satz 2 die Bindung des Bewährungshelfers an die Weisungen des Gerichts (§ 24 a StGB) auf. Dadurch wird ausgeschlossen, daß die Gerichte auf den militärischen Pflichtenkreis des Soldaten in einer Weise Einfluß nehmen, die möglicherweise den Maßnahmen und Absichten der militärischen Vorgesetzten zuwiderläuft (Begr.).

Sobald für die Truppe eine ausreichende Zahl von Soldaten zur Verfügung steht, die auf Grund ihrer Ausbildung und ihrer Erfahrungen geeignet sind, die Aufgaben der Bewährungshilfe zu übernehmen, wird ihnen für die ständige Überwachung der Lebensführung von straffällig gewordenen Kameraden der Vorzug zu geben sein. Liegt jedoch der Schwerpunkt in der Sorge für zivile Angelegenheiten oder fällt der Zeitraum, in dem der Verurteilte noch Soldat sein wird, nicht ins Gewicht, so wird sich die Bestellung oder die Beibehaltung des allgemeinen Bewährungshelfers empfehlen. Im übrigen wird eine enge Zusammenarbeit zwischen der Fürsorge des Vorgesetzten in der Truppe und der allgemeinen Bewährungshilfe anzustreben sein, damit stets die für den Verurteilten zweckmäßigste Form der Bewährungsaufsicht erreicht werden kann (Begr.).

4. Dem § 14 entspricht im Jugendstrafrecht § 112 a JGG in der Fassung des Art. 1 EG. Nach § 112 d JGG in der Fassung dieses Artikels soll der Richter den nächsten Disziplinarvorgesetzten hören, bevor er bei der Aussetzung der Strafe zur Bewährung einem Soldaten der BW Weisungen erteilt oder besondere Pflichten auferlegt oder einen Soldaten als Bewährungshelfer bestellt (Begr.).

ZWEITER TEIL
Militärische Straftaten

Erster Abschnitt
Straftaten gegen die Pflicht zur militärischen Dienstleistung

§ 15
Eigenmächtige Abwesenheit

(1) Wer eigenmächtig seine Truppe oder Dienststelle verläßt oder ihr fernbleibt und vorsätzlich oder fahrlässig länger als drei volle Kalendertage abwesend ist, wird mit Gefängnis oder Einschließung bis zu zwei Jahren oder mit Strafarrest bestraft.

(2) Ebenso wird bestraft, wer außerhalb des räumlichen Geltungsbereichs dieses Gesetzes von seiner Truppe oder Dienststelle abgekommen ist und es vorsätzlich oder fahrlässig unterläßt, sich bei ihr, einer anderen Truppe oder Dienststelle der Bundeswehr oder einer Behörde der Bundesrepublik Deutschland innerhalb von drei vollen Kalendertagen zu melden.

(3) Ist der Täter vorsätzlich oder fahrlässig länger als einen Monat abwesend, so ist die Strafe Gefängnis oder Einschließung oder Strafarrest nicht unter drei Wochen.

1. Entsprechend der Fassung des § 64 MStGB, die bis 1940 galt, ist im Abs. 1 anstelle des Wortes „unbefugt" wieder das Wort „eigenmächtig" getreten. Damit will des G nur solche Fälle der eigenmächtigen Abwesenheit erfassen, in denen der Täter weiß, daß ihm die Abwesenheit nicht erlaubt ist (Abg. Haasler im RA). Jedoch ist auch der Begriff „eigenmächtig" weit auszulegen und umgekehrt ein scharfer und enger Maßstab für die Prüfung der Frage anzulegen, ob die Abwesenheit eines Soldaten nicht unbefugt ist. Der Soldat hat alles in seinen Kräften Stehende zu tun, um rechtzeitig oder, falls das nicht möglich ist, wenigstens so rasch wieder bei seiner Truppe zu sein, wie sich das nach den Umständen des Falls bewerkstelligen läßt. Ein Soldat, der im Urlaub erkrankt, bleibt nach Ablauf dieses Urlaubs seiner Truppe nur dann nicht eigenmächtig fern, wenn er wegen seines körperlichen Befindens entweder unfähig ist, zu ihr zurückzukehren, oder wenn die Reise trotz Berücksichtigung der militärischen Gesichtspunkte vom ärztlichen Standpunkt aus wenigstens nicht ratsam erscheint. Ein nur unerheblich erkrankter Soldat muß u. U. auch eine unter anderen Verhältnissen vertretbare oder ange-

zeigte Rücksicht auf sich selbst zurückstellen, um rechtzeitig wieder zur Verfügung seiner Truppe zu sein. Wird ein eigenmächtig abwesender Soldat vorläufig festgenommen oder verhaftet, so endet die Abwesenheit i.S. des § 15 erst an dem Tag, an dem er wieder bei seiner Truppe eingeliefert wird oder nach dem gewöhnlichen Gang der Dinge hätte eingeliefert werden können. Es genügt nicht, daß er mittelbar oder unmittelbar der Verfügungsgewalt irgendeiner militärischen Dienststelle wieder unterworfen wird (8, 24; RKG 2, 26).

2. Seine Truppe (bei der Marine: Schiff) ist die Truppe, bei welcher die subjektive Dienstpflicht des Täters durch Einstellung oder Zuweisung begründet ist (Kompanie, Batterie usw.); er macht sich demnach der eigenmächtigen Abwesenheit schon dann schuldig, wenn er sich eigenmächtig bei einem anderen Teil derselben Truppe aufhält (4, 195; 21, 161; RKG 1, 35).

3. Dienststelle ist die durch den Dienst bedingte Stellung eines zwar nicht aus seiner Truppe ausgeschiedenen, aber infolge dienstlicher Anordnungen oder Befehle dem Machtbereich seiner Truppe entrückten und der Befehlsbefugnis anderer Vorgesetzter (z. B. bei Behörden, Schulen und sonstigen Einrichtungen der BW) unterstellten Soldaten bei diesen Vorgesetzten (20, 17). Ein im Felde von seiner Truppe abgekommener Soldat hat seine Dienststelle bei der Truppe, der er sich wieder angeschlossen hat.

Die Wehrersatzbehörde, die gemäß § 24 WPfG die Wehrüberwachung ausübt, ist keine Dienststelle i.S. des § 15, da die Wehrersatzverwaltung „eine zivile, von der Truppe abgesetzte Verwaltung ist, deren Angehörige zivilen Status haben“ (Scherer-Flor, Anm. III 2 zu § 14). Verstöße gegen die Wehrüberwachung sind Ordnungswidrigkeiten i.S. des § 45 WPfG.

4. Verlassen der Truppe usw. bedeutet willkürliches Sichtrennen des zum militärischen Dienst Verpflichteten von der Machtsphäre des ihm militärisch Übergeordneten (2, 3; 3, 166). „Wer seine Truppe erlaubt verläßt oder ihr erlaubt fernbleibt, die Erlaubnis aber erschlichen hat, kann nicht nach dieser Bestimmung bestraft werden. In Betracht kommt vielmehr § 83“ (MStGB, jetzt § 18 WStG; Dörken-Scherer 7).

5. Eigenmächtiges Fernbleiben setzt eine vorher begangene berechtigte Entfernung oder eine Überschreitung der erteilten Erlaubnis zur Trennung voraus, gleichgültig, ob der Täter durch seine Abwesenheit den Dienst versäumt, sich ihm entzieht oder nicht (3, 267). Jeder Beurlaubte hat nach Nr. 7 der Ausführungsbestimmungen zur Soldatenurlaubsverordnung vom 7. 7. 1957 (VMBl. S. 354) dafür zu sorgen, daß ihm während des Urlaubs dienstliche Mitteilungen jederzeit zugeleitet werden können. Tut er das nicht, so kann unter Umständen schon

durch das Weggehen vom Urlaubsort die Trennung aus dem Machtbereich des Vorgesetzten sich vollziehen und damit, die erforderliche Willensrichtung vorausgesetzt, der Begriff der eigenmächtigen Abwesenheit erfüllt sein (21, 124).

Gediente Wehrpflichtige gehören gemäß § 2 SG von dem Zeitpunkt an, zu dem sie auf Grund des § 23 WPfG zum Wehrdienst einberufen sind, zur BW. Sie bleiben ihrer Truppe oder Dienststelle fern, wenn sie zu dem Zeitpunkt, zu dem sie einberufen sind, nicht erscheinen (1, 19; 5, 167 und 220; 17, 54; PE 10, 32). Einberufen ist immer derjenige und nur der, dem der Einberufungsbescheid gilt, nicht der, der ihn — irrtümlich oder bewußt — empfing oder der ihm — irrtümlich oder in Täuschungsabsicht — anstelle des Gemeinten Folge leistete (19, 110). Wissentliche Ablehnung der Empfangnahme des Einberufungsbescheides steht der Behändigung gleich. Das Wehrdienstverhältnis endet mit Ablauf des für das Ausscheiden aus der BW bestimmten Tages (§ 2 SG). Infolgedessen hört mit diesem Zeitpunkt die Weiterbegehung der eigenmächtigen Abwesenheit als Dauertat auf.

6. Vorsätzlich handelt, wer den Tatbestand mit Wissen und Willen verwirklicht und sich bewußt ist, daß sein Verhalten unrecht ist, aber auch wer die Verwirklichung des Tatbestandes zwar nur für möglich hält und damit rechnet, daß sein Verhalten unrecht sei, jedoch für den Fall des Zutreffens dieser Annahmen die Tat gleichwohl will (vgl. 4, 130; 5, 240; 14, 35). Ob das vorsätzliche (oder fahrlässige) Verschulden des Täters auf einem Entschluß oder mehreren Entschlüssen beruht, ist bedeutungslos (RKG vom 17. 8. 1939 RevL 115/39 I).

7. Fahrlässig handelt, wer die Sorgfalt nicht anwendet, zu der er nach den Umständen und seinen persönlichen Verhältnissen verpflichtet und imstande ist, so daß er pflichtwidrig nicht erkennt, daß sein Verhalten unrecht ist, und nicht voraussieht, daß sich der Tatbestand der strafbaren Handlung verwirklichen könne, oder obwohl er dies für möglich hält, darauf vertraut, daß es nicht geschehen werde (22, 32). Fahrlässig handelt z. B., wer von dem Vorhandensein objektiv zu Gebote stehender Mittel zur Ermöglichung der rechtzeitigen Rückkehr aus mangelnder Sorgfalt keine Kenntnis erhält oder von diesen Mitteln, falls er von ihnen Kenntnis erhält, aus Unachtsamkeit keinen Gebrauch macht (14, 35).

8. Durch die Wahl des Wortes „Kalendertage“ statt „Tage“ (§ 64 MStGB) wird die Berechnungsweise verdeutlicht, aber an der Rechtslage nichts geändert. Es wird also der Tag, an dem die Abwesenheit beginnt, in die Frist nicht einbezogen (3, 263). Demzufolge kann ein Soldat, der sich am 1. Oktober um 8 Uhr eigenmächtig entfernt hat und erst am 4. Oktober um 23 Uhr zurückkehrt, nach § 15 nicht bestraft werden. Hierfür genügt disziplinare Ahndung. Der Schwerpunkt der Tat liegt im vorsätzlichen Verlassen oder Fernbleiben; hierfür muß der Täter auch dann einstehen, wenn er sich vor Ablauf von drei vollen Kalendertagen wieder einfinden wollte, dazu aber infolge von Fahrlässigkeit nicht mehr imstande war (Begr.).

9. Abs. 2 knüpft an § 65 MStGB an. Bereits in Friedenszeiten besteht die Möglichkeit, daß zahlreiche Soldaten ihren Dienst außerhalb des Geltungsbereichs des WStG zu leisten haben, zumal alle auf dem europäischen Kontinent stationierten Streitkräfte der NATO-Staaten, somit auch die deutschen, SACEUR (Supreme Alliied Commander in Europe) unterstellt sind, soweit sich nicht NATO mit ihrem Verbleib unter nationaler Führung einverstanden erklärt hat, und in Übereinstimmung mit der NATO-Strategie disloziert werden (Anlage V zur Schlußakte der Londoner Konferenz vom 28. 9. bis 3. 10. 1954). Bei Dienstleistungen außerhalb des Heimatlandes besteht die erhöhte Gefahr, daß der Soldat von seiner Truppe oder Dienststelle abkommt (Begr.). Es obliegt ihm dann die Pflicht, entweder seine Truppe zu suchen oder sich bei einer anderen Truppe oder Dienststelle der BW, z. B. bei dem Militärattaché der in dem betreffenden Lande befindlichen deutschen Botschaft, oder bei einer Behörde der BR Deutschland unverzüglich zu melden. Unter „Behörde" ist jede deutsche Amtsstelle mit selbständiger, rechtlich dauernd geregelter Organisation zu verstehen, deren Bestand unabhängig ist vom Vorhandensein, dem Wegfall oder dem Wechsel des Beamten oder der Person, welcher die Besorgung der in den Kreis des Amtes fallenden Geschäfte anvertraut ist (RGSt. 18, 250). Ob der Soldat die Trennung von seiner Truppe oder Dienststelle verschuldet hat, spielt für die Frage, ob er sich strafbar gemacht hat, keine Rolle (Begr.). Er macht sich aber strafbar, wenn er die Meldung innerhalb von drei Kalendertagen (s. oben Anm. 8) vorsätzlich (oben Anm. 6) oder fahrlässig (oben Anm. 7) unterläßt.

10. Abs. 3 bedroht mit erhöhter Strafe Fälle der Absätze 1 und 2, in denen der Täter länger als einen Monat abwesend ist, jedoch nicht wegen Fahnenflucht (§ 16) bestraft werden kann, weil ihm die Absicht, sich der Verpflichtung zum Wehrdienst dauernd oder für die Zeit eines bewaffneten Einsatzes zu entziehen oder die Beendigung des Wehrdienstverhältnisses zu erreichen, fehlte oder doch nicht nachgewiesen werden kann (Begr.). Nach der Erklärung von MinDir. Dr. Schafheutle im RA ist Abs. 3 auf Grund der Erfahrungen des letzten Krieges geschaffen worden, in dem es vorgekommen ist, daß sich Soldaten in Berlin nicht nur monatelang, sondern jahrelang „verdrückt" haben, ohne daß man ihnen Fahnenflucht nachweisen konnte. Auch in der Etappe haben sich solche Fälle des öfteren ereignet. Die im Abs. 3 angedrohte höhere Mindeststrafe soll für den Richter ein Hinweis darauf sein, daß er den Fall nicht so milde beurteilen kann wie etwa eine eigenmächtige Entfernung von drei Tagen.

Bei der Berechnung der Frist von einem Monat wird der Tag nicht mitgerechnet, in welchen der Beginn der eigenmächtigen Abwesenheit fiel (§ 187 Abs. 1 BGB). Die Frist endet mit dem Ablauf des Tages, welcher durch seine Benennung oder seine Zahl dem Tage entspricht, in welchen der Beginn der eigenmächtigen Abwesenheit fiel (§ 188 Abs. 2 BGB). Begann z. B. die eigenmächtige Abwesenheit am 17. Oktober, so endet die Monatsfrist mit Ablauf des 17. November und der Täter macht sich nach Abs. 3 strafbar, wenn er erst am 18. November oder später zurückkehrt.

11. Das Mindestmaß der Gefängnisstrafe und der Einschließung ist gemäß § 10 Nr. 1 ein Monat, das Mindestmaß des Strafarrestes in den Fällen der Absätze 1 und 2 gemäß § 9 (1) eine Woche. Die Wahlregeln des § 11 sind zu beachten.

Der Lauf der Verjährung beginnt erst mit dem Aufhören der eigenmächtigen Abwesenheit (Dauerdelikt); 5, 220.

§ 16
Fahnenflucht

(1) Wer eigenmächtig seine Truppe oder Dienststelle verläßt oder ihr fernbleibt, um sich der Verpflichtung zum Wehrdienst dauernd oder für die Zeit eines bewaffneten Einsatzes zu entziehen oder die Beendigung des Wehrdienstverhältnisses zu erreichen, wird mit Gefängnis bestraft.

(2) Der Versuch ist strafbar.

(3) Stellt sich der Täter innerhalb eines Monats und ist er bereit, der Verpflichtung zum Wehrdienst nachzukommen, so kann auf Strafarrest nicht unter drei Wochen erkannt werden.

1. Über „eigenmächtig" s. Anm. 1 zu § 15.

2. § 16 (1) spricht, anders als § 69 MStGB, nicht von der Absicht des Täters, sich der Verpflichtung zum Wehrdienst zu entziehen. Jedoch steht auch die Begründung auf dem Standpunkt, daß Absicht erforderlich ist; sie sieht den entscheidenden Unterschied gegenüber § 15 „in der besonders verwerflichen Absicht des Täters".

Diese Absicht kann vom Täter in irgendeinem Zeitpunkt, auch erst nach Vollendung der eigenmächtigen Abwesenheit, gefaßt werden (5, 76) und begründet in der Tat den Unterschied der Fahnenflucht von der bloßen eigenmächtigen Abwesenheit. Auf die Dauer des Fernseins von der Truppe oder Dienststelle kommt es also bei der Fahnenflucht, die eine Treupflichtverletzung ist (RKG 2, 164/166), nicht an. Ein weiterer Unterschied der beiden Straftaten liegt darin, daß die Fahnenflucht die Absicht des Täters erfordert, sich dem Wehrdienst überhaupt, nicht nur der konkreten (subjektiven) Dienstpflicht bei seiner Truppe oder Dienststelle, oder dem Wehrdienst für die Zeit eines bewaffneten Einsatzes zu entziehen. Absichtlich handelt der Täter, wenn sein Wille unmittelbar auf den im Gesetz bezeichneten Erfolg gerichtet ist (RGSt. 49, 142). Absicht ist also eine Unterform des Vorsatzes i.S. der Zweckhandlung um des Erfolges willen. Die dauernde oder auf die Zeit eines bewaffneten Einsatzes beschränkte Dienstpflichtentziehung muß demnach erstrebt sein. Ohne dies Bestreben genügt das Bewußtsein der Möglichkeit des Erfolgseintritts unter Inkaufnehmen für den Fall, daß der Täter den Erfolg herbeiführt und damit Unrecht tut oder gegen ein Gesetz verstößt, der bedingte Vorsatz im technischen Sinne, nicht (22, 67). Die von § 16 erforderte Absicht bezieht sich jedoch nur auf das Merkmal der dauernden Entziehung von der — sei es bestimmt angenommenen oder als möglich vorgestellten — Dienstpflicht. Rechnet daher der Täter mit der Möglichkeit, daß ihm eine gesetzliche Verpflichtung zum Dienst obliege, und hat er die unerlaubte Entfernung in der Absicht begangen, sich für alle Fälle dieser seiner Dienstpflicht dauernd zu entziehen, so ist für die Bestrafung aus § 16 Vorsatz ausreichend, der den bedingten Vorsatz einschließt (21, 23/28). Hinter der Absicht der dauernden Dienstentziehung kann noch ein weiterer Endzweck, z. B. einer Strafe zu entgehen, liegen (22, 19).

Es ist nicht zu verkennen, daß der Nachweis der Absicht, dauernd fernzubleiben, als einer inneren Tatsache nicht immer leicht zu führen ist (Begr. 36 zu § 52). Diese Tatsache muß, wenn der Täter nicht geständig ist, aus äußeren Umständen gefolgert werden, z. B. Preisgabe der Uniform, Dauer der Abwesenheit, Verhalten bei der Festnahme, Überschreiten der Grenze, Eintritt in eine Fremdenlegion. Dabei ist zu berücksichtigen, daß namentlich bei geistiger Minderwertigkeit und sittlicher Haltlosigkeit oft eine große Neigung zu planlosem Herumtreiben besteht. Auch Zustände längerer Trübung des Bewußtseins auf epileptischer Grundlage sind in Betracht zu ziehen. Selbstmordversuch ist kein Sichentfernen. Fortgehen in selbstmörderischer Absicht kann zwar unerlaubte Entfernung sein, nicht aber Fahnenflucht, weil hier nicht durch das Mittel der Entfernung eine dauernde Dienstentziehung angestrebt, sondern lediglich eine die Dienstpflicht beendigende Handlung vorbereitet wird (Romen-Rissom 5, Schwinge IV 2).

3. Im § 69 (2) MStGB war der Fall, daß der Täter sich durch eigenmächtige Abwesenheit für die Dauer eines Krieges, kriegerischer Unternehmungen oder innerer Unruhen der Verpflichtung zum Wehrdienst überhaupt oder in den mobilen Teilen der Wehrmacht entzog, der Fahnenflucht gleichgestellt. Eine ähnliche Vorschrift muß in die vorgesehene Ergänzung des WStG durch die für den Verteidigungsfall notwendigen Bestimmungen aufgenommen werden. Es ist aber auch in Friedenszeiten, z. B. bei Grenzgeplänkeln an der Zonengrenze, bei inneren Unruhen oder bei Verwendung der Bundeswehr zur Ausübung von Bundeszwang (Art. 37 GG), denkbar, daß sich Soldaten von ihrer Truppe oder Dienststelle eigenmächtig entfernen und sich zu einem Truppenteil begeben, der sich außerhalb der Gefahrenzone befindet. Sie können sich nicht, um der Bestrafung wegen Fahnenflucht zu entgehen, damit entschuldigen, sie hätten gar nicht die Absicht gehabt, sich dem Wehrdienst dauernd zu entziehen.

4. Das Wesen einer in der Absicht, „die Beendigung des Wehrdienstes zu erreichen", begangenen Fahnenflucht wird durch den Wunsch des Täters bestimmt, nach seiner Rückkehr zum Truppenteil entlassen zu werden. Für Berufssoldaten käme eine Entlassung nur in Frage, wenn sie ihren Wohnsitz oder dauernden Aufenthalt während ihrer eigenmächtigen Abwesenheit außerhalb des Geltungsbereichs des SG genommen haben (§ 46 Abs. 1 Nr. 2 SG), für Leutnante unter den Voraussetzungen des § 46 (5) SG auch wegen mangelnder Eignung. Soldaten auf Zeit können nach § 55 (5) SG während der ersten vier Dienstjahre fristlos entlassen werden, wenn sie ihre Dienstpflicht verletzt haben und ihr Verbleiben in ihrem Dienstverhältnis die militärische Ordnung oder das Ansehen der BW ernstlich gefährden würde. Ob der Soldat das Ziel seines Handelns erreicht oder objektiv überhaupt erreichen kann, ist nicht von maßgeblicher Bedeutung. Deshalb schließen die angeführten Vorschriften des SG die Bestrafung wegen Fahnenflucht nicht aus (RKG 1, 101).

5. Voraussetzung der Bestrafung wegen Fahnenflucht ist nicht, ebensowenig wie für die Entstehung der Soldateneigenschaft, die Ablegung des nach § 9 SG zu leistenden Eides oder feierlichen Gelöbnisses (2, 222; 8, 235; 19, 132/137). Ein irrtümlich oder ohne die nach § 37 (2) SG erforderliche Ausnahmegenehmigung des BMVtg. in die BW eingestellter Ausländer kann, weil sich die Fahnenflucht als Verstoß gegen die Treupflicht darstellt und ihm eine solche nicht obliegt, wegen

Fahnenflucht nicht bestraft werden (2, 53; a.A. Schwinge, Anm. VI 2 zu § 4).

6. Die Fahnenflucht ist ein Dauerdelikt, das erst beendet ist, wenn der Täter derart der Gewalt der militärischen Oberen, sei es mittelbar oder unmittelbar, wieder unterworfen ist, daß das Sichentfernen bzw. Fernbleiben in körperlicher und geistiger Beziehung aufgehört hat (3, 166/171). Erst mit diesem Zeitpunkt beginnt die Verjährung der Strafverfolgung. Denkbar ist eine frühere Beendigung des Dauerdelikts durch während seiner Begehung erfolgende Entlassung auf Grund der in Anm. 4 genannten Vorschriften des SG.

7. **Abs. 2** stellt auch den Versuch der Fahnenflucht unter Strafe, weil es „bei der Schwere der Tat für die Strafbarkeit nicht darauf ankommen kann, ob die Tat zur Vollendung gelangt ist" (Begr.). Anstiftung und Beihilfe zur Fahnenflucht sind, wenn sie nicht von einem Soldaten der BW begangen werden, nach § 109 c StGB zu bestrafen.

8. Für die Anwendung des Abs. 3 genügt die bloße Absicht der Selbstgestellung nicht, sie muß dadurch tatsächlich ausgeführt werden, daß sich der Fahnenflüchtige in den Machtbereich des Truppenteils oder einer anderen zuständigen Behörde begibt und dort unter Angabe des Sachverhalts für die Fortsetzung des Wehrdienstes zur Verfügung stellt (13, 238). Fiedler (Gehört Sachverhaltsmeldung zur Selbstgestellung? ZWehrR VIII S. 72) hält die Anwendung des § 70 (3) MStGB (jetzt § 16 Abs. 3 WStG) für unbedenklich, auch wenn der Fahnenflüchtige, der sich in der Absicht, den Wehrdienst fortzusetzen, in den Machtbereich seiner Truppe oder einer sonst zuständigen Behörde begeben hat, nicht oder nicht sofort den Sachverhalt meldet; übereinstimmend Schätzel, ZWehrR VIII S. 260. Eine ausländische Behörde ist nur zuständig, wenn sie auf Grund besonderer Staatsverträge zur Zurückführung des Fahnenflüchtigen verpflichtet ist (2, 255; 13, 238/242). Die Möglichkeit zur Ausführung der „Stellung" hört auf mit der Verhaftung (vorläufigen Festnahme) des Fahnenflüchtigen, es sei denn, daß er unvermutet und überraschend verhaftet wird, nachdem er sich schon freiwillig in den Machtbereich einer zuständigen Behörde begeben hat (13, 238). Die Bereitschaft, den Wehrdienst fortzusetzen, kann der Täter, nachdem er sich gestellt hat, auch noch während des Strafverfahrens erklären (Begr.).

Auf den Ausdruck „innerhalb eines Monats" sind die allgemeinen Auslegungsgrundsätze, und zwar die Vorschriften des bürgerlichen Rechts anzuwenden, die nicht nur für dieses, sondern im gesamten Recht maßgebend sind (MinDir. Dr. Schafheutle im RA). Vgl. Anm. 10 zu § 15.

9. Das Mindestmaß der Gefängnisstrafe nach Abs. 1 ist gemäß § 10 Nr. 1 ein Monat, ihr Höchstmaß fünf Jahre (§ 16 Abs. 1 StGB). Der Versuch der Fahnenflucht (Abs. 2) kann milder bestraft, und zwar kann die Strafe bis auf ein Viertel des Mindestbetrages der auf die vollendete Fahnenflucht angedrohten Gefängnisstrafe, also bis auf 7 Tage, ermäßigt werden (§ 44 Abs. 1 und 3 StGB). Beträgt die Dauer der Versuchsstrafe weniger als einen Monat, so ist gemäß § 10 (1) Nr. 3 auf Strafarrest zu erkennen. Die Höchstdauer des nach Abs. 3 zulässigen Strafarrestes beträgt sechs Monate (§ 9 Abs. 1).

§ 17
Selbstverstümmelung

(1) Wer sich oder einen anderen Soldaten mit dessen Einwilligung durch Verstümmelung oder auf andere Weise zum Wehrdienst untauglich macht oder machen läßt, wird mit Gefängnis nicht unter drei Monaten bestraft.

(2) Führt der Täter die Untauglichkeit nur zeitweise oder teilweise herbei, so ist die Strafe Gefängnis oder Strafarrest.

(3) Der Versuch ist strafbar.

1. § 109 StGB bedroht denjenigen mit Strafe, der als Zivilperson sich selbst oder einen anderen durch Selbstverstümmelung oder auf andere Weise zur Erfüllung der Wehrpflicht untauglich macht oder machen läßt. § 17 WStG stellt nicht das Untauglichmachen zur Erfüllung der Wehrpflicht, sondern „zum Wehrdienst" unter Strafe, betrifft also nicht nur den Fall des Wehrpflichtigen, sondern auch desjenigen, der freiwillig länger dient (Berufssoldat, Soldat auf Zeit). Abs. 1 richtet sich gegen das Herbeiführen der dauernden und vollständigen Dienstuntauglichkeit, Abs. 2 gegen das zeitweise oder teilweise Erzielen eines solchen Erfolges. Vorsatz ist erforderlich. Er muß darauf gerichtet sein, sich oder einen anderen durch die Handlung „zum Wehrdienst" untauglich zu machen (20, 97; RGSt. 33, 399). Bedingter Vorsatz genügt jedoch.

2. Selbstverstümmelung ist jede äußerliche oder innerliche Beschädigung des Körpers, die Dienstuntauglichkeit zur Folge hat oder haben kann (Schlayer 307). Sie ist vollendet, wenn sie den Erfolg gehabt hat, daß der Täter nicht mehr dem Dienste genügen kann, dem er vorher gewachsen war. Erreicht der Täter diesen Erfolg nicht, so liegt nur Versuch vor (10, 110), der jedoch nach Abs. 3 ebenfalls Strafe nach sich zieht.

Ob der Täter die Einwirkung auf seinen Körper selbst vornimmt oder von einem anderen vornehmen läßt, ist für die Strafbarkeit ohne Belang. Strafbar ist aber auch der Soldat, der einen anderen Soldaten dienstuntauglich macht und dabei mit dessen Einwilligung handelt oder der die Untauglichkeit durch einen Dritten herbeiführen läßt (Begr.).

3. Abs. 2 bedroht diejenigen Soldaten mit Strafe, gleichviel ob sie auf Grund der Wehrpflicht oder freiwillig dienen, die sich teilweise, also für eine einzelne Dienstverrichtung, oder zeitweise untauglich machen. Dabei handelt es sich z. B. um Fälle, in denen sich der Soldat durch Trunkenheit oder durch Einnehmen eines Mittels für eine Marschübung oder einen Dienstflug untauglich macht. Die Vorschrift schafft Strafschutz für die durch § 17 (4) Satz 2 SG begründete Pflicht des Soldaten, seine Gesundheit nicht vorsätzlich zu beeinträchtigen (Begr.).

4. Das Höchstmaß der im Abs. 1 angedrohten Gefängnisstrafe ist fünf Jahre (§ 16 Abs. 1 StGB), das Mindestmaß der Gefängnisstrafe, die Abs. 2 androht, gemäß § 10 Nr. 1 ein Monat, ihr Höchstmaß ebenfalls fünf Jahre. Auf Strafarrest, der nach Abs. 2 zulässig ist, kann zwischen einer Woche und sechs Monaten erkannt werden (§ 9 Abs. 1). Die Wahlregel des § 11 (1) ist zu beachten.

Der Versuch der Selbstverstümmelung (Abs. 3) kann milder bestraft werden, und zwar kann die Strafe bis auf ein Viertel der auf die vollendete Selbstverstümmelung angedrohten Strafen ermäßigt werden (§ 44 Abs. 1 und 3 StGB). Ein Viertel der im Abs. 1 angedrohten Gefängnisstrafe von mindestens drei Monaten sind 22 Tage Gefängnis, während die im Abs. 2 angedrohte Gefängnisstrafe bis auf 7 Tage ermäßigt werden kann. Beträgt die Dauer der Versuchsstrafe weniger als einen Monat, so ist gemäß § 10 (1) Nr. 3 auf Strafarrest zu erkennen. Wird gemäß Abs. 2 auf Strafarrest erkannt, so beträgt seine Mindestdauer bei Bestrafung des Versuchs der Selbstverstümmelung zwei Tage.

§ 18

Dienstentziehung durch Täuschung

(1) Wer sich oder einen anderen Soldaten durch arglistige, auf Täuschung berechnete Machenschaften dem Wehrdienst dauernd oder zeitweise, ganz oder teilweise entzieht, wird mit Gefängnis oder Strafarrest bestraft.

(2) Der Versuch ist strafbar.

1. § 109 a StGB bedroht denjenigen mit Strafe, der als Zivilperson sich selbst oder einen anderen durch arglistige, auf Täuschung berech-

nete Machenschaften der Erfüllung der Wehrpflicht entzieht oder zu entziehen versucht. § 18 stellt nicht die Wehrpflicht-, sondern die Wehrdienstentziehung durch Täuschung unter Strafe, betrifft also nicht nur den Fall des Wehrpflichtigen, sondern auch desjenigen, der freiwillig länger dient (Berufssoldat, Soldat auf Zeit).

2. Es soll nach der Erklärung von MinDir. Dr. Schafheutle im RA „nur die Anwendung raffinierter Täuschungsmethoden" erfaßt werden. Die einfache Lüge wird nicht nach § 18 bestraft. Vielmehr gehört zur Erfüllung des Tatbestandes, daß der Soldat sich verkörperter Täuschungsmittel bedient oder ein Lügensystem aufbaut, um den Vorgesetzten zu täuschen. Mehr als eine bloße Lüge wäre z. B. das Vorweisen eines Briefes mit einer unwahren Todesnachricht oder einer unwahren, nur aus Gefälligkeit erteilten Bescheinigung des Gemeindevorstehers über wirtschaftliche oder persönliche Schwierigkeiten im Elternhaus des Soldaten. Falls jemand eine künstliche Erkrankung herbeiführt, z. B. durch Einspritzen von Milch Fieber hervorruft, und sich dann in seinen Angaben übersteigert, liegt ein Fall der Idealkonkurrenz zwischen den §§ 17 und 18 vor. Die künstliche Herbeiführung einer Erkrankung fällt als solche nicht unter § 18, sondern unter § 17 (MinDir. Dr. Schafheutle im RA). Idealkonkurrenz ist auch gegeben, wenn der Soldat sich nur teilweise zum Wehrdienst untauglich macht, aber eine vollständige Untauglichkeit simuliert.

3. „Dauernd" bedeutet für die ganze Dauer der Wehrpflicht, die nach dem G vom 24. 12. 1956 (BGBl. I S. 1017) zwölf Monate beträgt, auf Grund freiwilliger Verpflichtung aber auch achtzehn Monate betragen kann, oder auf Lebenszeit (bei Berufssoldaten) oder für die ganze Dauer der Verpflichtungszeit des Soldaten auf Zeit.

Unter „zeitweise" fallen auch kleine Urlaubserschleichungen. Geringfügige Tatbestandserfüllungen dieser Art lassen sich aber auf dem Wege über § 153 StPO disziplinarer Ahndung zuführen. Dauert die eigenmächtige, durch arglistige Machenschaften hervorgerufene Abwesenheit länger als drei volle Kalendertage, so kommt Idealkonkurrenz mit § 15 in Frage.

„Ganz" entzieht sich dem Wehrdienst, wer durch die Täuschung erreicht, daß er von jeder Art und Form dieses Dienstes befreit wird.

Teilweise sich dem Wehrdienst zu entziehen, ist dadurch möglich, daß der Wille des Täters darauf abzielt, sich oder den „anderen" dem Dienst in der Waffengattung, der er angehört oder für die er ausgehoben ist (z. B. dem Infanteriedienst, Dienst in der Luftwaffe) oder dem ihm obliegenden Dienst mit der Waffe oder dem Dienst im Felde, „für die Zeit einer Übung auf einem Truppenübungsplatz, einem

Kommando zu einer Truppe, Anstalt, für die Dauer innerer Unruhen" (Fuhse S. 71), dem Dienst an Bord oder im zugewiesenen Standort oder einem besonderen Dienstzweig, wie Turnen, Schwimmen, Arbeitsdienst, zu entziehen. Es genügt, daß der Täter eine andere, ihm oder dem „anderen" angenehmere oder bequemere Art des Dienstes zu erreichen bestrebt gewesen ist (RGSt. 9, 96; RKG vom 27. 7. 1943 StPL (HLS) I 48/43). Einer besonders gründlichen und gewissenhaften Nachprüfung bedarf der innere Tatbestand. Wenn der Täter der ehrlichen Überzeugung ist, daß er oder ein anderer an der Stelle, an der der Täter die Verwendung erstrebt, gebraucht wird und — im Verhältnis der Fronttruppe zur Heimat oder zur Versorgungstruppe oder auch im Verhältnis zwischen verschiedenen Fronttruppen, so etwa zwischen Infanterie und Nachrichtentruppe — durch einen nicht oder nicht voll Frontfähigen nicht ersetzt werden kann, ist der innere Tatbestand der Wehrdienstentziehung nicht gegeben, selbst wenn der Täter sich irrt oder wenn zu den sachlichen Gründen persönliche hinzutreten (RKG a.a.O.).

4. Das Höchstmaß der angedrohten Gefängnisstrafe ist fünf Jahre (§ 16 Abs. 1 StGB), ihr Mindestmaß gemäß § 10 Nr. 1 ein Monat. Auf Strafarrest kann zwischen einer Woche und sechs Monaten erkannt werden (§ 9 Abs. 1). Die Wahlregel des § 11 (1) ist zu beachten.

Der Versuch der Dienstentziehung durch Täuschung (Abs. 2) kann milder bestraft werden, und zwar kann die Strafe bis auf ein Viertel der für die vollendete Tat angedrohten Strafe ermäßigt werden (§ 44 Abs. 1 und 3 StGB), d. h. bis auf zwei Tage Strafarrest oder, wenn dieser gemäß § 10 (1) Nr. 3 anstelle von weniger als einem Monat Gefängnis tritt, 7 Tage Strafarrest.

Zweiter Abschnitt

Straftaten gegen die Pflichten der Untergebenen

Vorbemerkung

zu den §§ 19—21.

1. Unter einem „Befehl", dessen Nichtbefolgung die §§ 19—21 unter Strafe stellen, kann nur ein Befehl zu dienstlichen Zwekken verstanden werden, da ein Vorgesetzter keine anderen Befehle erteilen darf (§ 10 Abs. 4 SG). Daher spricht § 22 (1), wonach ein Befehl nicht verbindlich ist, wenn er nicht zu dienstlichen Zwecken erteilt ist, nur etwas selbstverständliches aus. Das hätte sich vermeiden lassen, wenn man sich, dem Sprachgebrauch des MStGB folgend, entschlossen hätte, in den §§ 19—21 statt des Ausdrucks „Befehl" die Bezeichnung „Befehl in Dienstsachen" oder „Dienstbefehl" anzuwenden.

2. I. Befehl ist nach § 2 Nr. 2 eine Anweisung zu einem bestimmten Verhalten, die ein militärischer Vorgesetzter (§ 1 Abs. 4 SG) einem Untergebenen schriftlich, mündlich oder in anderer Weise, allgemein oder für den Einzelfall und mit dem Anspruch auf Gehorsam erteilt; s. hierzu Anm. 2 zu § 2.

II. Unbeachtlich, weil keine Befehle „zu dienstlichen Zwecken" sondern nur „Scheinbefehle" (Dietz WDStO S. 48), wären ein einem Untergebenen erteilter Befehl zur Verauslagung eigener Mittel zu Besorgungen für den Vorgesetzten (PE 3, 128 a) und ein Befehl, aus Privatmitteln eine Schürze zur Schonung der Uniform anzuschaffen (21, 121). Den Befehl, unter die Betten zu kriechen und Tierstimmen nachzuahmen, selbst wenn er Rekruten erteilt wird, um ihnen überlautes Lachen und Sprechen oder eine körperliche Vernachlässigung abzugewöhnen (RKG vom 4. 11. 1937 RevL 130/37 I), und den einem völlig gesunden Chefarzt eines Standortlazaretts erteilten Befehl, sich auf seinen Geisteszustand untersuchen zu lassen (RGSt. 59, 336), sieht Dietz (a.a.O. S. 49) mit Recht als „unsinnige, unhaltbare, wehrdienstlich nicht vertretbare Befehle" und deswegen als unverbindlich an. Sie verpflichten zum Gehorsam auch deswegen nicht, weil sie die Menschenwürde verletzen (§ 22 Abs. 1). Das gleiche würde von dem Befehl gelten, einen Festgenommenen mit dem Gewehrkolben in die Kniekehlen zu stoßen, obwohl dies nach Lage des Falles zur Durchführung des Transportes nicht erforderlich ist (10, 193). Hingegen würde ein dem Untergebenen erteilter Befehl, im ordentlichen gerichtlichen Verfahren als Beschuldigter oder Angeklagter auszusagen oder die Wahrheit zu sagen, zwar im Gegensatz zu den allgemeinen Rechtsgrundsätzen stehen, nach denen kein Beschuldigter verpflichtet ist, sich zur Sache auszulassen, trotzdem aber, wenn er vom zuständigen Vorgesetzten nach pflichtmäßigem Ermessen erteilt wird und der Dienst den Befehl rechtfertigt (vgl. § 13 Abs. 2 SG), „die Meldepflicht des Untergebenen auch wegen der eigenen strafbaren Handlung" begründen (Dietz, a.a.O. S. 336). Im übrigen ist ein Befehl zur Auskunft auch dann verbindlich, wenn der Untergebene sich durch Ausführung der Gefahr einer strafrechtlichen Verfolgung aussetzt (14, 199). Unverbindlich sind auch sogenannte „gewaltlose Befehle", die von einem Nichtvorgesetzten oder an einen Nicht-Untergebenen erteilt werden. Hierzu gehört auch der aus formalen Gründen der Zuständigkeit gewaltlose Befehl (RKG im Rechtsgutachten vom 1. 6. 1943 A. L.

18/43 unter Bezugnahme auf Kalberlah, Der bindende rechtswidrige Befehl, ZWehrR VII S. 297/305; Dietz, WDStO S. 48).

III. Es sind aber trotz der Bestimmung im § 22 (1) keineswegs alle Befehle „nicht verbindlich", durch deren Befolgen ein Verbrechen oder Vergehen begangen würde; s. hierzu Anm. 3 zu § 5. § 22 (1) ist also, soweit er die Befehle, durch deren Befolgung ein Verbrechen oder Vergehen begangen würde, als Beispiel für „nicht verbindliche" Befehle anführt, nur mit Einschränkungen zutreffend.

IV. Bessere Beispiele für unverbindliche Befehle hat MinDir. Dr. Schafheutle vor dem RA gebildet, und zwar hat er Befehle genannt, die gegen die allgemein anerkannten Regeln des Völkerrechts, z. B. gegen die vier Völkerrechtsabkommen vom 12. 8. 1949, verstoßen, etwa durch Mißbrauch des Roten Kreuzes (nach § 10 Abs. 4 SG darf der Vorgesetzte Befehle nur unter Beachtung der Regeln des Völkerrechts erteilen), und Befehle, durch die in privatrechtliche Vorschriften eingegriffen wird, etwa ein Befehl, einen Schadensersatzanspruch zu erfüllen, der durch den Richter nicht festgestellt ist; hier bestehe, so hat Dr. Schafheutle weiter ausgeführt, eine Diskrepanz zwischen Privatrecht und Befehl und man werde in solchen Fällen unter gewissen Voraussetzungen zu dem Ergebnis kommen müssen, daß der Befehl unverbindlich sei.

Gegen das dritte von Dr. Schafheutle gebildete Beispiel für unverbindliche Befehle, daß sie mit Befehlen übergeordneter Befehlshaber im Widerspruch stehen, etwa wenn der Divisionskommandeur einen Befehl allgemeiner Art erläßt und der Bataillonskommandeur einen Befehl gibt, der dem Befehl des höheren Vorgesetzten widerspricht, ist sogleich von dem Abg. Schröter (Wilmersdorf) eingewendet worden, bei der Truppe herrsche die tief eingewurzelte Auffassung, daß der letzte Befehl heilig sei. Und diese Auffassung wird auch, rechtlich betrachtet, häufig richtig sein. Widersprechende Befehle verschiedener Vorgesetzter auszuführen, ist tatsächlich unmöglich. Nach militärischen Grundsätzen ist der Untergebene verpflichtet, soweit ausführbar, dem einen befehlenden Vorgesetzten und, wenn der den letzten Befehl erteilende Vorgesetzte anwesend ist, diesem bei Vermeidung der Haftung für den Ungehorsam von dem widersprechenden Befehl Kenntnis zu geben, und wenn dieser Vorgesetzte auf seinem Befehl besteht, letzteren auszuführen (6, 98; 7, 84 und 253; 8, 143; 12, 18; 14, 85). Der den letzten Befehl ohne Aufklärung des Vorgesetzten ausführende Untergebene haftet wegen Ungehorsams gegen den ersten Befehl (12, 18). Eine Verzögerung der Ausführung infolge der nötigen Überlegung ist dem Untergebenen zugute zu halten (4, 277). Durch

Übungen mit zwei einander gegenüberstehenden „feindlichen" Parteien wird an den allgemeinen Dienstverhältnissen sowie an den darauf beruhenden Vorgesetztenverhältnissen an sich nichts geändert (8, 140; 14, 85). Ob der von einem Vorgesetzten einem ihm nach den allgemeinen Dienstverhältnissen Untergebenen der Gegenpartei erteilte Befehl, der mit den von dieser verfolgten Zielen und der zu deren Erreichung dem Untergebenen von seiner Partei erteilten Befehl in Widerspruch steht, zu befolgen ist, hängt von der Zuständigkeit des befehlenden Vorgesetzten und von den Umständen des Falles ab. So ist z. B., wenn eine Lage vorliegt, die eine sofortige dienstliche Entwirrung erfordert, in Ermangelung von Schiedsrichtern der älteste der anwesenden Führer zum Eingreifen berechtigt und verpflichtet (14, 85). Über nachträglichen Wegfall der Gehorsamspflicht s. Anm. 3 III zu § 19.

V. Die Unverbindlichkeit des Befehls deckt sich, wie MinRat. Neudeck (BMVtg.) im RA ausgeführt hat, nicht mit seiner Rechtswidrigkeit (ebenso Frhr. v. Richthofen, Anm. 3 zu § 22). Der Bereich des unverbindlichen Befehls sei, so hat er weiter bemerkt, wesentlich kleiner als der der rechtswidrigen Befehle. Die Frage, wann der rechtswidrige Befehl auch unverbindlich ist, lasse sich allgemein nicht regeln. So sei es denkbar, daß ein Befehl auf Grund allgemeiner höchster Rechtsprinzipien, nach Art der Güterabwägung, nicht als verbindlich angesehen werden könne. Die Frage der Verbindlichkeit eines unrechtmäßigen Befehls entscheidet sich, wie das Reichskriegsgericht im Rechtsgutachten vom 1. 6. 1943 (A. L. 18/43) festgestellt hat, nach der Abwägung aller im konkreten Fall vorliegenden militärischen und der berührten öffentlichen und privaten Interessen. Es kann, so heißt es zu Anfang dieses Rechtsgutachtens, „kein Zweifel darüber bestehen, daß es jederzeit eine Fülle von einer Prüfung der Rechtmäßigkeit nicht standhaltenden, d. h. nicht im Rahmen der Befehlsgewalt erteilten und nicht den gegebenen Vorschriften und militärischen Grundsätzen entsprechenden Befehlen gegeben hat, die gleichwohl von einem gesunden soldatischen Empfinden als verbindlich angesehen wurden. Es gibt Befehle, die militärischen Grundsätzen widersprechen, und solche, die nicht durch pflichtmäßiges Ermessen gedeckt sind, die sich aber doch im Rahmen des allgemeinen Militärischen halten und erkennbar als Befehle in Dienstsachen gemeint sind. Greifen solche Befehle in Rechtsgüter der Untergebenen oder Dritter ein, so ist nicht in jedem Fall eine Unverbindlichkeit des Befehls gegeben. Vielfach wird man zu der Meinung kommen müssen, daß im Einzelfall die oft unbedeutenden privaten Interessen zurücktreten müssen gegenüber den militärischen, die die

Respektierung der Autorität des Vorgesetzten durch die Befolgung des von ihm gegebenen Befehls verlangen. Aus doktrinären Erwägungen dem privaten Recht in solchen Fällen gegenüber der Heiligkeit des Befehls zum Sieg zu verhelfen, würde eine den militärischen Interessen nicht entsprechende Rechtsprechung bedeuten.

Mit Recht hat daher das Reichskriegsgericht in seiner Entscheidung Bd. 1 S. 177 zu einem Befehl, der von einem Offizier im Rahmen seiner allgemeinen Zuständigkeit, aber entgegen bestimmter, den konkreten Fall regelnder militärischer Dienstvorschrift gegeben wurde, folgendes ausgeführt: „Der Untergebene hat weder das Recht noch die Pflicht zu prüfen, ob der Vorgesetzte im Einzelfall zu dem Befehl berechtigt oder ob der Befehl seiner Art nach rechtmäßig oder zweckmäßig ist. Er muß die von einem befehlsberechtigten Vorgesetzten erteilten Befehle in Dienstsachen unverzüglich, sinngemäß und nach besten Kräften ausführen. Eine Verbindlichkeit des Befehls entfällt nur dann, wenn der Befehl ohne sich aus dem Dienstverhältnis ergebenden Grund so tief in das Rechtsgebiet des Untergebenen, in seine Ehre, sein Ansehen, seine militärische Stellung, seine Gesundheit, sein Leben, sein wirtschaftliches Dasein usw. eingreift, daß dem Untergebenen bei Abwägung aller Gesichtspunkte nicht zugemutet werden kann, den Befehl zu befolgen."

Durch diese Fassung wird klargestellt, daß die Nichtzumutbarkeit nicht aus der Auffassung des Untergebenen, sondern nach *objektiven Maßstäben* zu beurteilen ist. Es ist selbstverständlich, daß dabei die militärischen Interessen im Vordergrund stehen. Auf der anderen Seite sind es nicht nur Rechte Untergebener, die für die Verbindlichkeit eines Befehls von Bedeutung sind, es können auch Rechte Dritter oder öffentliche Interessen in Frage kommen (z. B. bei Befehlen im Munitionstransport, durch deren Befolgung größte Gefahren für zahlreiche Personen oder erhebliche Vermögenswerte entstehen würden). Auch können Eingriffe in das Rechtsgut einzelner so offensichtlich außerhalb jeder militärischen Notwendigkeit liegen, daß ihre Verbindlichkeit zu einer Zersetzung der militärischen Disziplin führen müßte. Es muß berücksichtigt werden, daß der Untergebene den Befehl als denkender Mensch und militärisch geschulter Soldat empfängt und daß er seinen Sinn erfassen muß, um ihn richtig ausführen zu können. Dies bedingt, daß er auch einen offensichtlichen Widersinn erkennt und nicht nach Art einer Maschine auch Widersinniges auszuführen gezwungen ist. Allerdings trägt der Untergebene in jedem Fall das Risiko seines Entschlusses. Er kann sich nicht darauf berufen, daß er von falschen Voraussetzungen ausgegangen sei.

Die Entscheidung RKG 1, 177 ist danach nicht abgelöst von der früheren Rechtsprechung, sondern unter Verwendung und Erweiterung der von ihr entwickelten militärischen Grundsätze dahin zu verstehen, daß ein im Rahmen der allgemeinen militärischen Zuständigkeit eines Vorgesetzten erteilter Befehl auch dann verbindlich sein kann, wenn er bestimmten Vorschriften oder pflichtgemäßem Ermessen widerspricht, also unrechtmäßig ist".

VI. Mit der Behandlung der Befehlslehre im SG (§ 11), also im militärischen Verwaltungsrecht, ist einer alten Forderung entsprochen worden (vgl. Schwinge S. 102/103). Gegen eine Wiederholung dieser Lehre im WStG wäre nichts einzuwenden, wenn die Fassung des § 22 (1) WStG nicht von der des § 11 SG abwiche. Nach letzterer liegt Ungehorsam nicht vor, wenn ein Befehl nicht befolgt wird, der die Menschenwürde verletzt oder der nicht zu dienstlichen Zwecken erteilt worden ist, und darf ein Befehl nicht befolgt werden, wenn dadurch ein Verbrechen oder Vergehen begangen würde. § 22 (1) WStG erwähnt diese Fälle nur als Beispiele für nicht verbindliche Befehle, und zwar als — wie oben unter 1 und 2 II und III ausgeführt worden ist — schlecht gewählte Beispiele. Das ist nach den Ausführungen eines RegVertreters im RA geschehen, weil § 11 SG „zu Mißverständnissen Anlaß geben" könnte; er bezeichnete die Fassung des § 22 (1) WStG als eine „die Sache besser treffende Formulierung". Es muß jedoch befürchtet werden, daß die ungemein schwierige Befehlslehre, die von jeher zu zahlreichen Mißverständnissen geführt hat, durch die Abweichungen des § 22 (1) WStG von der Fassung des § 11 SG nicht vereinfacht, sondern noch undurchsichtiger geworden ist und daß die allgemeinen Strafgerichte, die sich mit ihr zu befassen haben werden, Sachverständige werden bemühen müssen, um nicht auf Schritt und Tritt zu stolpern.

§ 19
Ungehorsam

(1) Wer vorsätzlich einen Befehl nicht befolgt und dadurch eine schwerwiegende Folge (§ 2 Nr. 3) herbeiführt, wird mit Gefängnis oder Einschließung oder mit Strafarrest nicht unter zwei Wochen bestraft.

(2) Der Versuch ist strafbar.

(3) In besonders schweren Fällen ist die Strafe Zuchthaus bis zehn Jahren.

(4) Wer im Falle des Absatzes 1 die schwerwiegende Folge fahrlässig herbeiführt, wird mit Gefängnis, Einschließung oder Strafarrest bestraft.

1. Die den §§ 19—21 und 23—25 zugrunde liegenden Normen richten sich nur an Untergebene, d. h. an solche, die im einzelnen Falle unter bestimmten Voraussetzungen einer bestimmten anderen Person (Vorgesetzter) gegenüber tatsächlich „untergeben" sind; es könnten also überall in den angeführten Paragraphen an die Stelle des „wer" die Worte „ein Untergebener, der" gesetzt werden, ohne daß am Sinn des Tatbestandes irgend etwas geändert würde. Das ergibt sich im übrigen auch ausdrücklich aus den §§ 22 und 26, wonach in den vorhergehenden Paragraphen dieses Abschnitts als Täter stets ein „Untergebener" gemeint ist. Dem „Untergebenen" entspricht auf der anderen Seite der in den einzelnen Tatbeständen wiederkehrende Begriff „Vorgesetzter", gegen den die Straftat sich richtet. Vorgesetzter und Untergebener sind korrespondierende Begriffe, die aufeinander angewiesen sind, die sich gegenseitig bedingen und voraussetzen (16, 136).

2. Die Begriffsbestimmung des „Befehls" im Sinne des WStG ergibt sich aus § 2 Nr. 2; s. hierzu Anm. 2 zu § 2 und obige Vorbemerkung. Beispiele, vor allem aus der Rechtsprechung, für Befehle zu dienstlichen Zwecken: a) Befehle die Grußpflicht betreffend (PE 5, 107), b) Befehle, zwecks Aufrechterhaltung der militärischen Autorität den Mund zu halten (1, 105), c), Befehle, zwecks Seuchenbekämpfung ärztliche Eingriffe in die körperliche Unversehrheit zu dulden (vgl. § 17 Abs. 4 Satz 3 SG), d) Befehle zur Aufrechterhaltung der Straßendisziplin (2, 205; RGSt. 58, 110), e) Befehle anläßlich der Überwachung des außerdienstlichen Verhaltens Untergebener (2, 283); f) Befehl des Batterieführers, daß ein betrunkener Geschützführer an einem Schauexerzieren nicht teilnehmen soll (RGSt. 66, 187), g) Befehle hinsichtlich der Angabe vorhandener Schulden (13, 229), h) Befehle in Angelegenheiten der Mannschaften, denen sich der Vorgesetzte in dienstlicher Eigenschaft aus Fürsorge für die Mannschaften (vgl. § 10 Abs. 3 SG) unterzieht (6, 104), i) der Befehl zur Leistung des durch § 9 (1) SG vorgeschriebenen Eides (vgl. SG-Kom. Anm. 4 zu § 9), k) die in den „Vorläufigen Bestimmungen über den Truppenausweis der Soldaten" vom 17. 8. 1956 (VMBl. S. 50) enthaltene Vorschrift (Nr. 2), daß der Truppenausweis Vorgesetzten, Wachen, Streifen sowie Polizei- und Gendarmeriebeamten auf Verlangen vorzuzeigen ist, 1) die Ausführungsbestimmungen des BMVtg. zur SoldatenurlaubsVO vom 7. 7. 1957 (VMBl. S. 354), soweit sie die Grenzen der Befugnis zur Beurlaubung für die einzelnen Vorgesetzten festlegen (zu § 10), da hierin für die Vorgesetzten das Verbot enthalten ist, jene Grenzen zu überschreiten (16, 19), m) das Verbot der Bundesregierung für Angehörige des öffentlichen Dienstes, an einer Vereinigung teilzunehmen, deren Zweck oder deren Tätigkeit sich gegen die verfassungsmäßige Ordnung richtet (GMBl. 1950 S. 93), n) der auf Grund des § 14 SG erteilte Befehl, über alle während der Zugehörigkeit zur Wehrmacht, insbesondere während einer Übung, in Erfahrung gebrachten militärischen Dinge gegenüber Außenstehenden Stillschweigen zu bewahren. Ein solcher Befehl geht seinem Inhalt nach über den Rahmen der Strafbestimmungen über Landesverrat erheblich hinaus. Es kann aber Tateinheit (§ 73 StGB) des Ungehorsams mit dem Verbrechen des Landesverrats bestehen; RKG vom 7. 10. 1938 StPL (HLS) 46/38, o) Anweisungen der Vorgesetzten, die sich auf die Grundsätze „Polizei und Bundeswehr" — abgedruckt als Anlage 3 S. 154 — stützen (RKG 1, 225), p) der die Benutzung eines bundeswehreigenen Kraftfahrzeuges regelnde Fahrbefehl.

3. Eine gesetzlich verbotene und mit Strafe bedrohte Handlung kann grundsätzlich nicht noch unter die besondere Strafbestimmung des § 19 gestellt werden, es sei denn, daß sich die verschiedenen Normen nach Inhalt und Zweckbestimmung nicht decken; RG vom 21. 7. 1936 — 4 D 472/36 — ZWehrR I S. 317; RKG 1, 86 und 149; a.A. Schwinge VII, Meier-Branecke, ZWehrR. II S. 377, Fiedler, ZWehrR II S. 383, nicht unbedingt zustimmend Hodes, ZWehrR II S. 485. Eine gesetzliche Norm könnte höchstens in der Weise zum Gegenstand eines inhaltlich und seiner Zweckbestimmung nach gleichlautenden Befehls gemacht werden, daß durch den Befehl ein besonders scharfer Hinweis auf ein gesetzliches Verbot erfolgt. Ein solcher Befehl würde sich als Grundlage für den Beweis der Schuld des Täters und für die Strafzumessung verwerten lassen (RG vom 21. 7. 1936 — 4 D 472/36 — ZWehrR I S. 317). Strafbar wäre aber nicht der Ungehorsam gegen den Befehl, sondern die Verwirklichung des im Gesetz unter Strafe gestellten Tatbestandes, falls das Gesetz eine Strafdrohung enthält.

I. Bloße Pflichtwidrigkeit ist noch kein Ungehorsam, auch dann nicht, wenn der Untergebene im Unterricht über seine Pflichten belehrt war. Denn Belehrung in der Unterrichtsstunde ist an sich noch kein Befehl (Dietz, WDStO S. 46; RGSt. 64, 71). Es ist also in derartigen Fällen stets festzustellen, ob, wann und durch wen wirklich ein Befehl, z. B. in der Wagenhalle nicht zu rauchen, erteilt, insbesondere dem Täter bekanntgemacht war. Trunkenheit außer Dienst und Schuldenmachen sind regelmäßig nur auf Grund eines besonderen Verbots, das zur Aufrechterhaltung der Mannszucht zulässig ist, Ungehorsam (PE 2, 157 a). Nichtgrüßen eines Vorgesetzten ist Ungehorsam (PE 5, 107). Auch hier müssen die betreffenden Vorschriften und ihre Bekanntgabe im Urteil festgestellt werden, falls es zu einem gerichtlichen Verfahren kommt. Fahrlässiges Ausbleiben über Zapfenstreich ist Ungehorsam (5, 267; PE 6, 110). Auch hier ist der Befehl, durch den die Rückkehr bis zu bestimmter Zeit vorgeschrieben wurde, und dessen Bekanntgabe an den Täter festzustellen.

II. Unmöglichkeit der Ausführung rechtfertigt die Nichtbefolgung des Befehls nur, wenn der Untergebene die Ausführung mindestens versucht hat. Ist dieser Versuch trotz Anspannung aller Kräfte erfolglos geblieben, so hat der Untergebene dem Vorgesetzten zu melden, daß er den Befehl nicht ausführen könne. Die bloße Annahme des Untergebenen, daß seine Körperkräfte zur Ausführung eines erhaltenen Befehls nicht ausreichen, berechtigt ihn nicht, den Befehl unbefolgt zu lassen (14, 156; 18, 250).

III. Nachträglicher Wegfall der Gehorsamspflicht ist möglich

a) durch Zurücknahme des Befehls (12, 306),

b) durch pflichtgemäße Abweichung vom Befehl aus eigener Entschließung. „Hierbei ist es jedoch unerläßlich, daß das Hinweggehen über den Befehl einziges Mittel sein muß, die Lage zu meistern. Nur wenn die Umstände den militärischen Führer tatsächlich zu dieser Maßnahme gezwungen haben, kann er sich mit Erfolg auf diesen Rechtfertigungsgrund berufen" (Schwinge, Gehorsam und Verantwortung, Deutsche Rechtswissenschaft 4. Bd. [1939] S. 128). Auch eine veränderte Befolgung des Befehls kann Recht und Pflicht sein. Derartige Abweichungen können z. B. durch die wechselnden Lagen eines Gefechts geboten sein. Der Befehl ist dann so auszuführen, daß sein besonderer Zweck unter Anpassung an die veränderten Verhältnisse so weit als möglich erreicht wird (10, 61 und 158). Verantwortungsfreudigkeit des Führers darf jedoch nicht darin gesucht werden, eigenmächtige Entschlüsse ohne Rücksicht auf das Ganze zu fassen oder Befehle nicht peinlich zu befolgen und ein Besserwissen an Stelle des Gehorsams treten zu lassen. Selbstständigkeit darf nicht zur Wilkkür werden.

IV. Den Untergebenen kann gestattet werden, unter besonderen Umständen und unter Wahrung der militärischen Formen einem Befehl gegenüber Bitten und Bedenken vorzubringen. Ein allgemeines Recht aber, sich durch Gegenvorstellungen der unbedingten Gehorsamspflicht zu entziehen, besteht nicht. Jede Gegenvorstellung muß vor allem von dem Willen getragen sein, sich dem Befehl unterzuordnen für den Fall, daß sie erfolglos bleibt. Tritt in ihm der Wille zutage, dem Befehl des Vorgesetzten die Anerkennung zu versagen, auch wenn der Befehl trotz Gegenvorstellung aufrechterhalten wird, und ist hiernach die Gegenvorstellung nichts anderes als eine Begründung der

Durchsetzung des eigenen Willens gegenüber dem des Vorgesetzten, liegt darin der Ausdruck des Ungehorsams (20, 267).

4. Über „vorsätzlich" s. Anm. 6 zu § 15. Das leichtfertige Nichtbefolgen eines Befehls ist im § 21 unter Strafe gestellt. Vorsätzlich i.S. des § 19 (1) handelt, wer a) weiß, daß ein Befehl zu dienstlichen Zwecken vorliegt, b) diesen Befehl trotz Kenntnis von der Anordnung und ihrem Zweck nicht befolgt und dabei das Bewußtsein hat, daß die Handlung oder Unterlassung der Anordnung zuwiderläuft (10, 158), c) dabei weiß, daß die Nichtbefolgung des Befehls eine schwerwiegende Folge i.S. des § 2 Nr. 3 herbeiführt. Für den inneren Tatbestand kommt es aber nicht darauf an, ob der Täter die Gefährdung gerade unter einem bestimmten Gesichtspunkt vorausgesehen hat oder hätte voraussehen können. Es bedarf vielmehr nur der Prüfung, ob der Täter die Gefährlichkeit der Nichtbefolgung des Befehls im allgemeinen kannte oder auch nur mit ihr rechnete bzw. sie bei pflichtgemäßer Überlegung zu erkennen vermochte (KG vom 25. 4. 1932, DJZ 1932, 1553). Die Wirkung des Ungehorsams muß der Täter, wenn auch nicht in der im Einzelfall dann tatsächlich eingetretenen Art, als möglich in den Kreis seiner Berechnung einbeziehen haben können, wenn er nur die Überlegung und Aufmerksamkeit anwendete, die im Einzelfall nach seiner Persönlichkeit, Stellung, Erfahrung usw. von ihm gefordert werden konnte und mußte (RKG 1, 40; zustimmend Schmidt, ZWehr III S. 225).

5. Der eingetretene Erfolg des Ungehorsams (erheblicher Nachteil oder Gefahr), der ihn erst zu einer gerichtlich strafbaren Handlung macht, ist dem Täter nur dann zuzurechnen, wenn auch dieser Erfolg wiederum durch Vorsatz oder Fahrlässigkeit verursacht worden ist. „Herbeiführen" ist gleichbedeutend mit „Verursachen". Die Handlung des Täters muß sich demnach unter den ursächlichen Bedingungen befunden haben, auf die der Erfolg zurückzuführen ist (20, 236), und der Täter muß durch seinen Ungehorsam eine der im § 2 Nr. 3 aufgezählten Folgen herbeigeführt haben. Der Ungehorsam als solcher, nicht ein von ihm abhängiger äußerer Umstand muß die Ursache für den Schaden gewesen sein (RKG 1, 86). Ursache im strafrechtlichen Sinn ist, was nicht hinweggedacht werden kann, ohne daß damit in der menschlichen Vorstellung nicht gleichzeitig auch die Wirkung wegfiele (RKG 1, 40). Über ursächlichen Zusammenhang s. RGSt. 75, 49.

6. Auch die fahrlässige Herbeiführung einer schwerwiegenden Folge — Abs. 4 — setzt vorsätzliche Nichtbefolgung eines zu dienstlichen Zwecken erteilten Befehls voraus. Über Fahrlässigkeit s. Anm. 7 zu § 15. Während nach Abs. 1 der Eintritt der schwerwiegenden Folge vom Vorsatz umfaßt sein muß, genügt für die Bestrafung nach Abs. 4, daß der vorsätzlich ungehorsame Soldat die Sorgfalt nicht angewendet hat, zu der er nach den Umständen und nach seinen persönlichen Verhältnissen verpflichtet und imstande war, so daß er nicht voraussieht, daß eine schwerwiegende Folge eintreten könne, oder, obwohl er dies für möglich hält, darauf vertraut, daß es nicht geschehen werde.

7. Das Mindestmaß der Gefängnisstrafe und der Einschließung beträgt einen Monat, daß Höchstmaß jeweils fünf Jahre (§ 10 Abs. 1 Nr. 1 und 2 WStG, § 16 Abs. 1 StGB). Auf Strafarrest kann bis zu zwei Wochen erkannt werden (§ 9 Abs. 1). Wahlregeln enthält § 11.

Der Versuch (Abs. 2) kann milder bestraft werden, und zwar kann die Strafe bis auf ein Viertel des Mindestbetrages der für den vollendeten Ungehorsam angedrohten Strafe, also bis auf 7 Tage Gefängnis oder Einschließung ermäßigt werden (§ 44 Abs. 1 und 3 StGB). Beträgt die Dauer der Versuchsstrafe weniger als einen Monat, so ist gemäß § 10 (1) Nr. 3 auf Strafarrest zu erkennen. Wird gemäß Abs. 1 auf Strafarrest erkannt, so beträgt seine Mindestdauer bei Bestrafung des Versuchs drei Tage. Versuch wird insbesondere vorliegen, wenn die schwerwiegende Folge noch nicht eingetreten ist (Abg. Hassler im RA).

8. Ein besonders schwerer Fall — Abs. 3 — ist anzunehmen, wenn der angerichtete Schaden besonders umfangreich ist, was für den Täter voraussehbar gewesen sein muß (vgl. § 56 StGB), wenn dem Täter wegen seines Ranges oder wegen seiner Dienststellung ein besonders schwerer Schuldvorwurf zu machen ist, ferner bei besonderer Hartnäckigkeit und Stärke des verbrecherischen Willens (JW 34, 2920). Außerdem sind noch die besonderen militärischen Verhältnisse zu berücksichtigen, unter denen die Tat begangen worden ist, sowie die vom Täter verschuldeten Folgen der Tat für die Sicherheit der BR Deutschland, die Schlagkraft der Truppe, Leib oder Leben eines Menschen oder fremde Sachen von bedeutendem Wert (Begr. 36 zu § 38). Es genügt aber nicht, daß der Fall strafwürdiger als ein Durchschnittsfall oder daß es ein schwerer Fall ist; er muß besonders schwer sein, so daß der ordentliche Strafrahmen zur Sühne nicht mehr ausreicht (BGH NJW 52, 234; BGHSt. 5, 130). Das Mindestmaß der Zuchthausstrafe ist ein Jahr (§ 14 Abs. 1 StGB).

§ 20
Gehorsamsverweigerung

(1) Mit Gefängnis oder Einschließung oder mit Strafarrest nicht unter zwei Wochen wird bestraft,

1. wer die Befolgung eines Befehls dadurch verweigert, daß er sich mit Wort oder Tat gegen ihn auflehnt, oder

2. wer darauf beharrt, einen Befehl nicht zu befolgen, nachdem dieser wiederholt worden ist.

(2) Verweigert der Täter in den Fällen des Absatzes 1 Nr. 1 den Gehorsam gegenüber einem Befehl, der nicht sofort auszuführen ist, befolgt er ihn aber rechtzeitig aus freien Stücken, so kann das Gericht den Strafarrest bis auf das gesetzliche Mindestmaß ermäßigen oder von Strafe absehen.

1. Über „w e r" im A b s . 1 Nr. 1 und 2 s. Anm. 1 zu § 19.

2. Der Täter muß durch sein Verhalten zum Ausdruck bringen, daß er den Befehl nicht befolgen w i l l (13, 265), und das Kundgeben des Ungehorsams muß objektiv und nach dem Willen des Täters einen d e m o n s t r a t i v e n C h a r a k t e r tragen (18, 268); beide Tatbestandsmerkmale müssen zusammentreffen (MinDir. Dr. Schafheutle im RA). Daß der Täter die Absicht hatte, den Ungehorsam durch Wort oder Tat zu erkennen zu geben, bedarf der ausdrücklichen Feststellung im Urteil (6, 18 und 90; 13, 265). Nachträgliche Befolgung eines sofort auszuführenden Befehls kann nur strafmildernd berücksichtigt werden (7, 84). Wird ein nicht sofort auszuführender Befehl rechtzeitig aus freien Stücken befolgt, nachdem der Täter ihm gegenüber den Gehorsam zunächst durch Wort oder Tat verweigert hatte, so ist nach Abs. 2 zu verfahren. Zur Erfüllung des Tatbestandes der Gehorsamsverweigerung genügt es, wenn der Täter den Willen, einen später auszuführenden Befehl nicht zu befolgen, ausdrücklich kundgibt. Der nach § 20 erforderliche Vorsatz ist gegeben, wenn der Täter sich bewußt ist, daß er jetzt die spätere Ausführung des Befehls verweigert und daß diese Weigerung als ernst gemeint zu erkennen ist (RKG 1, 123/128).

Es macht keinen Unterschied, ob die Weigerung, den Befehl zu befolgen, gegenüber dem Befehlsgeber oder gegenüber dem von ihm beauftragten Befehlsübermittler erfolgt. Auf dessen Dienstgrad kommt es nicht an (MinRat. Neudeck im RA). Daher gilt § 20 auch für den Fall, daß der Stubenälteste den Befehl des Unteroffiziers oder daß ein Kradmelder den Befehl des Führers eines Kampfverbandes überbringt.

Über G e g e n v o r s t e l l u n g e n s. Anm. 3 IV zu § 19.

Lässige Ausführung eines zu dienstlichen Zwecken erteilten Befehls kann sich als Gehorsamsverweigerung durch Tat darstellen, wenn der Untergebene durch sein Gesamtverhalten erkennbar seinen Willen zum Ausdruck bringt, den Befehl nicht so auszuführen, wie es einer ordnungsmäßigen Ausführung entspricht und wie er ihn auszuführen in der Lage wäre (RKG 1, 145).

3. Das B e h a r r e n auf der Nichtbefolgung eines Befehls — Abs. 1 Nr. 2 — setzt eine Wiederholung des Befehls voraus, sobald feststeht, daß der vorhergehende Befehl unbefolgt geblieben ist (2, 15). Ö f t e r a l s z w e i m a l b r a u c h t d e r B e f e h l n i c h t e r t e i l t z u s e i n. Jedoch muß zur Zeit der Wiederholung des Befehls der erteilte erste Befehl noch in Kraft sein; wurde er inzwischen durch einen Gegenbefehl aufgehoben, so ist der zweite Befehl trotz inhaltlicher Gleichheit nicht ein w i e d e r h o l t gegebener, sondern ein neuer selbständiger Befehl (10, 175).

Außer der Kenntnis des Täters von dem ihm wiederholt erteilten Befehl ist der Vorsatz erforderlich, auf wiederholt erhaltenen Befehl im Ungehorsam zu beharren. Leichtfertiges Nichtbefolgen (§ 21) genügt hier also nicht. Der Tatbestand des B e h a r r e n s im Ungehorsam ist auch dann gegeben, wenn ein wiederholt erteilter, auf Unterlassung eines bestimmten Tuns gerichteter Befehl vom Untergebenen jeweils zwar für den Augenblick befolgt, kurz nachher aber, solange das jeweilige Verbot noch in Wirkung ist, ihm wiederholt zuwidergehandelt wird (10, 171).

4. Abs. 2 geht davon aus, daß es Befehle gibt, die zwar den Untergebenen sofort binden, von ihm aber ein späteres Tun (oder Unterlassen) fordern. Der Soldat hat gemäß § 11 (1) Satz 2 SG die Befehle der Vorgesetzten u n v e r z ü g l i c h auszuführen. „Unverzüglich“ ist nicht ausschließlich i.S. des bürgerlichen Rechts (§§ 121 BGB, 396 HGB) zu verstehen. In diesem bedeutet es „ohne schuldhaftes Zögern“, d. h. ein nach den Umständen des Falles zu bemessendes beschleunigtes Handeln, so daß selbst eine Verzögerung um Tage oder Wochen unter Umständen in Kauf genommen werden muß. „Unverzüglich“ ist demnach im bürgerlichen Recht mit „sofort“ nicht gleichzusetzen (RGZ 52, 115/118). Hingegen bindet der Befehl in dienstlichen Angelegenheiten den Untergebenen sofort. Für die Gültigkeit des Befehls und für die Pflicht des Untergebenen, sich diesem Befehl in dem Augenblick unterzuordnen, in dem er erteilt wird, spielt es keine Rolle, ob das mit ihm geforderte Tun sofort oder erst zu einem späteren Zeitpunkt vorzunehmen ist und ob die Pflicht zur Ausführung von einer Bedingung abhängig gemacht wird (RKG 1, 215). Ist das geforderte Tun erst in einem späteren Zeitpunkt vorzunehmen, so kann „unverzüglich“ natürlich nicht soviel wie „sofort“ bedeuten, sondern nur „ohne schuldhafte Verzögerung“. Verzögert der Täter die Ausführung des Befehls, gegen den er sich durch Wort oder Tat aufgelehnt hat, über den Zeitpunkt hinaus, in dem das geforderte Tun vorzunehmen war, so greift die Strafdrohung des Abs. 1 Platz.

Befolgt er aber den Befehl rechtzeitig aus freien Stücken, so k a n n die Strafe nach Maßgabe des Abs. 2 ermäßigt oder es k a n n von Strafe ganz abgesehen werden. Ein Absehen von Strafe wird nur in Betracht kommen, wenn dadurch die Aufrechterhaltung der Mannszucht nicht gefährdet wird. Ein zutreffendes Urteil hierüber werden sich die allgemeinen Strafgerichte, denen die Verbindung mit der Truppe sowie die Kenntnis ihres Geistes, ihres Ausbildungsgrades und der militärischen Grundsätze fehlen, ohne Zuziehung von Sachverständigen schwerlich bilden können.

6. Die Strafdrohung im Abs. 1 ist die gleiche wie im § 19 (1); s. Anm. 7 zu § 19. Die nach Abs. 2 zulässige Mindestdauer des Strafarrestes beträgt eine Woche (§ 9 Abs. 1).

§ 21
Leichtfertiges Nichtbefolgen eines Befehls

Wer leichtfertig einen Befehl nicht befolgt und dadurch wenigstens fahrlässig eine schwerwiegende Folge (§ 2 Nr. 3) herbeiführt, wird mit Gefängnis oder Einschließung bis zu zwei Jahren oder mit Strafarrest bestraft.

1. Über „wer“ s. Anm. 1 zu § 19, über „Befehl“ § 2 Nr. 2.

2. § 92 (3) MStGB bedrohte den fahrlässigen Ungehorsam, durch den eine der im § 92 (1) bezeichneten Folgen herbeigeführt wurde, mit Freiheitsstrafe. § 21 WStG beschränkt den Bereich des kriminellen Unrechts auf das leichtfertige Verhalten (Begr.). Der fahrlässige Ungehorsam wird nur in den §§ 44, 45 unter den besonderen Voraussetzungen der Wachverfehlung und der Pflichtverletzung bei Sonderaufträgen mit Strafe bedroht (Begr.).

Der Begriff der L e i c h t f e r t i g k e i t ist der gleiche wie im § 138 (3) und im § 164 (5) StGB. „Leichtfertig“ bedeutet danach soviel wie grobfahrlässig (RGSt. 74, 257; JW 36, 512). Es soll also nicht jede Vergeßlichkeit eines Untergebenen, der einen der vielen für ihn geltenden Befehle nicht ausführt, gerichtliche Bestrafung zur Folge haben (Begr.). Vergißt aber der Soldat einen Befehl, den er, als er gegeben wurde, als wichtig erkennen mußte, und befolgt er ihn infolgedessen nicht, so erfüllt er den Tatbestand des leichtfertigen Ungehorsams (Abg. Hassler im RA).

§ 21 ist jedoch ein „zweiaktiges Delikt. Es kann sein, daß bei dem ersten Akt, nämlich dem Ungehorsam, Gleichgültigkeit vorliegt, und daß beim zweiten Teil — Herbeiführung der schwerwiegenden Folge — nicht nur Fahrlässigkeit, sondern sogar Vorsatz — nicht nur bedingter Vorsatz — vorhanden ist" (MinDir. Dr. Schafheutle im RA). Die schwerwiegende Folge i.S. des § 2 Nr. 3 muß also „wenigstens fahrlässig", kann aber auch vorsätzlich oder bedingt vorsätzlich herbeigeführt worden sein. „Herbeiführen" ist gleichbedeutend mit „Verursachen" (s. Anm. 5 zu § 19). Es sind Fälle möglich, in denen der Befehl vergessen wird und nicht mehr ausführbar ist, aber nun dem Mann zum Bewußtsein kommt, daß er zwar den Befehl nicht befolgt hat, daß aber die Gefahr noch abgewendet werden kann, und wo er nun vorsätzlich oder fahrlässig sich sagt: „Sei es denn". Er tut nichts zur Abwendung (MinRat. Dr. Dreher im RA).

3. Beispiele (gebildet von den RegVertretern im RA):

I. Es wird einem Soldaten der Befehl erteilt, mit seinem Wagen an einen bestimmten Ort zu fahren, um dort einen Kranken abzuholen. Der Befehl wird von ihm nicht befolgt, und er tut auch nichts, um die Folge abzuwenden. Das erkennt er aber erst, nachdem die Stunde für die Abfahrt von der Kaserne bereits verstrichen ist. Die Folge hätte noch abgewendet werden können, indem ein anderer Soldat hingeschickt worden wäre, um den Kranken ins Krankenhaus zu bringen. Der Soldat erkennt, nachdem der Ungehorsam bereits vollführt ist, die Tragweite seines Ungehorsams, aber er tut nichts, um die Folge abzuwenden. Bei der Herbeiführung der Folge — Gefahr für Leib oder Leben eines Menschen — kann durchaus Vorsatz, mindestens bedingter Vorsatz, aber auch Fahrlässigkeit gegeben sein.

II. Dem Schirrmeister einer Truppe ist der schriftliche Befehl erteilt worden, ein bestimmtes, für den Einsatz ganz wichtiges Gerät mitzunehmen. Dieser Befehl ist beim Schirrmeister eingegangen und liegt auf seinem Tisch. Er weiß auch, daß normalerweise Befehle dieser Art bei ihm eingehen. Aber an diesem Morgen sagt er sich: „Ach Quatsch, du guckst gar nicht nach". Im übrigen weiß aber der Schirrmeister ganz genau: wenn wir dieses Gerät zum Einsatz nicht mitnehmen, gibt es großen Ärger und unter Umständen auch unmittelbare Gefahr für die Sicherheit der Bundesrepublik. Er weiß also ganz genau, das Fehlen dieses Geräts führt zur Gefahr, er weiß aber nicht genau, daß der Befehl als solcher ihm erteilt worden ist, weil er da, wo er hätte nachsehen sollen, nicht nachgesehen hat. Dann ist die leichtfertige Nichtbefolgung eines Befehls gegeben mit dem positiven Bewußtsein des Gefahreneintritts.

4. Das Mindestmaß der Gefängnisstrafe und der Einschließung ist ein Monat (§ 10 Abs. 1 Nr. 1). Auf Strafarrest kann von einer Woche bis zu sechs Monaten erkannt werden (§ 9 Abs. 1). Wahlregeln enthält § 11.

§ 22
Verbindlichkeit des Befehls; Irrtum

(1) In den Fällen der §§ 19 bis 21 handelt der Untergebene nicht rechtswidrig, wenn der Befehl nicht verbindlich ist, insbesondere wenn er nicht zu dienstlichen Zwecken erteilt ist oder die Menschenwürde verletzt oder wenn durch das Befolgen ein Verbrechen oder Vergehen begangen würde. Dies gilt auch, wenn der Untergebene irrig annimmt, der Befehl sei verbindlich.

(2) Befolgt ein Untergebener einen Befehl nicht, weil er irrig annimmt, daß durch die Ausführung ein Verbrechen oder Vergehen begangen würde, so ist er nach den §§ 19 bis 21 nicht strafbar, wenn ihm der Irrtum nicht vorzuwerfen ist.

(3) Nimmt ein Untergebener irrig an, daß ein Befehl aus anderen Gründen nicht verbindlich ist, und befolgt er ihn deshalb nicht, so kann die in den §§ 19 bis 21 angedrohte Strafe nach den Vorschriften über die Bestrafung des Versuchs gemildert werden, wenn ihm der Irrtum nicht vorzuwerfen ist.

1. Zu **Abs. 1 Satz 1** s. Vorbemerkung zu den §§ 19—21.

2. **Abs. 1 Satz 2** schließt die Rechtswidrigkeit des Ungehorsams auch dann aus, wenn der Untergebene einen nach Satz 1 unverbindlichen Befehl ausführt, weil er ihn irrtümlich für verbindlich hält. Es macht hierbei keinen Unterschied, ob der Irrtum auf Nichtkenntnis von Tatumständen beruhte, welche zum gesetzlichen Tatbestand gehören (§ 59 StGB), z. B. der Tatsache, daß der befehlende Vorgesetzte mit dem erteilten Befehl keine dienstlichen Zwecke, sondern lediglich einen privaten verfolgte, oder ob es sich um einen Verbotsirrtum handelte, z. B. um die irrige Annahme, es sei dem Vorgesetzten auch gestattet, Befehle zu nicht dienstlichen Zwecken zu erteilen (das Verbot des Erteilens solcher Befehle ist im § 10 Abs. 4 SG ausgesprochen). Durch Satz 2 wird verhindert, daß der Untergebene, dessen Annahme, der Befehl sei verbindlich, auf einem Irrtum über Tatumstände beruhte, wegen „Versuchs am untauglichen Objekt“ (vgl. § 19 Abs. 2) bestraft wird (Frhr. v. Richthofen 4).

3. **Abs. 2** trifft eine besondere Regelung für den Fall, daß der Untergebene den Befehl deshalb für unverbindlich hält, weil er irrig annimmt, daß durch die Ausführung des Befehls ein Verbrechen oder Vergehen begangen würde (Begr.). Befolgt der Untergebene einen auf Begehung eines Verbrechens oder Vergehens abzielenden Befehl, so muß er nach § 5 (1) mit Bestrafung rechnen. „Bei dieser Sachlage ist es zwingend geboten, ihn von einer Bestrafung wegen Nichtgehorchens

dann freizustellen, wenn ihm sein Irrtum nicht zum Vorwurf gemacht werden kann" (Begr.). Diese Regelung bedeutet, wie MinRat Neudeck im RA ausgeführt hat, eine erhebliche Lockerung gegenüber der früheren Rechtsprechung, nach welcher der Untergebene bestraft wurde, aus welchem Grunde auch immer er irrtümlich annahm, der Befehl sei nicht verbindlich. Bei der vorliegenden Fassung des § 22 (2) sind die Grundsätze berücksichtigt worden, die der BGH in den letzten Jahren zum Verbotsirrtum entwickelt hat. Dem Untergebenen kann z. B. ein Irrtum nicht vorgeworfen werden, wenn er falsch belehrt worden ist. Mit Rücksicht auf die Notwendigkeit, die Mannszucht aufrechtzuerhalten, muß eine scharfe Grenze zwischen verschuldetem und nichtverschuldetem Irrtum gezogen werden (MinRat Dr. Dreher im RA). Ist dem Untergebenen der Irrtum mit Rücksicht auf die besondere Lage nicht zum schweren Vorwurf zu machen, so kann die Strafe nach den Vorschriften über die Bestrafung des Versuchs gemildert werden (§ 5 Abs. 2). Untergebene, die in Ausführung eines rechtswidrigen Befehls bei einer Tötung oder Körperverletzung mitwirken, befinden sich, wenn sie irrtümlich glauben, ihr Verhalten sei durch den Befehl gerechtfertigt, nicht in einem Irrtum über Tatumstände, sondern im Verbotsirrtum (BGH vom 14. 10. 1952; NJW 53, 112).

4. Abs. 3 hat alle anderen als die im Abs. 2 behandelten Fälle im Auge, in denen der Untergebene einen Befehl irrtümlich für nicht verbindlich hält und ihn infolgedessen nicht befolgt. Soweit es sich um den Irrtum handelt, ein Befehl verletze die Menschenwürde oder sei nicht zu dienstlichen Zwecken erteilt worden, schreibt das SG im § 11 (1) Satz 2 Halbsatz 2 bereits vor, daß eine solche irrige Annahme nicht von der Verantwortung befreit. Diese Bestimmung „kann nicht als Ausnahmeregelung verstanden werden, mit der der Gesetzgeber zugleich habe ausdrücken wollen, daß im übrigen das Gegenteil gelten solle" (Begr.). Vielmehr ist die im § 11 (1) Satz 2 Halbsatz 2 SG behandelte irrige Annahme nur einer der Fälle, in denen der Untergebene, der seine grundsätzliche Gehorsamspflicht verletzt, nicht berechtigt ist, sich auf Irrtum zu berufen (vgl. SG-Kom. Anm. 6 zu § 11). „Hier überwiegt die allgemeine militärische Notwendigkeit des Gehorsams" und Abs. 3 „beschränkt sich darauf, bei schuldlosem Irrtum eine Strafmilderung nach den Vorschriften über die Bestrafung des Versuchs zuzulassen" (Begr.); s. hierzu Anm. 7 zu § 19. War der Irrtum verschuldet, z. B. durch Unterlassen der dem Untergebenen zuzumutenden Anspannung seines Gewissens, so trifft ihn die Strafe des Ungehorsams (§ 19) oder der Gehorsamsverweigerung (§ 20) ohne Einschränkung.

§ 23
Bedrohung eines Vorgesetzten

Wer im Dienst oder in Beziehung auf eine Diensthandlung einen Vorgesetzten mit der Begehung eines Verbrechens oder Vergehens bedroht, wird mit Gefängnis oder Einschließung bis zu drei Jahren oder mit Strafarrest bestraft.

1. § 23 enthält zur Sicherung der Disziplin eine Sonderbestimmung, die für ihren Anwendungsbereich an die Stelle des Tatbestandes der Bedrohung nach § 241 StGB tritt (Begr.). Während hiernach nur die Bedrohung mit der Begehung eines Verbrechens Strafe nach sich zieht, macht sich nach § 23 WStG der Untergebene auch dann strafbar, wenn er einen Vorgesetzten nur mit der Begehung eines Vergehens bedroht. § 23 entspricht dem § 89 MStGB. Verbrechen ist eine mit Zuchthaus oder mit Einschließung von mehr als fünf Jahren bedrohte Handlung, Vergehen eine mit Einschließung bis zu fünf Jahren, mit Gefängnis oder mit Geldstrafe von mehr als 150,— DM oder mit Geldstrafe schlechthin bedrohte Handlung (§ 1 StGB).

2. Über „wer" und „Vorgesetzter" s. Anm. 1 zu § 19.

3. Dienst ist jede Verrichtung eines Soldaten innerhalb seiner Berufspflichten auf Grund militärischer Vorschrift oder militärdienstlichen Grundsatzes (1, 30; 2, 101; 7, 188) oder eines besonderen auf solcher Vorschrift oder solchem Grundsatz beruhenden Befehls. Beaufsichtigung durch einen Vorgesetzten ist zwar grundsätzlich notwendig, wenigstens für Verrichtungen, die nicht ohne weiteres als militärische erkennbar sind (7, 88 und 188; 15, 190; PE 3, 112), nicht aber für die Anwendung des § 23. Daß eine Verrichtung von einem Vorgesetzten als Dienst erklärt ist, genügt nicht ohne weiteres, um sie zu einer Dienstleistung zu machen (PE 11, 19).

4. D i e n s t h a n d l u n g ist jede Art von Tätigkeit, die aus dienstlichen Gründen, dienstlicher Veranlassung recht- oder pflichtmäßig erfolgt, auch jede Handlung, die in irgendeiner Beziehung zum militärischen Dienste steht, zu dem Kreise der dem Vorgesetzten obliegenden militärischen Pflichten gehört (7, 88), oder mit der der Vorgesetzte einen dienstlichen Zweck zu erreichen strebt, vorausgesetzt, daß die vorgenommene Handlung an sich innerhalb der Zuständigkeit des Vorgesetzten liegt (10, 193; 16, 58). Ob die Diensthandlung bereits geschehen ist oder erst künftig geschehen soll, ob sie der Art und der Zeit nach oder sonstwie schon bestimmt ist oder nicht, ist unerheblich (1, 185).

5. Für das Vorliegen einer Bedrohung wird nicht erfordert, daß der Drohende das Übel als unmittelbar durch eigene Tätigkeit zu bewirkendes ankündigt; immer aber wird zur Drohung vorausgesetzt, daß der Drohende ein von ihm, sei es auch nur mittelbar, zu veranlassendes Übel in Aussicht stellt (RGSt. 3, 756; 24, 151; 27, 307). Die Bedrohung mit der Begehung eines Verbrechens oder Vergehens muß geeignet sein, einen Zwang auf den Willen des Bedrohten auszuüben (2, 196), gleichgültig ob der Drohende ernstlich gewillt ist, die Drohung auszuführen, diese also ernstlich gemeint ist oder nicht. Es genügt der Wille des Täters, daß sein Tun nach außen wahrnehmbar ist und von Dritten als Inaussichtstellen eines Übels aufgefaßt werden kann (18, 116). Daß der bedrohte Vorgesetzte von der Bedrohung Kenntnis erlangt, ist nicht notwendig (ZWehrR II S. 518 Nr. 231). Vorsatz ist erforderlich (14, 74), es genügt aber, daß sich der Täter des achtungverletzenden Charakters seiner Handlung bewußt ist (20, 302/305). Wer die Hand gegen einen Vorgesetzten erhebt ohne die Absicht, zuzuschlagen, macht sich der Drohung schuldig, während tätlicher Angriff (§ 25) vorliegt, wenn der Täter schlagen will, aber daran gehindert wird; Dörken-Scherer 6.

6. § 23 gilt entsprechend, wenn die Tat gegen einen Soldaten begangen wird, der z. Z. der Tat nicht Vorgesetzter des Täters ist, nach Maßgabe des § 29.

7. Das Mindestmaß der Gefängnisstrafe und der Einschließung beträgt jeweils einen Monat (§ 10 Abs. 1 Nr. 1). Auf Strafarrest kann von einer Woche bis zu sechs Monaten erkannt werden (§ 9 Abs. 1). Wahlregeln enthält § 11.

§ 24
Nötigung eines Vorgesetzten

(1) Wer es unternimmt, durch Gewalt oder Drohung einen Vorgesetzten zu nötigen, eine Diensthandlung vorzunehmen oder zu unterlassen, wird mit Gefängnis oder Einschließung nicht unter drei Monaten bestraft.

(2) Ebenso wird bestraft, wer die Tat gegen einen Soldaten begeht, der zur Unterstützung des Vorgesetzten zugezogen worden ist.

(3) Sind mildernde Umstände vorhanden, so ist die Strafe Gefängnis oder Einschließung bis zu zwei Jahren oder Strafarrest.

(4) In besonders schweren Fällen ist die Strafe Zuchthaus bis zu zehn Jahren.

1. Die Vorschrift schützt die Freiheit des militärischen Vorgesetzten, dienstliche Entschlüsse zu fassen und durchzuführen; sie entspricht dem Tatbestand der Widersetzung nach § 96 MStGB (Begr.).

2. Über „wer" und „Vorgesetzter" s. Anm. 1 zu § 19.

3. **Abs. 1** lehnt sich eng an § 114 StGB an.

I. „Unternehmen" ist die Vollendung und der Versuch (§ 87 StGB). Vorsatz ist erforderlich, insbesondere Kenntnis der Vorgesetzteneigenschaft desjenigen, gegen den die Tat sich richtet (14, 82; 7, 8/10; 3, 96). Die bezüglich eines Tatbestandsmerkmals getroffene Feststellung, daß der Angeklagte von ihm Kenntnis hätte haben müssen, reicht zur Verurteilung nicht aus (14, 82). Bedingter Vorsatz genügt aber (9, 213).

II. „Gewalt" i.S. des § 24 bedeutet die Anwendung einer gewissen körperlichen Kraft, der die Auslösung mechanischer Einrichtungen gleichzustellen ist, in Richtung auf den Vorgesetzten. Jedoch muß diese Kraft nicht unmittelbar gegen die Person des Vorgesetzten gerichtet sein. Es genügt vielmehr, wenn sie den Vorgesetzten nur mittelbar berührt, indem sie diesen zwingt, zu ihrer Beseitigung seinerseits eine erhöhte Körperkraft anzuwenden. Daher ist auch das Einschließen eines Vorgesetzten als Gewalt i.S. des § 24 anzusehen (RKG 2, 164/168).

III. Über „Drohung" s. Anm. 5 zu § 23. Für Fälle der mit dem Mittel der Drohung begangenen Nötigung besteht Gesetzeseinheit zwischen § 24 und § 23 in der Weise, daß § 24 die Sondervorschrift bildet (RKG 1, 73).

IV. „Nötigen" bedeutet in eine Notlage versetzen, die den Vorgesetzten zur Vornahme oder Unterlassung einer Diensthandlung veranlaßt oder im Falle des vom Unternehmen umfaßten Versuchs veranlassen soll. Es kommt lediglich darauf an, ob der Untergebene die Absicht hatte, den Vorgesetzten i.S. des § 24 zu beeinflussen (6, 145). Nach dem im § 240 (2) StGB aufgestellten, auf den Tatbestand der Nötigung eines Vorgesetzten des § 24 nach § 3 (1) entsprechend anwendbaren Grundsatz ist die Nötigung rechtswidrig, wenn die Anwendung der Gewalt oder die Androhung des Übels zu dem angestrebten Zweck als verwerflich anzusehen ist. Das wird auch dann der Fall sein, wenn mit einem an sich erlaubten Mittel, z. B. Beschwerde, gedroht wird und in dieser Drohung eine Achtungsverletzung liegt (Scherer, ZWehrR VIII S. 212). Die ärztliche Behandlung der Soldaten durch den zuständigen Sanitätsoffizier ist Diensthandlung i.S. des § 24 (RKG 1, 101; im übrigen s. über diesen Begriff Anm. 4 zu § 23).

4. **Abs. 2** sichert in Übereinstimmung mit § 96 (2) MStGB den Schutz des Vorgesetzten und auch des Soldaten, den der Vorgesetzte zu seiner Unterstützung zuzieht (Begr.). Während im § 96 (2) MStGB von den zur Unterstützung des Vorgesetzten „befehligten oder zugezogenen Mannschaften" die Rede war, womit aber — entgegen der Annahme in der Begründung zum WStG — auch Offiziere und Unteroffiziere einbegriffen waren (vgl. Schwinge, Anm. IV zu § 96; Rittau, MStGB, Anm. 11 zu § 96), spricht § 24 von einem Soldaten, der zur Unterstützung des Vorgesetzten zugezogen worden ist. Daß der Vorgesetzte dieser Unterstützung bedurfte, wird nicht vorausgesetzt (13, 62).

5. § 24 gilt entsprechend, wenn die Tat gegen einen Soldaten begangen wird, der z. Z. der Tat nicht Vorgesetzter des Täters ist, nach Maßgabe des § 29.

6. Auf Gefängnisstrafe oder Einschließung kann nach Abs. 1 und 2 jeweils bis zu fünf Jahren erkannt werden (§ 10 Abs. 1 Nr. 2). Die Wahlregel des § 11 (2) ist zu beachten.

7. Für die Beantwortung der Frage, ob mildernde Umstände — **Abs. 3** — vorliegen, ist die Gesamtheit aller bei der Straftat obwaltenden Verhältnisse und Umstände — sowohl objektiver als subjektiver — ins Auge zu fassen. Wird die Frage bejaht, so beträgt das Mindestmaß der Gefängnisstrafe und der Einschließung einen Monat (§ 10 Abs. 1 Nr. 1), und es ist dann auch Strafarrest (von einer Woche bis zu sechs Monaten — § 9 Abs. 1) zulässig. Wahlregeln enthält § 11.

8. Über „besonders schwere Fälle" s. Anm. 7 zu § 19. Das Mindestmaß der Zuchthausstrafe ist ein Jahr (§ 14 Abs. 1 StGB).

§ 25
Tätlicher Angriff gegen einen Vorgesetzten

(1) Wer es unternimmt, gegen einen Vorgesetzten tätlich zu werden, wird mit Gefängnis oder Einschließung nicht unter sechs Monaten bestraft.

(2) In besonders leichten Fällen ist die Strafe Gefängnis oder Einschließung oder Strafarrest nicht unter drei Wochen.

(3) In besonders schweren Fällen ist die Strafe Zuchthaus bis zu zehn Jahren.

1. Die Bestimmungen des allgemeinen Strafrechts über Körperverletzung gewährleisten weder dem Tatbestand nach noch in der Strafdrohung einen ausreichenden Schutz der militärischen Vorgesetzten

gegen Tätlichkeiten ihrer Untergebenen. Körperverletzung (§ 223 StGB) liegt nur vor, wenn ein anderer körperlich mißhandelt oder gesundheitlich beschädigt wird. § 25 stellt deshalb über den Tatbestand der Körperverletzung hinaus jedes Tätlichwerden gegen Vorgesetzte unter Strafe (Begr.). Abs. 1 stimmt mit § 97 (1) MStGB wörtlich überein.

2. Über „wer" und „Vorgesetzter" s. Anm. 1 zu § 19 sowie Anm. 2 zu § 1. Geschützt wird durch § 25 auch, solange nicht die Vorgesetzteneigenschaft widerrufen ist, wer seine Beförderung zum Vorgesetzten (Einstufung, Ernennung) erschlichen hat oder dessen Beförderung aus anderen Gründen fehlerhaft ist (s. SG-Kom. Anm. 4 V zu § 1). Wesentlich ist in solchen Fällen nur, ob der Täter den Angegriffenen für seinen Vorgesetzten gehalten hat; RKG vom 30. 3. 1943 StPL (HLS) III 120/43.

3. „Unternehmen" ist die Vollendung und der Versuch (§ 87 StGB).

4. Tätlichkeit ist jede vorsätzliche, unberechtigte, in aggressiver Absicht erfolgte Einwirkung auf den Körper eines Vorgesetzten oder einer ihm gleichgestellten Person (s. §§ 107, 111) durch Handlungen, die mindestens den Anfang der Ausführung eines Angriffs enthalten, also die feindliche Richtung bereits erkennen lassen (8, 131), ohne Rücksicht darauf, ob dadurch eine Verletzung, ein Schmerz oder ein Mißbehagen verursacht wird (3, 106 und 229). Mit „aggressiver Absicht" („Angriffsabsicht") ist aber nicht Absicht in dem Sinne gemeint, wie der Ausdruck „Absicht" oft im Strafgesetz gebraucht wird, nämlich als das auf den strafbaren Erfolg gerichtete Ziel unter Ausschluß des bedingten Vorsatzes. Der Nachdruck liegt vielmehr auf „aggressiv" („Angriff"), und es hat der Gegensatz zu einem bloß äußerlichen, harmlosen, z. B. vertraulichen Berühren betont werden sollen. Tätlichkeiten gegen Vorgesetzte verlieren nicht dadurch die Eigenschaft von Verstößen gegen § 25, daß sie in Widersetzungsabsicht begangen sind (RG vom 17. 3. 1936 — 4 D 168/36 — ZWehrR I S. 96). Beweggrund und Zweck des Angreifenden spielen für die Frage der Angriffsabsicht keine Rolle (RG vom 31. 1. 1936 — 4 D 46/36 — ZWehrR I S. 90). Sie sind, ebenso wie die Gesinnung des Täters, für die Schuldfrage bedeutungslos. Es genügt, wenn das dienstliche Ansehen des Vorgesetzten, seine persönliche Ehre oder die in ihm verkörperte Dienstgewalt angetastet wird. Unter diesen Voraussetzungen ist ein solches Antasten auch in der Form des „Anulkens" möglich (11, 176; 19, 156), vor allem natürlich dann, wenn sich dieser Scherz als „grob" darstellt. Was im allgemeinen Strafrecht als tätliche

Beleidigung zu bewerten ist, wird, von einem Untergebenen gegenüber einem Vorgesetzten begangen, dann zur Tätlichkeit im Sinne des § 25, wenn der Untergebene das Bewußtsein der Ehrenkränkung hat (wofür auch die äußeren Umstände der Tat Beweiszeichen sein können) und wenn er gleichwohl dem Vorgesetzten die Kränkung „absichtlich" zufügt (9, 233; RKG 2, 1/4 und Rev.L 91/39 I vom 20. 7. 1939). Ein bestimmtes Maß der Einwirkung ist nicht notwendig (RKG 2, 1), ebensowenig eine unmittelbare Berührung des Körpers des Vorgesetzten (RGSt. 56, 353). Auch ein Losreißen kann u. U. eine Tätlichkeit im Sinne des § 25 sein (RKG 2, 1). Bedingter Vorsatz genügt (4, 14). Wesentlich verschieden von dem Unternehmen einer Tätlichkeit und lediglich Drohungen im Sinne des § 23 sind die bloßen, wenn auch tätlichen Bedrohungen, die noch keine augenblickliche Gefahr für die Person des Vorgesetzten bedeuten und eine Tätlichkeit gegen ihn nur in nähere oder fernere Aussicht stellen (RGSt. 58, 110).

Die Begründung nennt als Beispiele für Tätlichwerden einen Stoß gegen die Brust, das Beiseitedrängen, Zerren an der Kleidung sowie das Entreißen eines Gegenstandes. Versetzt ein Gefreiter aus plumper Vertraulichkeit dem Unteroffizier einen Stoß gegen die Schulter, so wird darin, wie MinRat Neudeck im RA ausgeführt hat, ein strafbares Tätlichwerden deswegen nicht zu erblicken sein, weil die aggressive Tendenz gegen die Person des Vorgesetzten gefehlt hat.

5. § 25 gilt entsprechend, wenn die Tat gegen einen Soldaten begangen wird, der z. Z. der Begehung nicht Vorgesetzter des Täters ist, nach Maßgabe des § 29.

6. Das Höchstmaß der Gefängnisstrafe und der Einschließung nach Abs. 1 beträgt jeweils fünf Jahre (§ 10 Abs. 1 Nr. 2). Wahlregel im § 11 (2).

7. Abs. 2 sieht im Gegensatz zum MStGB für besonders leichte Fälle Gefängnis oder Einschließung bis herab zu einem Monat (§ 10 Abs. 1 Nr. 1) oder Strafarrest vor, auf den bis zu sechs Monaten erkannt werden kann (§ 9 Abs. 1). Ob ein „besonders leichter Fall" vorliegt, ist nicht in erster Linie nach dem Erfolge der Tat, sondern nach der Schwere des Mangels im sittlichen Willen zu beurteilen. Jedenfalls sind die besonders leichten Fälle nicht ohne weiteres dann anzunehmen, wenn mildernde Umstände vorliegen (vgl. Anm. 3 zu § 24), da solche Umstände nicht immer, wie die minder schweren Fälle, die mildeste Beurteilung verdienen.

8. Über „besonders schwere Fälle" — Abs. 3 — s. Anm. 7 zu § 19. Das Mindestmaß der Zuchthausstrafe ist ein Jahr (§ 14 Abs. 1 StGB).

§ 26
Strafmilderung bei vorschriftswidriger Behandlung

Hat ein Vorgesetzter einen Untergebenen vorschriftswidrig behandelt und ist dieser in begreiflicher Erregung über diese Behandlung zu der Tat hingerissen worden, so kann das Gericht in den Fällen des § 19 Abs. 1 sowie der §§ 20 und 25 die Strafe bis auf das gesetzliche Mindestmaß ermäßigen.

1. Über „Vorgesetzte" und „Untergebene" s. Anm. 2 zu § 1 und Anm. 1 zu § 19.

2. Anders als § 98 MStGB setzt § 21 WStG nicht voraus, daß a) die Tat sich gegen den vorschriftswidrig handelnden Vorgesetzten selbst richtet, b) der Vorgesetzte den Untergebenen gereizt hat, c) der Untergebene zu der strafbaren Handlung auf der Stelle hingerissen worden ist. Die Möglichkeit einer Strafermäßigung ist auch dann gegeben, wenn sich die Erregung eines Soldaten über ungerechte Behandlung nicht unmittelbar gegen den pflichtwidrig handelnden Vorgesetzten, sondern gegenüber einem anderen unbeteiligten Vorgesetzten entlädt, wenn der Vorgesetzte den Untergebenen nicht gereizt, also in Zorn, sondern in „begreifliche Erregung" versetzt hat und wenn der Untergebene auf die vorschrifswidrige Behandlung nicht sogleich, sondern erst später, aber noch in der Gemütslage, in die er durch die vorschriftswidrige Behandlung versetzt worden ist, mit einer nach den §§ 19 (1), 20 oder 25 strafbaren Handlung erwidert. Die in den §§ 19 (4), 21, 23 und 24 behandelten Straftaten brauchte § 26 nicht zu berücksichtigen, weil nur in den §§ 19 (1), 20 und 25 höhere Mindeststrafen als eine Woche Strafarrest angedroht sind und daher nur in diesen Fällen die Möglichkeit, die jeweilige Mindeststrafe zu unterschreiten, zugelassen werden mußte (Begr.).

3. Eine „vorschriftswidrige Behandlung" setzt das Bestehen dienstlicher Vorschriften nicht voraus. Es ist in vielen, vielleicht den meisten Fällen überhaupt nicht möglich, die Behandlung des Untergebenen seitens des Vorgesetzten durch positive (mündliche oder schriftliche) Vorschriften zu regeln, wenn auch § 10 SG dem Vorgesetzten gewisse Pflichten auferlegt. In Ermangelung einer besonderen Vorschrift muß daher die Frage nach dem Vorliegen einer vorschriftswidrigen Behandlung im einzelnen Falle aus der Stellung und den Aufgaben des Vorgesetzten, den Zwecken des Dienstes in der Bundeswehr im allgemeinen und des im einzelnen Falle in Frage kommenden Dienstes im besonderen, den zur Erreichung dieser Zwecke zulässigen Mitteln, den an die Untergebenen in berechtigter Weise zu stellenden Anforderungen, deren Leistungsfähigkeit und ähnlichen, der Natur des soldatischen Berufs zu entnehmenden Gesichtspunkten beantwortet werden (1, 169 und 178; 3, 243; 6, 56; 7, 255; 14, 99; 16, 64). In Ermangelung etwa bestehender besonderer Vorschriften bilden in letzter Reihe die Bestimmungen der Strafgesetze die Grenze, innerhalb welcher der Vorgesetzte zur Erreichung des vorgeschriebenen Zweckes dem Untergebenen gegenüber vorgehen darf (2, 90). Es genügt jedoch, daß die vorschriftswidrige Behandlung objektiv vorlag; Verschulden des Vorgesetzten wird nicht erfordert (1, 178; 4, 54; PE 8, 41). Der Untergebene kann sich nicht bei jeder Zuwiderhandlung eines Vorgesetzten gegen Vorschriften, die lediglich im allgemeinen dienstlichen Interesse und nicht im Interesse des Schutzes des Untergebenen getroffen sind, auf eine vorschriftswidrige Behandlung berufen, sondern nur, wenn seinen Gerechtsamen dabei in irgendeiner Weise zu nahe getreten worden ist (8, 158; 18, 279; 22, 237). Ein an sich berechtigtermaßen und sachgemäß erteilter Befehl kann auch einem betrunkenen Untergebenen gegenüber niemals eine vorschriftswidrige Behandlung i.S. des § 26 in sich schließen. Aus Richtlinien für das Verhalten gegenüber betrunkenen Soldaten kann ein Untergebener einen Anspruch auf ein bestimmtes Verhalten des Vorgesetzten ihm gegenüber niemals herleiten (6, 260; 4, 53), zumal sich der Soldat durch Trunkenheit im Dienst eines Dienstvergehens schuldig macht (vgl. SG-Kom. Anm. 3 zu § 17, Anm. 1 II zu § 23).

4. Ob die „Erregung", worunter jede durch einen Vorgesetzten ausgelöste Gemütsaufwallung zu verstehen ist, „begreiflich" war, ist unter Abwägung aller obwaltenden Verhältnisse und Umstände, sowohl objektiver als subjektiver, auch der persönlichen Veranlagung des Täters (Frhr. v. Richthofen 2), zu beurteilen.

5. „Hingerissen" zu der Tat ist der Untergebene schon dann, wenn ein psychischer Zusammenhang zwischen Reizung und Tat vorhanden ist; es handelt sich also um einen rein inneren psychischen Vorgang (16, 113). Nach der inneren Tatseite wird aber gefordert, daß der Untergebene in dem Gefühl erlittenen Unrechts und aus diesem Gefühl gerade sich vergessen hat. Die Strafmilderung des § 26 kommt also einem Untergebenen nicht zugute, der nur aus Verärgerung über eine nicht als Unrecht i.S. des § 26 empfundene Maßnahme des Vorgesetzten gehandelt hat (RKG 1, 205). Irrte sich der Täter und nahm infolgedessen zu Unrecht an, vom Vorgesetzten vorschriftswidrig behandelt worden zu sein, so kam ihm nach mehreren Entscheidungen des RMG (4, 97; 9, 171; 21, 82) und des RKG (1, 70 und 76) die Vorschrift des

§ 98 MStGB, an die sich § 26 WStG anlehnt, ohne Rücksicht darauf zugute, ob der Irrtum entschuldbar oder unentschuldbar, vermeidbar oder unvermeidbar war. Diese Rechtsprechung läßt sich nach den Grundsätzen, die der BGH in den letzten Jahren zum Verbotsirrtum entwickelt hat, nicht mehr aufrechterhalten. Hat der Untergebene irrig angenommen, seine Behandlung durch den Vorgesetzten verstoße gegen bestehende Vorschriften, so muß unterschieden werden, ob der Irrtum verschuldet war oder nicht. Dem Untergebenen kann z. B. ein Irrtum dann nicht vorgeworfen werden, wenn er über die in Frage kommenden Vorschriften falsch belehrt worden ist. Die Aufrechterhaltung der Mannszucht erfordert aber, eine scharfe Grenze zwischen verschuldetem und nichtverschuldetem Irrtum zu ziehen (vgl. Anm. 3 zu § 22). Ist dem Untergebenen der Irrtum mit Rücksicht auf die besondere Lage nicht zum schweren Vorwurf zu machen, so kann die Strafe nach den Vorschriften über die Bestrafung des Versuchs gemildert werden (§ 5 Abs. 2). Der Irrtum des Untergebenen kann aber, da eine vorschriftswidrige Behandlung das Bestehen dienstlicher Vorschriften nicht voraussetzt, auch auf der Nichtkenntnis des Vorhandenseins von Tatumständen beruhen, die seine Behandlung durch den Vorgesetzten als gerecht erscheinen lassen, z. B. der mit der Behandlung verfolgten Zwecke, der zur Erreichung dieser Zwecke notwendigen Anforderungen, seiner Leistungsfähigkeit usw. (vgl. Anm. 3 oben). In solchen Fällen greift § 59 StGB Platz. Sollte hieraus nicht „mit aller Deutlichkeit" zu entnehmen sein, daß in der Tat „die Unterscheidung zwischen Tatbestands- und Verbotsirrtum undurchführbar ist"? (Schönke-Schröder, Anm. 3 zu § 59).

6. Sind die Voraussetzungen für eine Strafmilderung gegeben, so k a n n anstelle der in den §§ 19 (1), 20 und 25 vorgeschriebenen erhöhten Mindeststrafen auf das gesetzliche Mindestmaß dieser Strafen erkannt werden, also auf Gefängnis oder Einschließung von einem Monat (§ 10 Abs. 1 Nr. 1) und auf Strafarrest von einer Woche (§ 9 Abs. 1). In den Fällen der §§ 19 (4), 21, 23 und 24 (s. oben Anm. 2) wird eine vorschriftswidrige Behandlung des Untergebenen „nach den allgemeinen Regeln der Strafzumessung" ebenfalls strafmildernd zu berücksichtigen sein (Frhr. v. Richthofen 4).

§ 27
Meuterei

(1) Wenn Soldaten sich zusammenrotten und mit vereinten Kräften eine Gehorsamsverweigerung (§ 20), eine Bedrohung (§ 23), eine Nötigung (§ 24) oder einen tätlichen Angriff (§ 25) begehen, so wird jeder,

der sich an der Zusammenrottung beteiligt, mit Gefängnis nicht unter einem Jahr bestraft.

(2) Der Versuch ist strafbar.

(3) Gegen Rädelsführer und gegen Anstifter der Zusammenrottung kann auf Zuchthaus erkannt werden.

(4) In besonders schweren Fällen ist die Strafe Zuchthaus.

(5) Wer sich nur an der Zusammenrottung beteiligt, jedoch aus freien Stücken zur Ordnung zurückkehrt, bevor eine der im Absatz 1 bezeichneten Taten begangen wird, kann mit Gefängnis oder Strafarrest bestraft werden.

1. Das Zusammenwirken mehrerer Soldaten zur Gehorsamsverweigerung, Bedrohung, Nötigung oder zum tätlichen Angriff ist eine besondere Gefahr für die Disziplin und damit für die Einsatzbereitschaft der Truppe. Der Tatbestand ist daher im Militärstrafrecht, auch des Auslandes, mit besonders schwerer Strafe bedroht (Begr.). Er war früher als militärischer Aufruhr im § 106 MStGB geregelt, während als Meuterei die jetzt im § 28 WStG behandelte Verabredung zur Unbotmäßigkeit bezeichnet wurde (§ 103 MStGB).

2. Abs. 1 entspricht im wesentlichen dem Tatbestand der Gefangenenmeuterei (§ 122 StGB).

I. Über „Soldaten“ s. Anm. 1 zu § 1.

II. „Zusammenrotten“ ist das räumliche Zusammentreten von mindestens zwei Soldaten zu einem gemeinschaftlichen, bedrohlichen bzw. gewalttätigen und in seiner Rechtswidrigkeit äußerlich erkennbaren, sich in der Richtung einer der vier im Abs. 1 bezeichneten strafbaren Handlungen bewegenden Handeln (4, 101; 5, 57). Daß die Verbindung die Folge einer vorausgegangenen oder gleichzeitigen Verabredung (§ 28) ist, ist nicht erforderlich (3, 128). Das MStGB ließ in seiner ursprünglichen Fassung ebenfalls das Zusammentreten von zwei Soldaten zu einem unbotmäßigen Handeln für die Verwirklichung des Tatbestandes der Meuterei (militärischer Aufruhr) genügen, während die Neufassung des MStGB vom 10. 10. 1940 die Zahl auf „mehr als drei“ hinaufsetzte. Eine erhöhte Gefahr für die Disziplin liegt jedoch schon dann vor, wenn auch nur zwei Soldaten sich durch Zusammenrottung verbinden. Das WStG muß auch der Tatsache Rechnung tragen, daß Flugzeug-, Panzer- und auch Schiffsbesatzungen nur aus dem Führer und zwei weiteren Soldaten bestehen können. Indem es aus diesen Gründen den Tatbestand auf die Beteiligung von nur zwei Soldaten erweitert, befindet es sich in Übereinstimmung mit § 122 StGB (Begr.).

III. „Mit vereinten Kräften" bedeutet ein von dem gemeinschaftlichen Bewußtsein des Zusammenhalts zur Erreichung des Unternehmens einer der vier im Abs. 1 bezeichneten strafbaren Handlungen beseeltes Vorgehen (4, 101/105). Es genügt aber, wenn die Tat nur von einem einzelnen Teilnehmer vorgenommen wird, sofern nur die anderen Zusammengerotteten im übrigen billigend dahinter stehen, bereit, den Täter physisch oder intellektuell bei der Ausführung der Tat zu unterstützen; Mittäterschaft i.S. des § 47 StGB ist hier also nicht erforderlich (9, 117/120).

IV. „Jeder", der sich an der Zusammenrottung beteiligt, gilt als Meuterer, auch wenn er nicht Untergebener des Vorgesetzten ist, gegen den sich die Tat richtet, sondern den gleichen Dienstgrad wie dieser Vorgesetzte oder sogar einen höheren Dienstgrad hat. Die Beteiligung solcher Soldaten, die sich begriffsmäßig nur der Beihilfe zur Meuterei schuldig machen, ist aber wegen ihrer besonderen Stellung besonders gefährlich und sie werden daher nicht als Gehilfen, sondern als Täter bestraft (Begr.). Das schließt aus, daß Personen, die nicht Soldaten sind und die nach § 1 (3) nach dem WStG nur wegen Anstiftung und Beihilfe zu militärischen Straftaten bestraft werden können, als Täter nach § 27 (1) bestraft werden; s. aber die folgende Anm. 4 II.

V. Das Höchstmaß der nach Abs. 1 zulässigen Gefängnisstrafe ist fünf Jahre (§ 16 Abs. 1 StGB). In besonders schweren Fällen (s. Anm. 7 zu § 19) ist nach **Abs. 4** auf Zuchthaus (von einem Jahr bis zu fünfzehn Jahren — § 14 Abs. 2 StGB) zu erkennen.

3. Abs. 2 stellt wegen der besonderen Gefährlichkeit und Verwerflichkeit der Tat auch den Versuch unter Strafe. Die Vorschrift soll in erster Reihe schon die Fälle erfassen, in denen es lediglich zu einer Zusammenrottung gekommen ist (Begr.). Die Mindeststrafe für versuchte Meuterei beträgt drei Monate Gefängnis (§ 44 Abs. 3 StGB).

4. Abs. 3 bietet die Möglichkeit („kann"), Rädelsführer und Anstifter der Zusammenrottung mit Zuchthaus zu bestrafen, und zwar von einem Jahr bis zu fünfzehn Jahren (§ 14 Abs. 2 StGB).

I. „Rädelsführer" sind solche Teilnehmer an der Zusammenrottung, die bei dem ganzen Vorgang irgendwie geistig oder rein physisch eine führende Rolle spielen (RGSt. 60, 331).

II. „Anstifter" ist, wer sich nicht beteiligt, aber die zu einem unbotmäßigen Handeln Zusammengerotteten zu der von denselben begangenen Handlung durch Geschenke oder Versprechen, durch Drohung, durch Mißbrauch des Ansehens oder der Gewalt, durch absichtliche Herbeiführung oder Beförderung eines Irrtums oder durch andere Mittel vorsätzlich bestimmt hat (§ 48 Abs. 1 StGB). Zielt die Zusammenrottung auf das Begehen einer Nötigung (§ 24) oder eines tätlichen Angriffs ab, so liegt Anstiftung auch dann vor, wenn es bei einem Versuch geblieben ist (s. Anm. 3 I zu § 24, Anm. 3 zu § 25). Der Bestrafung nach Abs. 3 unterliegt aber — außer dem Rädelführer — nur, wer mindestens zwei Soldaten zu einem räumlichen Zusammentreten zwecks Handelns i.S. des Abs. 1 angestiftet hat, also Urheber der Zusammenrottung war. Die Anstiftung eines einzelnen Soldaten, sich an einer Zusammenrottung zu beteiligen, unterliegt der allgemeinen Strafandrohung nach Abs. 1 und § 48 StGB. Diese Strafandrohung und die des Abs. 3 richtet sich auch gegen Zivilisten, die sich aus politischen oder anderen Gründen als Anstifter betätigen (s. § 1 Abs. 3), mögen sie auch als Drahtzieher im Hintergrund bleiben. Wenn der Richter sich überzeugt, daß der Zivilist nicht übersehen hat, wohin sein Verhalten führen würde, wird er von einer Zuchthausstrafe absehen können (MinRat Dr. Dreher im RA).

5. Die Vorschrift des Abs. 5 soll einen Anreiz schaffen, sich von der Rotte zu trennen. Sie entspricht im Grundsatz dem § 106 (3) MStGB (Begr.). Ist es zu einer Meuterei i.S. des Abs. 1 überhaupt nicht gekommen, sondern bei einer Verabredung geblieben, so liegt nur eine nach § 28 strafbare Handlung vor (RGSt. 56, 19). Die Worte „bevor eine der im Abs. 1 bezeichneten Taten begangen wird" beziehen sich nach einer von MinDir. Dr. Schafheutle im RA abgegebenen Erklärung „nicht auf die einfache Beteiligung an der Zusammenrottung".

6. § 27 gilt entsprechend, wenn die Tat gegen einen Soldaten begangen wird, der z. Z. der Begehung nicht Vorgesetzter des Täters ist, nach Maßgabe des § 29.

§ 28
Verabredung zur Unbotmäßigkeit

(1) Verabreden Soldaten, gemeinschaftlich eine Gehorsamsverweigerung (§ 20), eine Bedrohung (§ 23), eine Nötigung (§ 24), einen tätlichen Angriff (§ 25) oder eine Meuterei (§ 27) zu begehen, so werden sie nach den Vorschriften bestraft, die für die Begehung der Tat gelten. In den Fällen der §§ 20, 24, 25 und 27 kann die Strafe

nach den Vorschriften über die Bestrafung des Versuchs gemildert werden.

(2) Straflos bleibt, wer aus freien Stücken seine Tätigkeit aufgibt und die Handlung verhindert. Unterbleibt sie ohne sein Zutun oder wird sie unabhängig von seinem früheren Verhalten begangen, so genügt sein freiwilliges und ernsthaftes Bemühen, die Begehung zu verhindern.

1. Ebenso wie die Meuterei stellt schon die Verabredung zum Meutern, wenn sie auch nur Vorbereitungshandlung ist, eine erhöhte Gefahr für die Disziplin dar. Dasselbe gilt für die Verabredung zur Gehorsamsverweigerung, Bedrohung, Nötigung und zum tätlichen Angriff, selbst wenn diese Handlungen nicht unter Zusammenrottung der Beteiligten begangen werden sollen.

Abs. 1 bedroht daher in Übereinstimmung mit § 103 MStGB, der den Tatbestand allerdings bereits als Meuterei bezeichnete, auch die Verabredung zu den eingangs genannten Taten mit Strafe. Nicht erfaßt war im § 103 MStGB lediglich die Bedrohung eines Vorgesetzten; sie gehört aber wegen ihrer ebenfalls nicht geringen Gefährlichkeit gleichfalls zu den Delikten, deren Verabredung nicht straflos bleiben darf (Begr.).

I. „Verabreden" ist das Erzielen eines gegenseitigen Einverständnisses durch ausdrückliche Kundgebung, sei es durch Schrift, Worte oder Zeichen; stillschweigende oder schlüssige Handlungen genügen. Auf Grund der Besprechungen muß ein gemeinsamer, auf Ausführung der Tat ernstlich gerichteter Wille zustande gekommen sein, mag auch die Art der Ausführung in ihren Einzelheiten noch nicht festgelegt sein (RGSt. 58, 392). Zur Verabredung genügen zwei Soldaten (10, 22). Wird ein Mittäter nicht ermittelt, so wird dadurch die Anwendung des Strafgesetzes auf die anderen — ermittelten — nicht ausgeschlossen (2, 152/162).

II. „Gemeinschaftlich" bedeutet soviel wie in bewußtem oder gewolltem Zusammenwirken; ein komplottmäßiges Vorgehen wird nicht verlangt (20, 31/36).

III. Auch in der Strafdrohung folgt § 28 (1) dem MStGB von 1940, indem er dieselben Strafrahmen vorsieht, wie sie für die Begehung der Tat selbst bestimmt sind. Dem Wesen der Verabredung als Vorbereitungshandlung entspricht es jedoch, den Umstand, daß es zu der vorbereiteten Tat nicht gekommen ist, strafmildernd zu berücksichtigen; § 28 (1) läßt daher überall dort, wo nicht, wie im § 23, die allgemeine Mindeststrafe von einer Woche Strafarrest vorgesehen ist, eine Strafmilderung nach den Vorschriften des Versuchs (§ 44 StGB) zu. Hierbei ist § 10 (1) Nr. 3 zu beachten.

2. **Abs. 2** sieht, ähnlich wie § 105 MStGB, Straflosigkeit im Falle des Rücktritts vor. Er lehnt sich dabei an § 49 a Abs. 3 und 4 StGB an und verwertet in der Fassung die Rechtsprechung zu dieser Vorschrift (Begr.), wonach Straflosigkeit nur dann eintritt, wenn es dem Betreffenden gelingt, seinen eigenen Kausalbeitrag zur Begehung der Tat rückgängig zu machen (MinRat Dr. Dreher im RA).

3. § 28 gilt entsprechend, wenn die Tat gegen einen Soldaten begangen wird, der z. Z. der Begehung nicht Vorgesetzter des Täters ist, nach Maßgabe des § 29.

§ 29
Taten gegen Soldaten mit höherem Dienstgrad

(1) Die §§ 23 bis 28 gelten entsprechend, wenn die Tat gegen einen Soldaten begangen wird, der zur Zeit der Tat nicht Vorgesetzter des Täters, aber

1. **Offizier oder Unteroffizier ist und einen höheren Dienstgrad als der Täter hat oder**
2. **im Dienst dessen Vorgesetzter ist,**

und der Täter oder der andere zur Zeit der Tat im Dienst ist oder die Tat sich auf eine Diensthandlung bezieht.

(2) In den Fällen des Absatzes 1 Nr. 1 ist § 4 nicht anzuwenden.

1. Die Aufrechterhaltung der Disziplin, die § 17 (1) SG jedem Soldaten zur Pflicht macht, erfordert, daß nicht nur die Vorgesetzten (s. Anm. 2 zu § 1, Anm. 1 zu § 19), sondern auch die im Dienstgrad höheren Soldaten gegen Bedrohung, Nötigung, tätlichen Angriff, Meuterei und Verabredung zur Unbotmäßigkeit unter entsprechender Anwendung der §§ 23 bis 28 strafrechtlich geschützt werden. Die Notwendigkeit dieses Schutzes ergibt sich daraus, daß es ein Vorgesetztenverhältnis auf Grund des Dienstgrades nicht mehr allgemein, sondern nur noch im Dienst und innerhalb der Kompanien und der entsprechenden Einheiten sowie an Bord von Schiffen gibt (§ 4 VorgVO, abgedruckt im Anhang S. 146), während nach früherem Recht Offiziere aller Gattungen im und außer Dienst Vorgesetzte der Unteroffiziere und Mannschaften, Offiziere einer höheren Rangklasse im und außer Dienst Vorgesetzte aller Offiziere der niedrigeren Rangklassen und Unteroffiziere im und außer Dienst Vorgesetzte aller Mannschaften waren. Deshalb wurde eine Bestimmung wie § 29 früher nicht benötigt. § 107 MStGB konnte sich darauf beschränken, den im Dienstgrad Höheren im Felde einen besonderen Schutz gegen gewisse schwere Disziplinwidrigkeiten zu gewähren.

2. **Abs. 1** gewährt jedoch den Schutz der im Dienstgrad höheren Soldaten gegen die oben genannten Unbotmäßigkeiten nur

a) allen Offizieren und Unteroffizieren, die im Dienstgrad über dem Täter stehen,

b) ohne Rücksicht auf den Dienstgrad jedem Soldaten, der im Dienst Vorgesetzter des Täters ist,

und in beiden Fällen nur unter der Voraussetzung, daß der Täter oder der andere zur Zeit der Tat im Dienst ist oder die Tat sich auf eine Diensthandlung bezieht.

I. Im Falle der **Nr. 1** ist also der im Dienstgrad Höhere, der nicht Offizier oder Unteroffizier, sondern z. B. Gefreiter ist, nicht geschützt. Hier würde eine Anwendung der §§ 23 bis 28 den Bogen überspannen (Begr.).

II. Im Falle der **Nr. 2** kommt es auf den Dienstgradunterschied zwischen Täter und Verletztem nicht an, wenn nur der Verletzte im Dienst Vorgesetzter des Täters ist. Auch diese Ausdehnung rechtfertigt sich nach § 17 (1) SG, der bestimmt, daß der Soldat die dienstliche Stellung des Vorgesetzten auch außerhalb des Dienstes zu achten hat (Begr.).

III. Über „Dienst" und „Diensthandlung" s. Anm. 3 und 4 zu § 23.

3. **Abs. 2** erklärt § 4 in den Fällen des Absatzes 1 **Nr. 1** für unanwendbar, d. h. der den Offizieren und Unteroffizieren, die zur Zeit der Tat nicht Vorgesetzter des Täters sind, aber einen höheren Dienstgrad als der Täter haben, durch § 29 gewährte strafrechtliche Schutz soll den im Dienstgrad höheren Angehörigen der Streitkräfte verbündeter Staaten nicht zugute kommen. In solchen Fällen erscheint die entsprechende Anwendung der §§ 23 bis 28 zu weitgehend und ist nach den Gesetzen anderer Staaten eine Bestrafung auch nicht möglich (Begr.). Hingegen erstreckt sich die Anwendbarkeit des Absatz 1 **Nr. 2** auch auf Angehörige der Streitkräfte eines verbündeten Staates, die nicht zur Zeit der Tat, aber im Dienst Vorgesetzte des Täters sind, sofern der Täter oder der andere zur Zeit der Tat im Dienst ist oder die Tat sich auf eine Diensthandlung bezieht.

Dritter Abschnitt
Straftaten gegen die Pflichten der Vorgesetzten

§ 30
Mißhandlung

(1) Wer vorsätzlich einen Untergebenen körperlich mißhandelt oder an der Gesundheit beschädigt, wird mit Gefängnis nicht unter drei Monaten bestraft.

(2) Ebenso wird bestraft, wer es vorsätzlich fördert oder pflichtwidrig duldet, daß ein Untergebener die Tat gegen einen anderen Soldaten begeht.

(3) In besonders leichten Fällen ist die Strafe Gefängnis oder Strafarrest nicht unter zwei Wochen, in besonders schweren Fällen Zuchthaus bis zu zehn Jahren.

(4) Ist die Körperverletzung eine schwere (§ 224 des Strafgesetzbuches), so ist auf Zuchthaus nicht unter zwei Jahren zu erkennen. Sind mildernde Umstände vorhanden, so ist die Strafe Gefängnis nicht unter drei Monaten.

1. Die den §§ 30—35, 37, 40 und 41 zugrunde liegenden Normen richten sich gegen V o r g e s e t z t e (s. Anm. 12 zu § 1, Anm. 1 zu § 19). Es könnten also überall in den angeführten Paragraphen an die Stelle des „w e r" die Worte „ein Vorgesetzter, der" gesetzt werden, ohne daß am Sinn des Tatbestandes irgend etwas geändert würde. Aus § 40 ergibt sich ausdrücklich, daß mit „wer" nur ein Vorgesetzter gemeint sein kann, § 39 richtet sich nur gegen D i s z i p l i n a r vorgesetzte. Die §§ 30—35 sind unter den Voraussetzungen des § 36 auf Soldaten mit höherem Dienstgrad entsprechend anzuwenden.

2. Über „Untergebenen" s. Anm. 1 zu § 19.

3. Abs. 1 folgt in der Beschreibung des Tatbestandes dem § 223 StGB (Körperverletzung) und stellt damit klar, daß dessen Anwendung ebenso wie die des § 340 StGB (Körperverletzung im Amte), soweit diese Vorschrift für Soldaten gilt (vgl. § 48 Abs. 1), durch den vorliegenden Sondertatbestand ersetzt wird. Die Verselbständigung des Tatbestandes hat zur Folge, daß nicht nur die Strafdrohungen der §§ 223, 223 a StGB ausscheiden, sondern auch die Vorschriften über das Antragserfordernis und die Aufrechnung (§§ 232, 233 StGB) sowie über die Verfolgung durch Privatklage (§ 374 Abs. 1 Nr. 3 StPO) insoweit unanwendbar sind.

I. „Körperliche Mißhandlung" ist jede vorsätzliche, nicht unerhebliche widerrechtliche Einwirkung des Täters auf den Körper eines Untergebenen durch üble unangemessene Behandlung, die keinen Schmerz auszulösen braucht. Insoweit kommen in erster Reihe in Betracht unmittelbare Einwirkungen auf den Körper eines Untergebenen, in zweiter Reihe mittelbare Einwirkungen, z. B. übermäßig langes Stehenlassen in der Kniebeuge bis zur Erschöpfung, Stillstehenlassen dicht am heißen Ofen (Begr. 36 zu 84) und andere Fälle, in denen der Untergebene durch rechtswidrige Einwirkung auf seinen Willen dazu gebracht wird, sich selbst eine Störung seines Wohlbefindens zuzufügen (3, 119). Die tatsächliche Störung des körperlichen Wohlbefindens oder das Erregen von Mißbehagen ist eine wichtige Beweistatsache für die Annahme der Erheblichkeit der Einwirkung. Denn der Regel nach wird jede nicht unerhebliche Einwirkung auf den Körper auch eine Schmerzempfindung, eine Störung des körperlichen Wohlbefindens oder Mißbehagen auslösen, und andererseits wird eine Berührung, die Schmerzempfindung oder Mißbehagen nicht veranlaßt, der Regel nach auch keine erhebliche sein. Schmerzempfindung und Mißbehagen sind aber nicht unbedingt Voraussetzung für die Annahme des Begriffs der Mißhandlung, und ihr Fehlen begründet nicht unbedingt ihre Ausschließung (17, 303). Für den Begriff der Erheblichkeit, der nicht lediglich tatsächlicher, sondern auch rechtlicher Natur ist, können nicht etwa Anforderungen zugrunde gelegt werden, die an den Soldaten aus dienstlicher Veranlassung — Exerzierdienst, Turnen, Gefechtsdienst usw. — gestellt werden können und müssen, sondern die Erheblichkeit ist auch danach zu beurteilen, unter welchen besonderen Umständen und unter Anwendung welcher Mittel die Einwirkung erfolgt ist (RG vom 8. 10. 1935 — 4 D 836/35 — NMilRBl. S. 161). Hierbei ist nicht ohne Bedeutung, ob und inwieweit die angewendeten Mittel geeignet waren, das Ehrgefühl des Untergebenen zu verletzen (Schwinge Anm. III 1 b zu § 122). Eine körperliche Mißhandlung kann zugleich eine Beleidigung enthalten. Ob das der Fall ist, hängt beim Vorliegen der objektiven Voraussetzungen beider Tatbestände von der inneren Willensrichtung des Täters ab (6, 244). Unerhebliche Einwirkungen können als vorschriftswidrige Behandlung disziplinarisch strafbar sein. Die Grenzlinie zwischen Mißhandlung und vorschriftswidriger Behandlung zu ziehen, ist häufig schwierig (Dietz, Einst. u. Entl.Best. S. 50). Ob eine Mißhandlung Untergebener vorliegt oder nicht, kann aber nicht von dem subjektiven Empfinden des einzelnen Verletzten, das sehr verschieden sein kann, abhängig gemacht werden. Im Aufhebenlassen von Patronen mit dem Munde vom Erdboden, gleichviel ob dieser trocken, feucht oder schmutzig ist, ist eine rechtswidrige, üble und unangemessene Behandlung von Untergebenen und eine nicht unerhebliche Einwirkung auf den Körper zu erblicken (RG vom 7. 4. 1936 — 4 D 211/36 — ZWehrR I S. 243). Ein Fußtritt stellt, wenn nicht außergewöhnliche dienstliche Umstände ihn als Mittel, um die Aufmerksamkeit des Untergebenen zu erregen, rechtfertigen, immer eine erhebliche, herabwürdigende Einwirkung auf den Körper des Untergebenen dar (RKG 1, 138). Daß schon wegen der bloßen Verletzungsmöglichkeit, wie sie mit dem verbotswidrig einem Untergebenen zugemuteten Sprung vom 3-m-Brett ins Wasser verbunden ist, von einer „Mißhandlung" gesprochen wird (RKG 1, 42), geht nach Schmidt (ZWehr III S. 226) „erheblich zu weit".

Widerrechtlich ist jede Einwirkung auf den Körper des Untergebenen, die nicht durch Gesetz, z. B. durch die dem Vorgesetzten im § 10 (5) SG auferlegte Pflicht, Befehle in der den Umständen angemessenen Weise durchzusetzen, oder durch die §§ 53, 54 StGB, Dienstvorschriften oder einen militärdienstlichen Grundsatz zugelassen ist (2, 179). Die Absicht des Vorgesetzten, eine sogenannte Korrektur vorzunehmen, schließt die Rechtswidrigkeit der Einwirkung nicht aus (20, 215). Ob der Untergebene mit dem Übergriffe des Vorgesetzten einverstanden war, ist ohne Belang (2, 239/243). Leichte Körperverletzungen, die bei Sportspielen vorkommen, sind nicht rechtswidrig, wenn sie einem Mitspieler unter Einhaltung der Spielregeln zugefügt werden. Ein Vorgesetzer, der beim Fußballspiel einem mitspielenden Untergebenen vorsätzlich einen Faustschlag in die Magengegend versetzt, verstößt gröblich gegen die Spielregeln und macht sich nach § 30 strafbar (RKG 1, 138).

III. Eine Beschädigung der Gesundheit geschieht durch Hervorrufen oder Verschlimmern eines krankhaften Zustandes (RGSt. 19, 226). Soweit es sich um Gesundheitsschädigungen handelt, die durch im Rahmen des militärischen Lebens notwendige Strapazen entstehen, sind sie nach einer Erklärung von MinDir. Dr. Schafheutle im RA „durch den im allgemeinen Strafrecht herausgearbeiteten Begriff der sozialen Äquivalenz gedeckt", d. h. durch die Wahrung der Verhältnismäßigkeit von Mittel und dem im Dienste der Allgemeinheit verfolgten Zweck.

Die Bemerkung von MinRat Neudeck im RA, es werde im Einzelfall mit Hilfe von Sachverständigen entschieden werden müssen, ob eine bestimmte militärische Übung, die zu Gesundheitsschädigungen oder Todesfällen geführt hat, im Bereich des sozial Adäquaten liege, zeigt wieder, wie unsinnig es war, die Aburteilung von Soldaten im Regelfall den allgemeinen Strafgerichten zu überlassen (vgl. Anm. 5 zu § 20, ferner Anm. 2 zu § 14). Militärische Gerichte würden keine Sachverständigen benötigen.

IV. Vorsätzliches Handeln ist gegeben, wenn der Täter weiß, daß die Einwirkung auf den Körper des Untergebenen erheblich ist, und wenn er sie als solche will; er muß sich bewußt sein, daß er den Untergebenen übel und unangemessen behandelt (RKG vom 4. 11. 1937 RevL 130/37 I), oder er muß wenigstens mit der Möglichkeit gerechnet haben, daß die Einwirkung erheblich ausfallen werde, und in Kauf genommen haben, daß er diesen Erfolg herbeiführen und damit Unrecht tun oder gegen das Gesetz verstoßen werde (Scherer, ZWehrR I S. 214). Bedingter Vorsatz genügt also (3, 119; 6, 113). Der Vorsatz wird weder dadurch ausgeschlossen, daß der Täter geglaubt hat, seine Handlungsweise sei in irgendeiner Weise militärischen Belangen zu dienen geeignet (RKG vom 4. 11. 1937 RevL 130/37 I), noch durch den Umstand, daß der Vorgesetzte z. Z. der Tat an seine Vorgesetzteneigenschaft nicht gedacht hat (RKG 1, 140).

Die fahrlässige Körperverletzung Untergebener ist nach allgemeinem Strafrecht (§ 230 StGB) zu beurteilen, soweit nicht § 47 eingreift (Begr.).

4. Nach **Abs. 2** wird der Vorgesetzte auch dann bestraft, wenn der Untergebene, der die Körperverletzung oder Gesundheitsbeschädigung ausführt, seinerseits nicht Vorgesetzter des Verletzten ist. Das stellt eine wesentliche Erweiterung gegenüber der entsprechenden Vorschrift des MStGB von 1940 (§ 122 Abs. 1 Nr. 3) dar, die nach der Begr. nicht nur deshalb notwendig erschien, weil der Vorgesetzte auch dann strafbar sein muß, wenn er sich eines Untergebenen als Werkzeug bedient, sondern auch, weil Handlungen der im Abs. 1 genannten Art grundsätzlich auch zwischen Gleichgestellten zu unterbleiben haben. Wer sie als Vorgesetzter fördert, ist daher stets strafwürdig, wenn ihn eine Pflicht zum Eingreifen trifft. Eine solche Pflicht kann ausnahmsweise entfallen, so unter Umständen im Falle des Duldens eines Faustkampfes, mit dem zwei Untergebene einen Streit austragen. Abs. 2 ersetzt für seinen Anwendungsbereich den § 357 StGB, der nach § 48 (1) WStG für Soldaten nicht gilt (Begr.).

Der Vorgesetzte „duldet“ die Mißhandlung, wenn er dagegen trotz Möglichkeit nicht einschreitet, und er „fördert“ sie, wenn er dazu Hilfe leistet (Schwinge, Anm. III 3 zu § 122).

5. Die im Abs. 1 (und 2) angedrohte Mindeststrafe von drei Monaten Gefängnis stimmt mit der im § 340 (1) StGB angedrohten überein. Der Höchstbetrag der Gefängnisstrafe ist fünf Jahre (§ 16 Abs. 1 StGB).

6. Über „besonders leichte" und „besonders schwere Fälle" — Abs. 3 — s. Anm. 7 zu § 25 bzw. Anm. 7 zu § 19. In besonders leichten Fällen kann auf Gefängnis von einem Monat (§ 10 Abs. 1 Nr. 1) bis zu fünf Jahren (§ 16 Abs. 1 StGB), in besonders schweren Fällen auf Zuchthaus von einem Jahr (§ 14 Abs. 2 StGB) bis zu zehn Jahren erkannt werden.

7. Abs. 4 folgt dem § 340 (2) StGB und bedroht die schwere Körperverletzung (§ 224 StGB) mit Zuchthaus nicht unter zwei Jahren (Höchstbetrag nach § 14 (2) StGB fünfzehn Jahre), bei mildernden Umständen mit Gefängnis nicht unter drei Monaten (Höchstbetrag nach § 16 (1) StGB fünf Jahre).

§ 224 StGB lautet: Hat die Körperverletzung zur Folge, daß der Verletzte ein wichtiges Glied des Körpers, das Sehvermögen auf einem oder beiden Augen, das Gehör, die Sprache oder die Zeugungsfähigkeit verliert oder in erheblicher Weise dauernd entstellt wird oder in Siechtum, Lähmung oder Geisteskrankheit verfällt, so ist auf Zuchthaus bis zu fünf Jahren oder Gefängnis nicht unter einem Jahre zu erkennen.

Zwischen den besonders schweren Fällen nach Abs. 3 und dem Strafschärfungsgrund nach Abs. 4 besteht folgendes Verhältnis: Ein besonders schwerer Fall liegt vor, wenn sämtliche Umstände, und zwar auch die für den Täter sprechenden, den Fall so schwer erscheinen lassen, daß der Regelstrafrahmen nicht mehr am Platze ist. Den Sonderfall mildernder Umstände kann es daher hier nicht geben. Im Falle des Abs. 4 hingegen greift die schärfere Strafdrohung schon dann ein, wenn der Täter eine der im § 224 StGB bezeichneten schweren Folgen verschuldet hat. Hier können andere Umstände so gewichtig für den Täter sprechen, daß die Möglichkeit eines niedrigeren Strafrahmens für den Fall mildernder Umstände eröffnet werden muß (Begr.).

Über „mildernde Umstände" s. Anm. 7 zu § 24.

§ 31
Entwürdigende Behandlung

(1) Wer vorsätzlich einen Untergebenen entwürdigend behandelt oder ihm böswillig den Dienst erschwert, wird mit Gefängnis oder mit Strafarrest nicht unter zwei Wochen bestraft.

(2) Ebenso wird bestraft, wer es vorsätzlich fördert oder pflichtwidrig duldet, daß ein Untergebener die Tat gegen einen anderen Soldaten begeht.

(3) In besonders schweren Fällen ist die Strafe Zuchthaus bis zu fünf Jahren.

1. Über „wer" s. Anm. 1 zu § 30, über „Untergebenen" Anm. 1 zu § 19.

2. Was „entwürdigend" ist, muß aus dem Sinn soldatischen Dienstes abgeleitet werden. Wie die Achtung, die sein Beruf erfordert, den Soldaten zu einer gewissen Zurückhaltung verpflichtet (s. SG-Kom. Anm. 5 II zu § 148), so kann er diese Achtung auch vom Vorgesetzten verlangen. Als entwürdigend muß daher eine Behandlung gelten, die in der bewußten Art ihrer Wirkung auf den seelischen Zustand des Untergebenen seine menschliche und soldatische Würde verletzt. Der Wehrdienst wird geleistet in einer Gemeinschaft harter Männer, in der keine Zimperlichkeit des Ausdrucks herrschen soll. Es ist daher nicht jedes grobe Wort und auch nicht jedes Schimpfwort „entwürdigend". Wenn aber der Vorgesetzte den Untergebenen fortgesetzt mit gemeinen Schimpfworten beleidigt und so erkennen läßt, daß er ihn in seinem soldatischen Ehrgefühl herabwürdigen will, greift § 31 ein (Begr. 40).

3. „Böswillig" handelt, wer etwas von ihm als Unrecht Erkanntes begeht, um einem anderen zu schaden, „ihm etwas anzutun", z. B. aus Haß, Rache, Eigennutz, Sadismus. Zur Böswilligkeit gehört auch eine gewisse Genugtuung und Freude am schädigenden Erfolg der Handlung. Das StGB verwendet den Begriff in den §§ 134 und 223 b. Das böswillige Erschweren des Dienstes muß im Widerspruch stehen zu den Anforderungen des Dienstes, wie sie sich aus den Umständen des Falles ergeben (Begr. 40). Es kann daher nach dem Urteil des RKG vom 9. 3. 1939 (RevL 14/39 I) ein böswilliges Erschweren des Dienstes auch dann vorliegen, wenn der Vorgesetzte seine dienstliche Überlegenheit um ihrer selbst willen und in bewußter Gleichgültigkeit dagegen einsetzt, daß seine dienstlichen Anforderungen seinen Untergebenen fortdauernde seelische Leiden verursachen. Der Vorgesetzte muß allerdings zuweilen zur Erreichung des Ausbildungsziels und zur Gewährleistung steter Schlagkraft der Truppe (vgl. § 2 Nr. 3) seine dienstliche Überlegenheit zwar nicht um ihrer selbst willen, aber doch in der Weise einsetzen, daß den Untergebenen körperliches Unbehagen oder seelische Schmerzen bereitet werden. „Die strengen Anforderungen des soldatischen Lebens müssen mit notwendiger Härte gegen jede Art menschlichen Versagens durchgesetzt werden. Rücksicht auf den einzelnen kennt das militärische Leben grundsätzlich nicht. Die Gesamtheit ist hier alles, der einzelne nichts" (Schmidt S. 2). Die „mimosenhafte" Seelenhaltung einzelner kann und darf für den Vorgesetzten keine Rolle spielen, wenn es sich um die Durchsetzung notwendiger dienstlicher Anforderungen handelt. Ihre Berücksichtigung wäre auch unvereinbar damit, daß „der Kaserne und dem Exerzierplatz eine gewisse Derbheit eigen ist" (Romen-Rissom, Anm. 2 a zu § 121) und bleiben wird.

4. Die Grenzen zwischen „entwürdigend behandeln" und „böswillig den Dienst erschweren" sind flüssig. Die Tatbestände werden oft zusammentreffen oder ineinander übergehen. Böswilliges Erschweren des Dienstes kann gleichzeitig ein entwürdigendes Behandeln sein, braucht es aber nicht zu sein. Andererseits wird eine entwürdigende Behandlung nicht immer mit einer Erschwerung des Dienstes zusammentreffen oder überhaupt zu einem Dienst in Beziehung stehen.

Folgende Fälle, die das Reichsmilitärgericht als schwere vorschriftswidrige Behandlungen i.S. des früheren § 121 MStGB anerkannt hat, können als Beispiele entwürdigender Behandlung Untergebener gelten:

a) Übertreiben des Exerzierens durch unnötiges, übermäßig wiederholtes Hinlegenlassen auf schmutzigem, aufgeweichtem Gelände (böswilliges Erschweren des Dienstes),

b) Aufnehmenlassen des Pferdemistes mit den Händen statt mit den vorgeschriebenen Geräten (entwürdigende Behandlung),

c) Aufhebenlassen von Exerzierpatronen mit dem Munde (entwürdigende Behandlung).

Als entwürdigende Behandlung ist auch aufzufassen das Hin- und Herkriechenlassen unter den Betten, das Kletternlassen auf die Spinde, um dort Putz- oder sonstigen Dienst zu verrichten (Begr. 40).

5. Abs. 2 entspricht dem Abs. 2 des § 30. Auf die Anm. 4 zu § 30 darf verwiesen werden.

6. Auf Gefängnis kann nach Abs. 1 und 2 von einem Monat (§ 10 Abs. 1 Nr. 1) bis zu fünf Jahren (§ 16 Abs. 1 StGB), auf Strafarrest von zwei Wochen bis zu sechs Monaten (§ 9 Abs. 1) erkannt werden. Die Wahlregel des § 11 (1) ist zu beachten.

7. Über „besonders schwere Fälle" s. Anm. 7 zu § 19. Der Mindestbetrag der Zuchthausstrafe, auf die nach **Abs. 3** erkannt werden muß („ist"), ist ein Jahr (§ 14 Abs. 2 StGB).

§ 32

Mißbrauch der Befehlsbefugnis zu unzulässigen Zwecken

Wer seine Befehlsbefugnis oder Dienststellung gegenüber einem Untergebenen zu Befehlen, Forderungen oder Zumutungen mißbraucht, die nicht in Beziehung zum Dienst stehen oder dienstlichen Zwecken

zuwiderlaufen, wird mit Gefängnis oder Einschließung bis zu zwei Jahren oder mit Strafarrest bestraft, soweit nicht in anderen Vorschriften eine schwerere Strafe angedroht ist.

1. § 32 dient dem strafrechtlichen Schutz der durch § 10 (4) SG dem Vorgesetzten auferlegten Verpflichtung, Befehle nur zu dienstlichen Zwecken zu erteilen. Er entspricht dem § 114 MStGB, will aber über dessen Wortlaut hinaus auch Willensäußerungen ergreifen, die zwar in Beziehung zum Dienst stehen, aber dienstlichen Zwecken zuwiderlaufen. Dem im § 114 MStGB verwendeten Begriff der „Dienstgewalt" entspricht das Wort „Befehlsbefugnis" (Begr.).

2. Über „wer" s. Anm. 1 zu § 30, über „Untergebenen" Anm. 1 zu § 19.

3. „Befehlsbefugnis" haben nach den §§ 1 (1), 2 und 3 VorgVO (s. Anhang 1 S. 146) allgemein der unmittelbare Vorgesetzte, der Fachvorgesetzte zu fachdienstlichen Zwecken und der Vorgesetzte mit besonderem Aufgabenbereich, soweit Befehle zur Erfüllung seiner Aufgaben notwendig sind. Über die Befehlsbefugnis des BMVtg. und des Bundeskanzlers (im Verteidigungsfalle) s. SG-Kom. S. 17—20.

4. „Dienststellung" ist „die Summe der Machtbefugnisse und des Einflusses, welche das Vorgesetztenverhältnis mit sich bringt" (Rotermund 3 zu §§ 115, 116).

5. Der Mißbrauch der Befehlsbefugnis oder Dienststellung liegt objektiv in einem Handeln des Vorgesetzten, das erkennen läßt, daß er in rechtswidriger Weise auf den Untergebenen einen Druck ausübt, um bestimmend auf dessen Willen einzuwirken, wobei nicht erforderlich ist, daß das Vorgesetztenverhältnis äußerlich zum Ausdruck kommt, subjektiv in dem Bewußtsein, daß der Befehl usw. in keiner Beziehung zum Dienst steht oder dienstlichen Zwecken zuwiderläuft, und daß durch ihn ein Druck zu einem unerlaubten Zweck auf den Untergebenen ausgeübt wird (9, 302; 13, 167). Während das vorübergehende Borgen kleinerer Geldbeträge in der Regel keinen Mißbrauch darstellen wird, wird das langfristige Schuldigbleiben einer größeren Geldsumme im allgemeinen den Tatbestand des Mißbrauchs in objektiver Beziehung erfüllen; in solchem Falle kommt es entscheidend auf die innere Tatseite an (RKG vom 27. 7. 1943 StPL (HLS) I 48/43). Geschützt werden soll durch § 32 das Unterordnungsverhältnis und damit die Mannszucht, während durch § 226 StGB (Untreue) das Vermögen eines anderen geschützt werden soll. Das ist ein besonderer Tatbestand, der im § 32 nicht unter Strafe gestellt und nicht als engerer von diesem umschlossen ist. Tateinheitliches Zusammentreffen von § 32 mit § 226 StGB ist daher möglich (RKG 1, 30/33). Die Begriffe „Dienst- oder Unterordnungsverhältnis" im § 175 a Nr. 2 StGB und „Dienststellung" im § 32 sind nicht unbedingt dieselben (RKG vom 11. 9. 1936 — 4 D 659/36 — ZWehrR I S. 382).

6. Über „Befehl" s. § 2 Nr. 2 und die dortige Anm. 2. „Forderungen" sind ernstlich gemeinte, auch nicht in Befehlsform gekleidete Einwirkungen auf den Untergebenen, wodurch dieser zu einem auch nicht mittelbar zum militärischen Dienst in Beziehung stehenden Tun oder Unterlassen bestimmt werden soll (9, 169), „Zumutungen" an den Untergebenen zum gleichen Zweck gerichtete Ansinnen unter mißbräuchlicher Geltendmachung der dienstlichen Autorität (5, 103/107).

7. Befehle usw., die mittelbar oder unmittelbar in irgendeiner Beziehung zum Dienste stehen, werden durch § 32 nicht betroffen. Die Entscheidung ist davon abhängig, ob in den einzelnen Fällen die Handlungsweise des Täters auch der Art und dem Umfang nach durch dienstliche Interessen gerechtfertigt war oder nicht, sowie ob der Täter dies erkannte und andere Zwecke verfolgte (RKG 2, 111). Daß die Befehle usw. private Angelegenheiten des Untergebenen betreffen, reicht an sich nicht hin, um sie aus dem Bereiche der Diensthandlungen auszuscheiden (3, 219/221), da auch private Angelegenheiten einen dienstlichen Charakter annehmen können, wenn sich der Vorgesetzte ihrer Besorgung in seiner dienstlichen Eigenschaft aus Fürsorge für die Mannschaften unterzieht (6, 103), zu der er nach § 10 (3) SG verpflichtet ist.

8. § 10 (4) SG schreibt vor, daß der Vorgesetzte Befehle nur „zu dienstlichen Zwecken" erteilen darf. Unter „dienstlichen Zwecken" ist die Gesamtheit der Verrichtungen zu verstehen, denen sich die Soldaten in dieser ihrer Eigenschaft zu unterziehen haben, um die Erfüllung der zu den Angelegenheiten der BW gehörenden Aufgaben zu ermöglichen (vgl. RGSt. 64, 67); weiteres hierüber s. in Anm. 4 II zu § 10 im SG-Kom. Dienstlichen Zwecken zuwiderlaufen würde z. B. der einem Fahrer erteilte Befehl, während einer Ausfahrt eine Panne vorzutäuschen, damit die Truppe es sich bequem machen kann (Begr.), oder der vom Kommandanten eines Schnellboots, weil er noch einen Tag an Land bleiben will, seinem Funker erteilte Befehl, wahrheitswidrig zu melden, das Funkgerät sei unklar (Frhr. v. Richthofen 2). Wird durch eine solche Meldung eine schwerwiegende Folge (§ 2 Nr. 3) herbeigeführt, so ist § 33 i.V. mit § 42 anzuwenden, hinter dem § 32 zurücktritt (s. die folgende Anm.).

9. Die Vorschrift des § 32 gilt nur hilfsweise. Ist die Tat nach anderen Vorschriften, insbesondere nach den §§ 33 oder 34, mit einer schwereren Strafe bedroht, so besteht kein Anlaß, auch nach § 32 zu verurteilen (Begr.).

10. Das Mindestmaß der Gefängnisstrafe und der Einschließung ist ein Monat (§ 10 Abs. 1 Nr. 1). Auf Strafarrest kann von einer Woche bis zu sechs Monaten erkannt werden (§ 9 Abs. 1). Die Wahlregeln des § 11 sind zu beachten.

§ 33

Verleiten zu einem Verbrechen oder Vergehen

(1) Wer durch Mißbrauch seiner Befehlsbefugnis oder Dienststellung einen Untergebenen zu einer von diesem begangenen Handlung bestimmt hat, die als Verbrechen oder Vergehen mit Strafe bedroht ist, wird nach den Vorschriften bestraft, die für die Begehung der Tat gelten. Die Strafe kann bis auf das Doppelte der sonst zulässigen Höchststrafe, jedoch nicht über das gesetzliche Höchstmaß der angedrohten Strafart hinaus erhöht werden.

(2) Ist die Tat des Untergebenen keine militärische Straftat, so gelten folgende Vorschriften:

1. **§ 10 Abs. 1 Nr. 1 bis 3 ist nicht anzuwenden.**
2. **Auf Geldstrafe darf nur erkannt werden, wenn sie neben Freiheitsstrafe vorgeschrieben oder zugelassen ist.**
3. **Anstelle von Gefängnis von weniger als drei Monaten kann auf Strafarrest von gleicher Dauer erkannt werden.**

1. Die Vorschrift enthält die notwendige sachliche Ergänzung zu § 5 (1), der eine Bestrafung des Untergebenen in weitem Umfange ausschließt, wenn er die Tat auf Befehl begangen hat. Die erhöhte Verantwortung, die hiernach den Vorgesetzten trifft, mußte ihm gegenüber zu einer verschärften Strafdrohung führen, wenn er einen Befehl erteilt hat, durch dessen Ausführung ein Verbrechen oder Vergehen begangen wird. Dem Mißbrauch der Befehlsbefugnis muß der Mißbrauch der Dienststellung gleichstehen; ein solcher Mißbrauch verdient zudem auch bei Nichtvorgesetzten in gewissen Grenzen unter gerichtliche Strafe gestellt zu werden, was durch § 36 geschieht (Begr.).

2. Abs. 1 entspricht dem § 115 MStGB und schließt für seinen Geltungsbereich die Anwendung der allgemeinen Strafbestimmungen über mittelbare Täterschaft und Anstiftung für begangene Verbrechen und Vergehen aus (2, 212/216), nicht jedoch für Übertretungen. Auch bei

Verleitung zu einer Übertretung ist aber Geldstrafe nach Abs. 2 Nr. 2 ausgeschlossen.

Über „wer" s. Anm. 1 zu § 30, über „Untergebenen" Anm. 1 zu § 19.

3. Über „Befehlsbefugnis" und „Dienststellung" s. Anm. 3 und 4, über „Mißbrauch" Anm. 5 zu § 32. Auch die nicht in Befehlston gekleidete, unter Ausnutzung der Dienststellung gegebene Veranlassung zur Begehung eines Verbrechens oder Vergehens soll getroffen werden (MinDir. Dr. Schafheutle im RA).

I. Eine Handlung ist „begangen", wenn die objektiven wie die subjektiven Tatbestandsmerkmale in der Person des Täters erfüllt sind. Handelte der Täter ohne den zur Anwendung des Strafgesetzes erforderlichen rechtswidrigen Vorsatz, so nahm er zwar den äußeren Tatbestand einer strafbaren Handlung vor, aber ohne die betreffende Handlung zu begehen (1, 146/150). Es braucht aber nur der Versuch einer strafbaren Handlung begangen worden zu sein, wenn auch der Versuch mit Strafe bedroht ist (RGSt. 14, 19; 38, 348).

II. „Bestimmen" ist das Hervorrufen des Vorsatzes zur Verwirklichung der äußeren und inneren Tatbestandsmerkmale einer bestimmten, konkreten, strafbaren Handlung, einschließlich der zum inneren Tatbestand etwa gehörigen besonderen Absicht, in dem Untergebenen (5, 229; RGSt. 56, 171); es muß also die von dem Täter begangene strafbare Handlung in einem von dem Vorsatze des Anstifters umfaßten ursächlichen Zusammenhange mit der Tätigkeit des letzteren stehen (4, 144/149 und 293; 11, 200). Die Erteilung eines Befehls zu dienstlichen Zwecken, durch dessen Ausführung ein Strafgesetz verletzt ist, begründet nicht ohne weiteres die Anwendbarkeit des § 33, da sehr wohl Fälle denkbar sind, in denen die Erteilung eines solchen Befehls auch ohne Mißbrauch der Dienstgewalt oder der dienstlichen Stellung des Vorgesetzten erfolgt ist (5, 33/40).

Der Vorsatz des anstiftenden Vorgesetzten muß sich zwar auf die Tat des Untergebenen in ihrem ganzen Umfang erstrecken, es genügt aber, soweit die Person des Untergebenen in Frage kommt, daß die objektiven Voraussetzungen der Strafbarkeit der Handlung vorliegen und der Vorsatz des Vorgesetzten diese objektiven Voraussetzungen umfaßt (7, 11). Der Vorgesetzte muß sich des unbefugten Gebrauchs der Gewalt oder Stellung bewußt gewesen sein; die Anwendung des § 33 scheidet also aus, wenn der Vorgesetzte sich zur Erteilung des Befehls für berechtigt gehalten hat (5, 33/41), es sei denn, daß seine Annahme auf einem von ihm verschuldeten Verbotsirrtum beruhte (vgl. Anm. 3 zu § 22).

4. Die Vorschrift, daß das Verleiten zu einem Verbrechen oder Vergehen ebenso zu bestrafen ist wie die infolge des Verleitens begangene strafbare Handlung, entspricht dem § 48 (2) StGB. Satz 2 gestattet jedoch, um dem Mißbrauch der Befehlsbefugnis, der dadurch ermöglicht wird, daß infolge der Autorität des Vorgesetzten der Untergebene leichter geneigt ist, einer Verleitung zu folgen, wirksamer begegnen zu können, die Strafe für die Tat des Vorgesetzten auf das Doppelte der an sich vorgesehenen Höchststrafe festzusetzen.

5. Abs. 2 Nr. 1 schließt dadurch, daß er die Anwendung der Nr. 1 bis 3, nicht aber der Nr. 4 des § 10 (1) verbietet, für alle Fälle des Verleitens zu einem Vergehen oder zu einer Übertretung die Verhängung einer Geldstrafe anstelle einer verwirkten Freiheitsstrafe von weniger als drei Monaten aus. Auch in den Fällen, in denen Geldstrafe an sich angedroht ist, darf auf eine solche nach Nr. 2 nur erkannt werden, wenn sie neben Freiheitsstrafe (z. B. im § 266 Abs. 1 StGB) vorgeschrieben oder (z. B. im § 263 Abs. 1 StGB) zugelassen ist. Sonst ist stets auf Freiheitsstrafe nach Maßgabe des Abs. 1 zu erkennen. Jedoch kann nach Nr. 3 anstelle von Gefängnis von weniger als drei Monaten auf Strafarrest von gleicher Dauer erkannt werden, und zwar infolge des Ausschlusses der Anwendung des § 10 (1) Nr. 1 durch § 33 (2) Nr. 1 auch auf weniger als einen Monat. Läßt die Wahlregel des § 11 (1) anstelle von Gefängnis Strafarrest zu, so ist auf solchen zu erkennen, und zwar mindestens einen Tag für Verleiten zu einer nicht militärischen und auf mindestens eine Woche für Verleiten zu einer militärischen Straftat (§ 9 Abs. 1).

§ 34

Erfolgloses Verleiten zu einem Verbrechen oder Vergehen

(1) Wer durch Mißbrauch seiner Befehlsbefugnis oder Dienststellung einen Untergebenen zu bestimmen versucht, eine als Verbrechen oder Vergehen mit Strafe bedrohte Handlung auszuführen oder zu ihr anzustiften, wird nach den für die Begehung der Tat geltenden Vorschriften bestraft. Jedoch kann die Strafe nach den Vorschriften über die Bestrafung des Versuchs gemildert werden.

(2) § 33 Abs. 2 gilt entsprechend.

(3) Straflos bleibt, wer aus freien Stücken den Versuch, den Untergebenen zu bestimmen, aufgibt oder die mit Strafe bedrohte Handlung verhindert, wenn ihre Begehung zu befürchten ist. Unterbleibt die Handlung ohne sein Zutun oder wird sie unabhängig von seinem

früheren Verhalten begangen, so genügt sein freiwilliges und ernsthaftes Bemühen, die Begehung zu verhindern.

1. Die Vorschrift regelt im Gegensatz zu § 33 den Fall, daß die mit Strafe bedrohte Handlung des Untergebenen unterbleibt. In Übereinstimmung mit § 116 MStGB unterscheidet sie sich von § 49 a StGB darin, daß dort nur das erfolglose Verleiten zu einem Verbrechen unter Strafe steht. Diese Regelung reicht nicht aus, wenn ein Mißbrauch der Befehlsbefugnis oder Dienststellung vorliegt. § 34 erstreckt die Strafbarkeit daher auch auf die versuchte Verleitung zu einem Vergehen. Bei Übertretungen genügt für die erfolglose Verleitung oder den Versuch mittelbarer Täterschaft — wie nach früherem Recht — disziplinare Ahndung (Begr.).

2. Abs. 1 stellt ausdrücklich klar, daß die „mit Strafe bedrohte Handlung" ebenso wie im § 49 a StGB nur die Ausführung als Täter oder die Anstiftung umfaßt, so daß zwar erfolglose Anstiftung zur Anstiftung, nicht aber erfolglose Anstiftung zu einer bloßen Beihilfe strafbar ist (Begr.).

I. Über „wer" s. Anm. 1 zu § 30, über „Mißbrauch" Anm. 5 zu § 32, über „Befehlsbefugnis" und „Dienststellung" Anm. 3 und 4 zu § 32, über „Untergebenen" Anm. 1 zu § 19.

II. Wegen „Versuchs" ist nach § 43 (1) StGB zu bestrafen, wer den Entschluß, ein Verbrechen oder Vergehen zu verüben, ohne daß es zur Vollendung gekommen ist, durch Handlungen, welche einen Anfang der Ausführung dieses Verbrechens oder Vergehens enthalten, betätigt hat. Auch der untaugliche Versuch ist nach ständiger Rechtsprechung des RG und des BGH strafbar, z. B. der Versuch, einen Mann in Zivil, für dessen Vorgesetzten sich der Täter hält, der aber gar kein Soldat ist, durch ihm erteilte Befehle zur Begehung eines Verbrechens oder Vergehens zu bestimmen.

Über „Bestimmen" s. Anm. 3 II zu § 33.

3. Ebenso wie § 33 stellt § 34 auf die Strafdrohung für die Handlung ab, zu der der Täter verleiten wollte (s. Anm. 4 zu § 33). „Nur so ist ein angemessenes Verhältnis zwischen Strafdrohung und Strafwürdigkeit im Einzelfall zu erreichen". Jedoch ist hier im Einklang mit § 49 a (1) StGB keine Erhöhung der Strafe, sondern die Möglichkeit einer Milderung nach den Vorschriften über die Bestrafung des Versuchs am Platze (Begr.).

4. Zu **Abs. 2** s. Anm. 5 zu § 33.

5. Abs. 3 sieht — wie § 28 (2) — Straflosigkeit im Falle des Rücktritts vor. Er lehnt sich dabei an § 49 a (3) und (4) StGB an, gestaltet sie aber den neuen Erkenntnissen von Rechtsprechung und Lehre entsprechend um (Begr.).

Die erste Alternative des Satzes 1 knüpft nach einer Erklärung von MinDir. Dr. Schafheutle im RA an den sogenannten unbeendigten Versuch an, wo es also noch nicht gelungen ist, den Untergebenen zur Begehung der Tat zu bestimmen; die zweite Alternative dagegen ist auf den beendigten Versuch abgestellt, wo der Entschluß zur Tat bei dem Untergebenen schon hervorgerufen worden ist. Um klarzustellen und um deutlich zum Ausdruck zu bringen, in welchen Fällen ein positiver Akt der Verhinderung notwendig ist, ist der Konditionalsatz „wenn ihre Begehung zu befürchten ist" hinzugefügt. Wenn es bei dem Untergebenen bereits zu einer Versuchshandlung gekommen ist, findet § 34 (3) keine Anwendung; denn in diesem Fall ist für einen Rücktritt des Anstifters kein Raum mehr.

§ 35
Unterdrücken von Beschwerden

(1) Wer einen Untergebenen durch Befehle, Drohungen, Versprechungen, Geschenke oder sonst auf pflichtwidrige Weise davon abhält, Eingaben, Meldungen oder Beschwerden bei der Volksvertretung der Bundesrepublik Deutschland oder eines ihrer Länder, bei dem Wehrbeauftragten des Bundestages, bei einer Dienststelle oder bei einem Vorgesetzten anzubringen, Anzeige zu erstatten oder von einem Rechtsbehelf Gebrauch zu machen, wird mit Gefängnis, Einschließung oder Strafarrest bestraft.

(2) Ebenso wird bestraft, wer eine solche Erklärung, zu deren Prüfung oder Weitergabe er dienstlich verpflichtet ist, unterdrückt.

(3) Der Versuch ist strafbar.

1. Die Vorschrift soll praktisch in erster Reihe dem Schutz des Beschwerderechts dienen. Sie will aber auch das staatsbürgerliche Recht des Soldaten schützen, sich mit Eingaben oder Meldungen zur Wahrnehmung eigener oder fremder Belange an die Volksvertretungen, an den Wehrbeauftragten des Bundestages, an Dienststellen oder Vorgesetzte zu wenden, Anzeigen (§ 158 StPO) zu erstatten oder von Rechtsbehelfen Gebrauch zu machen. Insoweit geht § 35 über die entsprechende Bestimmung des § 117 MStGB erheblich hinaus (Begr.).

2. Abs. 1 behandelt den Fall, daß der Täter sein Ziel durch Einflußnahme auf den Willen des Untergebenen zu erreichen sucht (Begr.).

Über „w e r“ s. Anm. 1 zu § 30, über „U n t e r g e b e n e n“ Anm. 1 zu § 19.

I. Als Mittel der Einflußnahme führt er b e i s p i e l s w e i s e an: a) B e f e h l e (s. Anm. 2 zu § 2), b) D r o h u n g e n (s. Anm. 5 zu § 23), c) V e r s p r e c h u n g e n, d. h. Anerbietungen von dienstlichen oder außerdienstlichen, materiellen oder ideellen Vorteilen, z. B. Urlaub, Beförderungen, Anerkennungen nach der WDO, d) G e s c h e n k e, das sind freiwillige unentgeltliche Zuwendungen von Vermögenswert, die aus den eigenen Mitteln des Gebenden oder aus zu seiner Verfügung stehenden Mitteln stammen. Die Höhe des Vermögenswertes ist nicht entscheidend.

Es wird aber auch jede andere Art pflichtwidriger Einflußnahme auf den Untergebenen („s o n s t a u f p f l i c h t w i d r i g e W e i s e“), z. B. Furchterregung (13, 293), erfaßt. Ein „gutes Zureden“ ist nicht pflichtwidrig, es sei denn, daß der Vorgesetzte dabei den Untergebenen seine Autorität in einer Weise, die als Druck empfunden werden muß, fühlen läßt. Hingegen wäre die Erteilung von Sonderurlaub ein einem „Geschenk“ ähnliches pflichtwidriges Mittel der Beeinflussung (RegDir. Dr. Lackner im RA), ebenso ein „autoritätswidriges Wimmern vor dem Untergebenen“, das der Pflicht des Vorgesetzten, in seiner Haltung und Pflichterfüllung ein Beispiel zu geben (§ 10 Abs. 1 SG), zuwiderlaufen würde (MinRat. Neudeck im RA).

II. Die Arten der Erklärungen, die § 35 schützen will, sind im Abs. 1 abschließend aufgeführt (Begr.). Es handelt sich um

a) E i n g a b e n, d. h. schriftliche Gesuche jeder Art;

b) M e l d u n g e n, d. h. Darstellungen oder Behauptungen von Tatsachen gegenüber Vorgesetzten (3, 219), und zwar muß das Darstellen oder Behaupten oder dessen Weitergabe zu den dienstlichen Obliegenheiten der Verpflichteten gehören und zu dem Dienst in irgendwelcher Beziehung stehen (2, 294; 4, 221; 9, 269/277; vgl. auch § 13 Abs. 2 SG);

c) B e s c h w e r d e n, d. h. Klagen über unrichtige Behandlung durch Vorgesetzte oder Dienststellen der BW oder über pflichtwidriges Verhalten von Kameraden, auch über Nichtbescheidung auf einen Antrag innerhalb von zwei Wochen ohne zureichenden Grund (§ 1 WBO);

d) A n z e i g e n. Sie betreffen strafbare Handlungen oder Verletzungen von Amts- oder Dienstpflichten und können bei Beamten der Staatsanwaltschaft und der Polizei und deren Dienstvorgesetzten (§ 158 StPO), aber auch bei militärischen Vorgesetzten (vgl. § 164 Abs. 1 StGB) erstattet werden;

e) Rechtsbehelfe. Darunter fallen Rechtsmittel i.S. der StPO, der ZPO und anderer Verfahrensvorschriften, Geltendmachung von Ansprüchen nach dem SoldatenversorgungsG vom 26. 7. 1957 (BGBl. I S. 785), die Klage nach § 59 SG, Strafanträge nach § 61 StGB (vgl. hierzu RKG 1, 197) usw.

III. Eine Unterdrückung von Eingaben, Meldungen und Beschwerden erfüllt nur dann den Tatbestand des § 35 (1), wenn sie angebracht werden sollen bei a) der Volksvertretung der BR Deutschland oder eines ihrer Länder, womit — wie im § 109 a StGB — nur die unmittelbar gewählten Parlamente in Bund und Ländern gemeint sind, nicht dagegen der Bundesrat und der Bayerische Senat (Abg. Dr. Arndt und MinDir. Dr. Schafheutle im RA); b) dem Wehrbeauftragten des BT, an den sich nach § 7 des G über den Wehrbeauftragten vom 26. 6. 1957 (BGBl. I S. 652) jeder Soldat unmittelbar einzeln und ohne Einhaltung des Dienstweges wenden darf; c) einer Dienststelle (s. Anm. 3 zu § 15); d) einem Vorgesetzten (s. Anm. 2 zu § 1).

3. **Abs. 2** hat den Fall im Auge, daß eine Erklärung i.S. des Abs. 1 bereits abgegeben wurde, der Täter sie aber, statt sie pflichtgemäß zu prüfen oder weiterzugeben, unterdrückt (Begr.).

Vorausgesetzt wird, daß der Vorgesetzte zum Weiterbefördern oder Untersuchen der ihm zugegangenen oder vorgetragenen Willenserklärung verpflichtet ist. Unter „Unterdrücken" ist nicht nur das Beseitigen einer schriftlichen Willenserklärung zu verstehen, sondern auch das Unterlassen dessen, was der Vorgesetzte aus Anlaß einer schriftlich oder mündlich vorgetragenen Willenserklärung zu veranlassen dienstlich verpflichtet ist (Begr. 40), also jede Entfaltung einer Tätigkeit, durch welche die Beschwerde usw. der dienstlichen Behandlung entzogen wird (RGSt. 15, 382), wobei Handeln und Unterlassen gleichzusetzen sind.

Keine Verpflichtung zur Prüfung und Weiterbeförderung besteht bei gemeinsamen Beschwerden, die nach § 1 (4) WBO unzulässig sind, und bei an den Wehrbeauftragten des BT gerichteten anonymen Eingaben und Beschwerden, da sie von ihm nicht bearbeitet werden (§ 8 G über den Wehrbeauftragten vom 26. 6. 1957 — BGBl. I S. 652).

4. **Abs. 3** stellt wegen der besonderen Bedeutung des Delikts auch den Versuch unter Strafe (s. Anm. 2 II zu § 34).

5. Nach Abs. 1 und 2 sind Gefängnis und Einschließung von jeweils einem Monat bis zu fünf Jahren (§ 10 Abs. 1 Nr. 1, 2; § 16 Abs. 1 StGB) oder Strafarrest von einer Woche bis zu sechs Monaten (§ 9 Abs. 1) zulässig, wobei die Wahlregeln des § 11 zu beachten

sind. Beim Versuch kann die Strafe bis auf sieben Tage Strafarrest (statt Gefängnis oder Einschließung) oder zwei Tage Strafarrest, falls auf solchen nach § 11 (1) für die vollendete Tat erkannt werden dürfte, gemildert werden (§ 44 StGB, § 10 Abs. 1 Nr. 3 WStG).

§ 36
Taten von Soldaten mit höherem Dienstgrad

(1) Die §§ 30 bis 35 gelten entsprechend für Taten eines Soldaten, der zur Zeit der Tat nicht Vorgesetzter des anderen, aber

1. Offizier oder Unteroffizier ist und einen höheren Dienstgrad als der andere hat oder

2. im Dienst dessen Vorgesetzter ist

und der bei der Tat seine Dienststellung mißbraucht.

(2) In den Fällen des Absatzes 1 Nr. 1 ist § 4 nicht anzuwenden.

1. Die Vorschrift bildet das notwendige Gegenstück zu § 29. Dem Strafschutz, der dort den Nichtvorgesetzten gewährt wird, muß eine erhöhte strafrechtliche Verantwortung gegenübertreten. § 36 erfaßt daher im Abs. 1 genau denselben Personenkreis wie § 29 und dehnt auf ihn die Vorschriften über Mißhandlung, entwürdigende Behandlung, Mißbrauch der Befehlsbefugnis, erfolgreiches und erfolgloses Verleiten zu Verbrechen oder Vergehen und Unterdrücken von Beschwerden in allen Fällen aus, in denen der Täter bei der Tat seine Dienststellung mißbraucht. Das MStGB kannte eine solche Vorschrift nicht. Sie war aber zwingend geboten, um Mißbräuche der Machtstellung einzudämmen, die die Dienststellung auch dem Nichtvorgesetzten vielfach verleiht (Begr.).

2. **Abs. 1** stellt jedoch den Mißbrauch (s. Anm. 5 zu § 32) der Dienststellung (s. Anm. 4 zu § 32) nur dann unter die in den §§ 30—35 angedrohten Strafen,

a) wenn der Höhere im Dienstgrad Offizier oder Unteroffizier ist und einen höheren Dienstgrad hat als der andere,

b) ohne Rücksicht auf den Dienstgrad des Täters, wenn er im Dienst Vorgesetzter des anderen ist. Über „Dienst" s. Anm. 3 zu § 23.

3. **Abs. 2** erklärt § 4 in den Fällen des Abs. 1 **Nr. 1** für unanwendbar, d. h. ausländische Offiziere und Unteroffiziere sollen nach den §§ 30—35 auch dann nicht zur Verantwortung gezogen werden,

wenn sie, ohne Vorgesetzte des anderen zu sein, einen höheren Dienstgrad als dieser haben; s. hierzu Anm. 3 zu § 29.

4. Soweit § 36 nicht Platz greift, ist die Frage der Strafbarkeit Dienstgradhöherer nach allgemeinem Strafrecht zu prüfen. In den Grenzen der §§ 6, 22 WDO ist auch Disziplinarbestrafung zulässig (Frhr. v. Richthofen 4).

§ 37
Beeinflussung der Rechtspflege

Wer es unternimmt, durch Mißbrauch seiner Befehlsbefugnis oder Dienststellung unzulässigen Einfluß auf Soldaten zu nehmen, die als Organe der Rechtspflege tätig sind, wird mit Gefängnis bestraft, soweit nicht in anderen Vorschriften eine schwerere Strafe angedroht ist.

1. Die Bestimmung soll verhindern, daß Vorgesetzte oder Dienstgradhöhere auf Soldaten, die als Organe der Rechtspflege tätig sind, durch Mißbrauch der Befehlsbefugnis oder Dienststellung einen Druck ausüben. Das MStGB enthielt im § 119 eine entsprechende Vorschrift. Dort war jedoch lediglich von einem Einfluß „auf die Rechtspflege" die Rede. Im Einklang mit der Rechtsprechung zu § 119 MStGB stellt § 37 klar, daß es sich um einen Einfluß auf „Organe", also auf die Willensbildung der an der Rechtspflege Beteiligten, handeln muß. Die Einwirkung auf andere Personen, insbesondere Zeugen, wird hier nicht erfaßt (Begr.).

2. Über „w e r" s. Anm. 1 zu § 30, über „M i ß b r a u c h" Anm. 5 zu § 32, über „B e f e h l s b e f u g n i s" und „D i e n s t s t e l l u n g" Anm. 3 und 4 zu § 32. Die Einbeziehung des Mißbrauchs der Dienststellung war notwendig, weil es das allgemeine Vorgesetztenverhältnis nicht mehr gibt (s. Anm. 1 zu § 29). Es muß, wie MinRat Neudeck im RA ausgeführt hat, möglich sein, auch dann einzuschreiten, wenn dem Soldaten, der Beisitzer bei Gericht ist, nicht der Leutnant seines eigenen Zuges, sondern ein Leutnant der Nachbarkompanie — der aber von dem Leutnant seines eigenen Zuges aufgestachelt sein kann — zuredet: Morgen wird der und der Fall bei Gericht entschieden werden; die Sache ist so und nicht anders zu entscheiden. Durch die Einbeziehung des Mißbrauchs der Dienststellung ist es aber auch möglich, gegen im Dienstrang Höhere, die es unternehmen, die Rechtspflege zu beeinflussen, selbst dann einzuschreiten, wenn sie nicht Offizier oder Unteroffizier sind und einen höheren Dienstgrad als der andere haben (vgl. § 36).

3. Unternehmen ist die Vollendung und der Versuch (§ 87 StGB).

4. „Unzulässig" ist jeder Einsatz der Autorität des Vorgesetzten oder Höheren im Dienstgrad, um die Entschlußfreiheit des als Organ der Rechtspflege tätigen Soldaten zu beeinträchtigen.

5. Als „Organ" der Rechtspflege sind nur Soldaten tätig, die als Beisitzer in den Wehrstrafgerichten oder in den Truppendienstgerichten (§ 54 WDO) oder in den Verwaltungsgerichten (vgl. § 59 SG) mitwirken oder zum Schöffen- oder Geschworenenamt berufen sind (eigene Wehrstrafgerichte können nach Art. 96 a GG nur im Verteidigungsfalle sowie gegen Angehörige der BW im Ausland und solche, die an Bord von Kriegsschiffen eingeschifft sind, tätig werden. Zur Annahme eines Schöffen- oder Geschworenenamts bedürfen die Soldaten nach § 21 SG der Genehmigung ihres Disziplinarvorgesetzten). Nicht anwendbar ist § 37 auf das Unternehmen, die richterlichen Beamten in den Wehrstraf- und Truppendienstgerichten in ihrer Rechtsprechung zu beeinflussen, weil sie nicht Soldaten sind. Hingegen genießt auch der in diesen Gerichten als Protokollführer tätige Soldat den Schutz des § 37 (MinRat Neudeck im RA).

6. Der Höchstbetrag der Gefängnisstrafe ist fünf Jahre (§ 16 Abs. 1 StGB), ihr Mindestbetrag ein Monat (§ 10 Abs. 1 Nr. 1). Der Versuch kann nach § 44 StGB milder bestraft werden, und zwar kann die Gefängnisstrafe bis auf sieben Tage ermäßigt werden. Ist aber in anderen Gesetzen eine schwerere Strafe angedroht, so ist auf diese zu erkennen. § 37 gilt also nur subsidiär, insbesondere gehen ihm die §§ 240 StGB (Nötigung) und 333 StGB (Bestechung) vor (Begr.).

§ 38
Anmaßen von Befehlsbefugnissen

Wer sich Befehlsbefugnis oder Disziplinarstrafgewalt anmaßt oder seine Befehlsbefugnis oder Disziplinarstrafgewalt überschreitet, wird mit Gefängnis oder Einschließung bis zu zwei Jahren oder mit Strafarrest bestraft, soweit die Tat nicht nach § 39 strafbar ist.

1. Die Vorschrift ist das militärische Gegenstück zu § 132 StGB, lehnt sich aber in der Ausgestaltung an § 120 MStGB an und bezieht auch den früher im § 118 MStGB (Mißbrauch der Disziplinarstrafbefugnis) geregelten Tatbestand ein (Begr.).

2. „Wer" kann im 1. Teiltatbestand (Anmaßen von Befehlsbefugnissen) ein Vorgesetzter, aber auch ein Soldat sein, der nicht Vorgesetzter ist (4, 50), während für den 2. Teiltatbestand (Überschrei-

tung der Befehlsbefugnis oder Disziplinarstrafgewalt) nur Soldaten als Täter in Frage kommen, denen Befehlsbefugnis oder Disziplinarstrafbefugnis zusteht.

3. Über „Befehlsbefugnis" s. Anm. 3 zu § 32. Sie steht außer den dort genannten Vorgesetzten nach Art. 65 a GG und den Vorschriften des SG in gewissem Umfange dem BMVtg., im übrigen dem BPr. und nach Verkündung des Verteidigungsfalles dem Bundeskanzler zu (s. Anm. 2 zu § 1).

4. „Anmaßung" einer Befehlsbefugnis kann begangen werden von einer Person, die überhaupt nicht Vorgesetzter ist, also gar keine Befehlsbefugnis besitzt, aber auch von einer Person, die an sich Vorgesetzteneigenschaft besitzt, indes im gegebenen Falle (z. B. gegenüber einer militärischen Wache) zur Befehlserteilung nicht berechtigt ist. Hingegen kann jemand, der in der vorgeschriebenen Form nach außen hin als Vorgesetzter anerkannt ist, sich der Anmaßung einer Befehlsbefugnis, außer wenn er im Einzelfalle zur Befehlserteilung nicht berechtigt ist, selbst dann nicht schuldig machen, wenn die Beförderung oder Einstufung erschlichen oder aus anderen Gründen innerlich fehlerhaft ist (RKG vom 11. 2. 1943 StPL (HLS) III 118/42); denn er bleibt so lange Vorgesetzter, bis die Vorgesetzteneigenschaft widerrufen ist (s. SG-Kom. Anm. 4 V zu § 1).

5. Anmaßung einer Strafgewalt kann sowohl durch eine Person erfolgen, die überhaupt keine Disziplinarstrafgewalt besitzt (z. B. Unteroffizier), als auch durch einen Offizier, der zwar Inhaber der Disziplinarstrafgewalt, aber zur Verhängung der Strafe im gegebenen Falle nicht zuständig ist, weil der Betreffende nicht seiner Disziplinarstrafgewalt untersteht (Rotermund 4). Maßnahmen, die ohne das Merkmal der Vergeltung dem reinen Zweck der Erziehung oder Ausbildung dienen (Disziplinarmaßnahmen), darf jeder Vorgesetzte innerhalb seines Befehlsbereichs anwenden. Er ist befugt und verpflichtet, zur Aufrechterhaltung der Mannszucht, für die er nach § 10 (2) SG verantwortlich ist, jedes Mittel anzuwenden, das nach der Sachlage zur Erreichung dieses Zwecks erforderlich und nicht durch Gesetz oder militärische Dienstvorschrift oder durch dienstlichen Befehl verboten ist oder militärischen Grundsätzen zuwiderläuft (18, 122; Dietz, WDStO S. 160). Die Meinung, daß als Ermunterungsübungen nur solche Übungen zulässig seien, die in den Rahmen des gerade angesetzten Dienstes fallen, kann nicht gebilligt werden. Sie würde dazu führen, daß die Ermunterungsübungen für einen Teil des militärischen Dienstes wegfielen, wo sie, wie beim Unterricht, angebracht sein können. Eine solche Meinung läßt sich mit dem Wesen

der Erziehungsmaßnahme und den militärischen Notwendigkeiten nicht in Einklang bringen (RKG vom 8. 2. 1938 RevL 117/37 II).

6. Beim Anmaßen einer Befehlsbefugnis der Disziplinarstrafgewalt kommt es nicht darauf an, ob die Handlung von einem Befugten hätte vorgenommen werden können; es ist z. B. auch der Unteroffizier strafbar, der einem Untergebenen eine Geldstrafe auferlegt (Begr. 40) oder ihn schriftliche „Strafarbeiten" anfertigen läßt.

7. Eine „Überschreitung" der Befehlsbefugnis oder Disziplinarstrafgewalt wird begangen von einem an sich befehlsberechtigten bzw. zur Verhängung von Disziplinarstrafen berechtigten Vorgesetzten, wenn er einem seiner Befehlsbefugnis unterworfenen Untergebenen z. B. einen Befehl erteilt, der nicht dienstlichen Zwecken dient (vgl. § 10 Abs. 4 SG), oder wenn er über einen seiner Disziplinarstrafgewalt unterworfenen Untergebenen eine den ihm gesteckten Strafrahmen überschreitende Disziplinarstrafe, insbesondere eine unverdiente oder unerlaubte, verhängt. Unverdient sind Strafen, die gegen einen unschuldigen oder in geringerem, als dem vom Disziplinarvorgesetzten behauptetem Maße schuldigen Untergebenen verhängt werden, unerlaubt Strafen, die in der WDO nicht als Strafmittel vorgesehen sind. Disziplinarmaßnahmen, die nur zu dem Zweck der Erziehung oder Ausbildung dienen (s. Anm. 5 zu § 38), können durch einen Vergeltungszweck, den sie nicht haben dürfen, die Eigenschaft einer unerlaubten Strafe annehmen (Dietz, WDStO S. 160/224).

8. Die Tat kann in ihren beiden Begehungsformen nur vorsätzlich begangen werden. Für die erste Begehungsform ist schon durch die Verwendung des Wortes „anmaßt" klargestellt, daß sich der Täter bewußt sein muß, die Befehlsbefugnis oder Disziplinarstrafgewalt nicht zu besitzen, die er in Anspruch nimmt (Begr.).

9. Die für Anmaßen und Überschreiten der Disziplinarstrafgewalt angedrohten Strafen, Gefängnis oder Einschließung von jeweils einem Monat (§ 10 Abs. 1 Nr. 1) bis zu zwei Jahren oder Strafarrest von einer Woche bis zu sechs Monaten (§ 9 Abs. 1), bei deren Auswahl die Regeln des § 11 zu beachten sind, dürfen nur verhängt werden, wenn nicht gemäß § 39 höhere Strafen verwirkt sind.

§ 39
Mißbrauch der Disziplinarstrafgewalt

(1) Ein Disziplinarvorgesetzter, der wider besseres Wissen

1. eine Disziplinarstrafe gegen einen Unschuldigen verhängt,

2. eine Disziplinarstrafe verhängt, obwohl die Verfolgung unzulässig ist,

3. zum Nachteil des Untergebenen eine Disziplinarstrafe verhängt, die nach Art oder Höhe im Gesetz nicht vorgesehen ist, oder

4. ein Dienstvergehen mit unerlaubten Maßnahmen ahndet,

wird mit Gefängnis bestraft.

(2) In besonders leichten Fällen des Absatzes 1 Nr. 3 oder 4 ist die Strafe Strafarrest.

(3) Wer wider besseres Wissen eine Disziplinarstrafe vollstreckt, die nicht vollstreckt werden darf, wird mit Gefängnis bestraft.

1. Die Vorschrift faßt unter der Bezeichnung „Mißbrauch" vier besonders bedeutsame Fälle des Überschreitens der Disziplinarstrafgewalt zusammen, die regelmäßig höher strafwürdig sind als das einfache Überschreiten (§ 38). Gemeinsam ist diesen Handlungen, daß sie im Gegensatz zum einfachen Überschreiten nur strafbar sind, wenn sie wider besseres Wissen, also mit nicht nur bedingtem Vorsatz, begangen werden. „Wider besseres Wissen" hat hier die gleiche Bedeutung wie in den §§ 164 und 187 StGB, d. h. das Vorgehen des Disziplinarvorgesetzten muß objektiv falsch sein und außerdem der klaren Kenntnis seiner Unrichtigkeit zuwiderlaufen (Rsp. 3, 357).

§ 39 ersetzt — ebenso wie § 38 — den § 336 StGB (Rechtsbeugung), dessen Anwendbarkeit dadurch, daß ihn § 48 (1) nicht aufführt, insoweit ausgeschlossen ist (Begr.).

2. Abs. 1 richtet sich nur gegen den Disziplinarvorgesetzten. Darunter ist nach § 1 (5) SG ein Vorgesetzer zu verstehen, der Disziplinarstrafgewalt über Soldaten seines Befehlsbereichs hat. Die Befugnis, Disziplinarstrafen zu verhängen und die sonst den Disziplinarvorgesetzten obliegenden Entscheidungen und Maßnahmen zu treffen (Disziplinargewalt), haben nach § 16 WDO die Offiziere, denen sie nach diesem Gesetz zusteht, und deren truppendienstliche Vorgesetzte sowie die Vorgesetzten in vergleichbaren Dienststellen, denen sie durch den BMVtg. zur Erfüllung besonderer Aufgaben verliehen wird. Oberster Disziplinarvorgesetzter ist der BMVtg. Die Disziplinarstrafgewalt der übrigen Disziplinarvorgesetzten ist durch § 17 WDO abgestuft. Durch den 1. Erlaß über die Disziplinarstrafgewalt von Offizieren vom 2. 4. 1957 (VMBl. S. 270) hat der BMVtg. auf Grund des § 17 (1) Satz 3 WDO festgestellt, welchen Offizieren die Disziplinarstrafgewalt eines Kompaniechefs, eines Bataillonskommandeurs, eines Regimentskommandeurs und welchen sie kraft ihres Dienstgrades zusteht.

3. Abs. 1 Nr. 1 regelt den Fall, daß der Disziplinarvorgesetzte eine Disziplinarstrafe gegen einen Unschuldigen verhängt, d. h. gegen einen Untergebenen, dessen Unschuld ihm bekannt ist (vgl. § 344 StGB).

I. „Unschuldig" ist nicht nur, wer die ihm zur Last gelegte Tat nicht begangen hat, sondern auch wer sich mit Recht auf einen Rechtfertigungs- oder Schuldausschließungsgrund (z. B. Notwehr, Notstand) berufen kann (Frhr. v. Richthofen 1).

II. „Verhängt" wird eine Disziplinarstrafe durch die dienstliche Bekanntgabe der schriftlich festgelegten Strafformel an den Beschuldigten (§ 25 Abs. 2 und 3 WDO). Der Disziplinarvorgesetzte kann eine von ihm verhängte Disziplinarstrafe nicht mehr aufheben oder ändern (§ 25 Abs. 5 WDO), sondern hat die Aufhebung der Strafe bei der Stelle zu beantragen, die im Falle der Beschwerde zuständig wäre, wenn er der Auffassung ist, daß er einen unschuldigen oder nicht nachweisbar schuldigen Untergebenen bestraft hat oder daß die Tat nicht strafwürdig war (§ 31 Abs. 1 und 4 WDO). Einem Strafzwang unterliegt er nicht (§ 7 Abs. 1 WDO).

4. Abs. 1 Nr. 2 betrifft den Fall, daß die Verfolgung eines Disziplinarverstoßes unzulässig ist, also namentlich wegen Verjährung (Begr.), die im allgemeinen drei Monate nach der Tat eintritt (§ 7 Abs. 2 WDO).

5. Abs. 1 Nr. 3 regelt den Fall, daß der Täter eine Disziplinarstrafe verhängt, die das G nach Art oder Höhe nicht kennt, z. B. Gefängnis oder vier Wochen Arrest, obwohl dessen Höchstdauer nach § 15 (2) WDO drei Wochen beträgt und er erst verhängt werden darf, nachdem der Richter die Arreststrafe ihrer Art und Dauer nach für rechtmäßig erklärt hat (§ 28 Abs. 1 WDO). Zulässige (einfache) Disziplinarstrafen, die der Disziplinarvorgesetzte verhängen kann, sind nach § 6 (1) WDO Verweise, strenger Verweis, Soldverwaltung, Geldbuße, Ausgangsbeschränkung und Arrest, letzteren jedoch nur unter Mitwirkung des Richters (s. den vorhergehenden Satz).

6. Abs. 1 Nr. 4 betrifft den Fall, daß der Disziplinarvorgesetzte von der Verhängung einer Disziplinarstrafe absieht, wozu er nach § 7 (1) WDO berechtigt ist, jedoch aus Anlaß des Disziplinarverstoßes zu Maßnahmen greift, deren Auferlegung zu dem angestrebten Zweck als verwerflich anzusehen ist (Begr.), z. B. schriftliche „Strafarbeiten", Nachexerzieren mit Vergeltungscharakter, durch den es zum unerlaubten Strafexerzieren wird (vgl. SG-Kom. Anm. 2 zu § 10). Zulässig sind Disziplinarmaßnahmen unter den in Anm. 5 zu § 38 genannten Voraussetzungen.

7. Auf Gefängnis kann von einem Monat (§ 10 Abs. 1 Nr. 1) bis zu fünf Jahren (§ 16 Abs. 1 StGB) erkannt werden.

8. Abs. 2 läßt nur in besonders leichten Fällen der Nummern 3 und 4 des Abs. 1 auch Strafarrest zu, weil insoweit Fälle mit geringer Schuld denkbar sind (Begr.). Über „besonders leichte Fälle" s. Anm. 7 zu § 25. Das Höchstmaß des Strafarrestes ist sechs Monate, das Mindestmaß eine Woche (§ 9 Abs. 1).

9. Abs. 3 geht als Sonderbestimmung dem im § 48 (1) mitaufgeführten § 345 StGB (unzulässige Vollstreckung) insoweit vor, als es sich um die Vollstreckung von Disziplinarstrafen handelt. Ausgeschlossen ist auch die Strafbarkeit wegen fahrlässiger Begehung nach § 345 Abs. 2 (Begr.). Die Unzulässigkeit der Vollstreckung kann sich namentlich aus der Verjährung (§ 41 WDO) ergeben.

I. Einfache Disziplinarstrafen vollstreckt der nächste Disziplinarvorgesetzte. Wird die Strafe von einer anderen Stelle verhängt, so ersucht diese den nächsten Disziplinarvorgesetzten um die Vollstreckung. Der nächste Disziplinarvorgesetzte hat auch einfache Disziplinarstrafen, die im disziplinargerichtlichen Verfahren verhängt sind, auf Ersuchen des Wehrdisziplinaranwalts zu vollstrecken (§ 107 Abs. 1 WDO). Abs. 3 ist sowohl auf den zur Vollstreckung von Disziplinarstrafen berufenen Vorgesetzten anwendbar als auch auf andere Vorgesetzte, die auf Grund einer angemaßten Zuständigkeit Disziplinarstrafen wider besseres Wissen vollstrecken lassen, die vom zuständigen Disziplinarvorgesetzten verhängt worden sind, aber nach Abs. 1 Nr. 1 bis 3 nicht vollstreckt werden dürfen.

II. Auf Gefängnis kann auch nach Abs. 3 von einem Monat (§ 10 Abs. 1 Nr. 1) bis zu fünf Jahren (§ 16 Abs. 1 StGB) erkannt werden.

§ 40
Unterlassene Mitwirkung bei Strafverfahren

Wer seiner Pflicht als Vorgesetzter zuwider es unterläßt, den Verdacht, daß ein Untergebener eine als Verbrechen oder Vergehen mit Strafe bedrohte Handlung begangen hat, zu melden oder zu untersuchen oder eine solche Sache an die Strafverfolgungsbehörde abzugeben, um den Untergebenen der im Gesetz vorgesehenen Strafe oder Maßregel der Sicherung und Besserung zu entziehen, wird mit Gefängnis oder Einschließung bis zu drei Jahren oder mit Strafarrest bestraft.

1. Der Disziplinarvorgesetzte (s. Anm. 2 zu § 39) hat, wenn gegen einen Untergebenen der Verdacht aufkommt, sich eines Dienstvergehens (§ 23 SG) schuldig gemacht zu haben, zu prüfen, ob der

Fall nach § 6 WDO disziplinar erledigt werden kann, und hat, wenn Zweifel über die Täterschaft, die Schuld oder das Maß der Strafwürdigkeit bestehen, den Sachverhalt durch mündliche oder schriftliche Verhandlungen aufzuklären (§ 21 WDO). Stellt sich hierbei heraus, daß das Dienstvergehen eine strafgerichtlich zu verfolgende Handlung ist oder ist dies zweifelhaft, so ist die Sache an die zuständige Strafverfolgungsbehörde (gewöhnlich die Staatsanwaltschaft) abzugeben (§ 22 Abs. 1 WDO). Das hat auch dann zu geschehen, wenn die Straftat unzulässigerweise bereits disziplinar geahndet worden ist (§ 22 Abs. 4 WDO).

I. Die Unterlassung der Abgabe an die Strafverfolgungsbehörde, aber auch die Unterlassung der Meldung und der Untersuchung bedroht § 40, der zum Schutze des inneren Gefüges der Truppe dient (Gutachter Dr. Grünewald im RA), mit Strafe, wenn

a) der Verdacht besteht, daß der Untergebene eine als Verbrechen oder Vergehen (§ 1 Abs. 1 und 2 StGB) bedrohte Handlung begangen hat,

b) die Abgabe usw. unterlassen wird, um den Untergebenen der im Gesetz vorgesehenen Strafe oder Maßregel der Sicherung und Besserung zu entziehen, d. h. mit der Absicht der Entziehung, so daß weder Eventualdolus noch bestimmter Vorsatz genügen (MinDir. Dr. Schafheutle im RA).

II. Dem § 40 sind aber nicht nur Disziplinarvorgesetzte unterworfen, wenn er sie auch in erster Reihe betrifft (Frh. v. Richthofen 1); es können nach dieser Vorschrift auch andere Vorgesetzte zur Verantwortung gezogen werden, so die übrigen Offiziere und Unteroffiziere der Kompanie oder einer entsprechenden Einheit und die Unteroffiziere, die nach § 4 VorgVO (abgedruckt im Anhang S. 146)). Befehlsbefugnis besitzen, und die Soldaten, denen andere Soldaten durch einen Vorgesetzten für eine bestimmte Aufgabe vorübergehend unterstellt worden sind (§ 5 VorgVO). Erlangen sie vom Verdacht, daß einer ihrer (dauernden oder zeitweiligen) Untergebenen ein Verbrechen oder Vergehen begangen habe, Kenntnis, so haben sie die Pflicht, das zu melden (über „Meldung" s. Anm. 2 II b zu § 35).

III. Übertretungen sind von der Pflicht der Meldung, Untersuchung und Abgabe der Sache an die Strafverfolgungsbehörde nicht ausgenommen, obwohl ihre Verfolgung nach § 153 (1) StPO nur geboten ist, wenn es das öffentliche Interesse erfordert. Die Entscheidung darüber kann der Vorgesetzte nicht selbst treffen, sondern muß sie der Strafverfolgungsbehörde überlassen. Gibt aber der Vorgesetzte der Strafverfolgungsbehörde von dem gegen einen Untergebenen entstandenen Verdacht, eine Übertretung (§ 1 Abs. 3 StGB) verübt zu haben, keine Kenntnis oder unterläßt er ihre Meldung oder Untersuchung, so findet § 40 keine Anwendung; der Vorgesetzte kann aber wegen solchen Verhaltens disziplinar bestraft werden (Frhr. v. Richthofen 3).

IV. § 40 gilt nicht für Soldaten, die vermöge ihrer Dienststellung zur Mitwirkung bei einem Strafverfahren oder bei der Vollstreckung einer Strafe oder Maßregel der Sicherung und Besserung berufen sind und wissentlich jemanden der im Gesetz vorgesehenen Strafe oder Maßregel entziehen. Soldaten, deren primäre Aufgabe die Verfolgung von Straftaten ist, sind die Feldjäger. Auf sie ist § 346 StGB (Begünstigung im Amte) vermöge § 48 (1) StGB anzuwenden, nicht aber auf die oben unter I und II genannten Vorgesetzten, wenn sie auf den Verdacht hin, daß ein Untergebener ein Verbrechen oder Vergehen begangen habe, nichts veranlassen oder sich mit einer (unzulässigen) disziplinaren Ahndung begnügen. Denn ihre Hauptaufgabe ist nicht die Verfolgung von Straftaten, sondern ihnen obliegen in erster Reihe truppendienstliche und sonstige militärische Pflichten (Gutachter Dr. Grünewald und Abg. Haasler im RA).

Für die Entziehung der Strafvollstreckung, die zweite Gruppe von Fällen, für die § 346 StGB gilt, kommt vermöge § 48 (1) jeder Soldat als Täter in Betracht, der bei der Vollstreckung einer Strafe oder einer Maßregel der Sicherung oder Besserung auf Grund seiner Dienststellung mitzuwirken hat, z. B. der Disziplinarvorgesetzte, der nach §§ 34 (1), 107 (1) WDO verpflichtet ist, von einer anderen Stelle verhängte Disziplinarstrafen auf deren Ersuchen und einfache Disziplinarstrafen, auf die im disziplinargerichtlichen Verfahren erkannt worden ist, auf Ersuchen des Wehrdisziplinarsanwalts zu vollstrecken. Unterläßt er die Vollstreckung nicht nur, sondern schafft er das Vollstreckungsersuchen beiseite, so kann er vermöge § 48 (1) auch nach § 348 (2) StGB zur Verantwortung gezogen werden.

2. Über „Untergebenen" s. Anm. 1 zu § 19.

3. Ein „Gesetz", in dem eine Strafe vorgesehen ist, ist außer dem StGB, den strafrechtlichen Nebengesetzten und dem WStG auch die WDO, wobei freilich nicht übersehen werden darf, daß der Disziplinarvorgesetzte keinem Strafzwang unterliegt (§ 7 Abs. 1 WDO).

„Maßregeln der Sicherung und Besserung" sind nach § 42 a StGB: Unterbringung in einer Heil- und Pflegeanstalt, Unterbringung in einer Trinkerheilanstalt oder einer Entziehungsanstalt, Unterbringung in einem Arbeitshaus, Sicherungsverwahrung,

Untersagung der Berufsausübung und Entziehung der Erlaubnis zum Führen von Kraftfahrzeugen.

4. Das Mindestmaß der Gefängnisstrafe und der Einschließung beträgt jeweils einen Monat (§ 10 Abs. 1 Nr. 1). Auf Strafarrest kann von einer Woche bis zu sechs Monaten erkannt werden (§ 9 Abs. 1). Die Wahlregeln des § 11 sind zu beachten.

§ 41
Mangelhafte Dienstaufsicht

(1) Wer es vorsätzlich unterläßt, Untergebene pflichtgemäß zu beaufsichtigen oder beaufsichtigen zu lassen, und dadurch eine schwerwiegende Folge (§ 2 Nr. 3) herbeiführt, wird mit Gefängnis bestraft. Der Versuch ist strafbar.

(2) Wer im Falle des Absatzes 1 die schwerwiegende Folge fahrlässig herbeiführt, wird mit Gefängnis oder Einschließung bis zu zwei Jahren oder mit Strafarrest bestraft.

(3) Wer die Aufsichtspflicht leichtfertig verletzt und dadurch wenigstens fahrlässig eine schwerwiegende Folge herbeiführt, wird mit Gefängnis oder Einschließung bis zu sechs Monaten oder mit Strafarrest bestraft.

(4) Die Absätze 1 bis 3 sind nicht anzuwenden, soweit in anderen Vorschriften eine schwerere Strafe angedroht ist.

1. Verstöße gegen die Aufsichtspflicht der Vorgesetzten werden regelmäßig disziplinar ausreichend geahndet werden können. Im Gegensatz zu § 147 MStGB stellt § 41 daher nur solche Fälle unter gerichtliche Strafe, bei denen eine disziplinare Ahndung grundsätzlich nicht ausreichend ist. Das sind die Fälle, in denen durch die mangelhafte Aufsicht eine schwerwiegende Folge herbeigeführt wird (vgl. § 2 Nr. 3). Durch die Fassung ist im übrigen klargestellt, daß auch die mittelbare Aufsichtspflicht erfaßt wird (Begr.).

2. Über „wer" s. Anm. 1 zu § 30, über „Untergebene" Anm. 1 zu § 19, über „vorsätzlich" Anm. 6 zu § 15.

3. Der Vorgesetzte hat nach § 10 (2) SG die Pflicht zur Dienstaufsicht. Damit ist nicht allein die Pflicht zur Überwachung der Untergebenen gemeint, also zur Aufsicht, um das Begehen von Pflichtverletzungen oder gar Straftaten zu verhindern; die Dienstaufsichtspflicht hat auch den Charakter der Fürsorge, der Vorgesetzte hat durch seine Aufsicht zu verhüten, daß seine Untergebenen

zu Schaden kommen (s. SG-Kom. Anm. 2 zu § 10). Für die den Vorgesetzten hiernach treffende Verantwortung können nicht nach Belieben Grenzen gezogen werden; vielmehr gilt als unverrückbar feststehender Grundsatz, daß die Verantwortlichkeit des Vorgesetzten für den jeweiligen Befehlsbereich eine umfassende ist, die nur in der im einzelnen Falle sich aus den tatsächlichen Verhältnissen ergebenden Unmöglichkeit ihre Grenze findet (1, 129/131; 4, 289; vgl. Burkhardt, Zum Umfange der Aufsichtspflicht des militärischen Vorgesetzten, ZWehrR VII S. 513).

4. Über „schwerwiegende Folgen" (§ 2 Nr. 3) s. Anm. 3 zu § 2, über „herbeiführen" Anm. 5 zu § 19.

5. Auf Gefängnis kann von einem Monat (§ 10 Abs. 1 Nr. 1) bis zu fünf Jahren (§ 16 Abs. 1 StGB) erkannt werden; bei Versuch, den ebenfalls mit Strafe zu bedrohen das Maß der Verwerflichkeit der Tat notwendig macht (Begr.), kann die Strafe bis auf sieben Tage Gefängnis ermäßigt werden (§ 44 StGB). An die Stelle von Gefängnis tritt bei der Bestrafung des Versuchs Strafarrest, wenn auf weniger als einen Monat Freiheitsstrafe erkannt wird (§ 10 Abs. 1 Nr. 3). Versuch wird in erster Reihe in den Fällen vorliegen, in denen es zu einer Gefährdung noch nicht gekommen ist (Begr.).

6. Auch die fahrlässige Herbeiführung einer schwerwiegenden Folge — Abs. 2 — setzt eine vorsätzliche Unterlassung der Aufsichtspflicht voraus. Über Fahrlässigkeit s. Anm. 7 zu § 15. Während nach Abs. 1 der Eintritt der schwerwiegenden Folge vom Vorsatz umfaßt sein muß, genügt für die Bestrafung nach Abs. 2, daß der vorsätzlich pflichtwidrig handelnde Vorgesetzte die Sorgfalt nicht angewendet hat, zu der er nach den Umständen und nach seinen persönlichen Verhältnissen verpflichtet und imstande war, so daß er nicht voraussieht, daß eine schwerwiegende Folge eintreten könne, oder, obwohl er dies für möglich hält, darauf vertraut, daß es nicht geschehen werde.

Das Mindestmaß der Gefängnisstrafe und der Einschließung ist nach Abs. 2 ein Monat (§ 10 Abs. 1 Nr. 1). Auf Strafarrest kann unter Beachtung der Wahlregeln des § 11 von einer Woche bis zu sechs Monaten erkannt werden (§ 9 Abs. 1).

7. § 41 **Abs. 3** ist ebenso wie § 21 ein zweiaktiges Delikt; s. hierzu und über Leichtfertigkeit Anm. 2 zu § 21.

Die nach Abs. 3 zulässigen Strafen sind Gefängnis oder Einschließung von jeweils einem Monat (§ 10 Abs. 1 Nr. 1) bis zu sechs Monaten oder Strafarrest von einer Woche bis zu sechs Monaten (§ 9 Abs. 1). Die Wahlregeln des § 11 sind zu beachten.

8. Nach **Abs. 4** gelten die Absätze 1 bis 3 nur subsidiär. Ebenso wie in den Fällen der §§ 32 und 37 besteht keine Veranlassung, sie anzuwenden, wenn die Tat in anderen Vorschriften mit schwererer Strafe bedroht ist. Soweit es sich um das wissentliche Geschehenlassen strafbarer Handlungen von Untergebenen handelt (§ 357 StG), findet § 41 jedoch Anwendung, weil jene Vorschrift durch § 48 WStG ausgeschlossen ist (Begr.).

Vierter Abschnitt

Straftaten gegen andere militärische Pflichten

§ 42

Unwahre dienstliche Meldung

(1) Wer vorsätzlich

1. in einer dienstlichen Meldung oder Erklärung unwahre Angaben über Tatsachen von dienstlicher Bedeutung macht,

2. eine solche Meldung weitergibt, ohne sie pflichtgemäß zu berichtigen, oder

3. eine dienstliche Meldung unrichtig übermittelt

und dadurch eine schwerwiegende Folge (§ 2 Nr. 3) herbeiführt, wird mit Gefängnis oder Einschließung bestraft. Der Versuch ist strafbar.

(2) Wer im Falle des Absatzes 1 die schwerwiegende Folge fahrlässig herbeiführt, wird mit Gefängnis oder Einschließung bis zu drei Jahren oder mit Strafarrest bestraft.

(3) Wer im Falle des Absatzes 1 leichtfertig handelt und die schwerwiegende Folge wenigstens fahrlässig herbeiführt, wird mit Gefängnis oder Einschließung bis zu einem Jahr oder mit Strafarrest bestraft.

1. Auf die Richtigkeit dienstlicher Meldungen und Erklärungen muß sich die militärische Führung verlassen können. Ein entsprechender Strafschutz ist daher unentbehrlich (Begr.).

Mit „wer“ ist hier jeder Soldat gemeint, über „vorsätzlich“ s. Anm. 6 zu § 15.

2. **Abs. 1 Nr. 1** behandelt den Regelfall, daß der Täter die Meldung oder Erklärung selbst abgibt (Begr.).

Über „Meldung“ s. Anm. 2 II b zu § 35. Der Begriff „Erklärung“ ersetzt den im § 139 MStGB gebrauchten Ausdruck „Dienstzeugnis“ und bedeutet Darstellung oder Behauptung einer Tatsache (3, 219).

Eine „Meldung“ darf nach § 13 (2) SG nur gefordert werden, wenn der Dienst dies rechtfertigt. Es ist mit der militärischen Disziplin und mit der Stellung des militärischen Vorgesetzten unvereinbar, dem Untergebenen die Pflicht zur Meldung strafbarer Handlungen eines militärischen Vorgesetzten aufzuerlegen, außer in den Fällen, in denen eine Anzeigepflicht gesetzlich begründet ist, wie im § 138 StGB und im § 43 WStG. Es widerspricht den militärischen Grundsätzen, den Untergebenen zu verpflichten, das Verhalten und die Handlungen seines militärischen Vorgesetzten in strafrechtlicher Hinsicht zu prüfen, weil das zwangsläufig zu einer die Mannszucht untergrabenden Beschnüffelung des Vorgesetzten führen würde; RKG vom 20. 1. 1943 StPL (HLS) II 118/42. In der durch die §§ 6—8 der Soldatenurlaubs-VO vom 20. 5. 1957 (BGBl. I S. 530) begründeten Verpflichtung, bei Beantragung eines „Sonderurlaubs“ das Gesuch mit Tatsachen zu belegen, liegt die Verpflichtung, eine dienstliche Meldung abzustatten (RKG 1, 33). Wer eine solche Meldung einer dienstlichen Verpflichtung gemäß zu erstatten hat, muß die Wahrheit melden. Das ergibt sich aus § 13 (1) SG, wonach der Soldat in dienstlichen Angelegenheiten die Wahrheit sagen muß. Bei Vernehmungen, die zur Klärung eines strafbaren Sachverhalts angestellt werden, gilt für den Soldaten wie für jeden Staatsbürger, daß er sich nicht selbst zu belasten braucht (10, 157); dabei soll er zwar auch nicht lügen, aber ein Abweichen von der Wahrheit enthält keine Dienstpflichtverletzung, erst recht keine nach Abs. 1 strafbare Handlung.

Die „dienstliche Bedeutung“ einer Tatsache kann durch eine allgemeine Dienstvorschrift, durch besonderen Befehl des zuständigen Vorgesetzten, aber auch durch die Lage im allgemeinen und im besonderen Falle begründet werden. Der Vorsatz desjenigen, der etwas unwahres meldet oder erklärt, muß das Bewußtsein in sich schließen, daß es sich um Tatsachen von dienstlicher Bedeutung handelt.

3. **Abs. 1 Nr. 2** erfaßt die Weitergabe einer unrichtigen Meldung ohne Berichtigung (Begr.). Verlangt wird, daß die Weitergabe zu den besonderen dienstlichen Obliegenheiten des verpflichteten Vorgesetzten gehört, der mit der Weitergabe keine bloße Botentätigkeit ausübt, sondern mit ihr eine eigene Verantwortung für die Richtigkeit des Inhalts der Meldung übernimmt (Romen-Rissom Anm. 7 a zu § 139). Ist diese Voraussetzung gegeben, so ist der Vorgesetzte, der die Unrichtigkeit einer von einem Untergebenen erstatteten Meldung erkennt, berechtigt und verpflichtet, sie richtigzustellen, bevor er sie weitergibt (Reg.-Dir. Dr. Lackner im RA).

4. **Abs. 1 Nr. 3** handelt vom unrichtigen Übermitteln einer Meldung. Der Fall unterscheidet sich von dem der Nr. 2 dadurch, daß es hier nicht auf die sachliche Richtigkeit oder Unrichtigkeit der Meldung ankommt; geschützt werden soll vielmehr ihre inhaltsgetreue Wiedergabe. Die Vorschrift wendet sich also an Soldaten, denen nur diese Pflicht, nicht aber eine Berichtigung obliegt; gedacht ist dabei in erster Reihe an das militärische Nachrichtenpersonal (Begr.).

5. Über „schwerwiegende Folgen" (§ 2 Nr. 3) s. Anm. 3 zu § 2, über „herbeiführen" Anm. 5 zu § 19.

6. Auf Gefängnis oder Einschließung kann unter Beachtung der Wahlregel des § 11 (2) jeweils von einem Monat (§ 10 Abs. 1 Nr. 1) bis zu fünf Jahren (§ 16 Abs. 1 StGB) erkannt werden; bei Versuch, der wegen des Gewichts der Tat auch unter Strafe gestellt ist (Begr.), kann die Strafe bis auf sieben Tage Gefängnis oder Einschließung ermäßigt werden (§ 44 StGB). An die Stelle von Gefängnis und Einschließung tritt bei der Bestrafung des Versuchs Strafarrest, wenn auf weniger als einen Monat Freiheitsstrafe erkannt wird (§ 10 Abs. 1 Nr. 3).

7. Auch die fahrlässige Herbeiführung einer schwerwiegenden Folge Abs. 2 — setzt die vorsätzliche Erstattung oder Weitergabe einer unwahren dienstlichen Meldung oder Erklärung oder die vorsätzlich unrichtige Übermittlung einer dienstlichen Meldung voraus. Über Fahrlässigkeit s. Anm. 7 zu § 15. Während nach Abs. 1 der Eintritt der schwerwiegenden Folge vom Vorsatz umfaßt sein muß, genügt für die Bestrafung nach Abs. 2, daß der vorsätzlich pflichtwidrig handelnde Soldat die Sorgfalt nicht anwendet, zu der er nach den Umständen und nach seinen persönlichen Verhältnissen verpflichtet und imstande war, so daß er nicht voraussieht, daß eine schwerwiegende Folge eintreten könne, oder, obwohl er dies für möglich hält, darauf vertraut, daß es nicht geschehen werde.

Das Mindestmaß der Gefängnisstrafe und der Einschließung ist nach Abs. 2 ein Monat (§ 10 Abs. 1 Nr. 1). Auf Strafarrest kann unter Beachtung der Wahlregeln des § 11 von einer Woche bis zu sechs Monaten erkannt werden (§ 9 Abs. 1).

8. **Abs. 3** ist ebenso wie § 21 ein zweiaktiges Delikt; s. hierzu und über Leichtfertigkeit Anm. 2 zu § 21.

Die nach Abs. 3 zulässigen Strafen sind Gefängnis oder Einschließung von jeweils einem Monat (§ 10 Abs. 1 Nr. 1) bis zu einem Jahr oder Strafarrest von einer Woche bis zu sechs Monaten (§ 9 Abs. 1). Die Wahlregeln des § 11 sind zu beachten.

§ 43
Unterlassene Meldung

(1) Wer von dem Vorhaben oder der Ausführung einer Meuterei (§ 27) oder einer Sabotage (§ 109 e Abs. 1 des Strafgesetzbuches) zu einer Zeit, zu der die Ausführung oder der Erfolg noch abgewendet werden kann, glaubhaft erfährt und es vorsätzlich unterläßt, unverzüglich Meldung zu machen, wird mit Gefängnis oder Einschließung bis zu drei Jahren oder mit Strafarrest bestraft.

(2) § 139 des Strafgesetzbuches gilt entsprechend.

1. Das MStGB enthielt besondere Strafbestimmungen für die Nichtanzeige eines Kriegsverrats (§ 60), einer Fahnenflucht (§ 77) und einer Meuterei (§ 104), worunter es die jetzt im § 28 WStG als Verabredung zur Unbotmäßigkeit behandelte Straftat verstand. Das WStG hält es für entbehrlich, in Friedenszeiten auch die unterlassene Meldung des Vorhabens einer Fahnenflucht unter gerichtliche Strafe zu stellen, und beschränkt sich darauf, das Vorhaben der Meuterei i.S. des § 27 WStG und der Sabotage (§ 109 e Abs. 1 StGB) zu erfassen. Es will sonst über die durch § 138 StGB geschaffene Anzeigepflicht hinaus keinen Soldaten zwingen, einen anderen anzuzeigen. Vorschriften dieser Art lassen sich nach der in der Begr. vertretenen Auffassung, wenn auch der andere Soldat ist, „ihrem Wesen nach mit dem Gedanken der Kameradschaft nur schwer vereinen und müssen daher auf das Notwendigste beschränkt werden".

2. Unter „w e r" ist hier jeder Soldat zu verstehen.

3. § 109 e (1) StGB lautet:

> Wer vorsätzlich ein Wehrmittel oder eine Einrichtung oder Anlage, die ganz oder vorwiegend der Landesverteidigung oder dem Schutz der Zivilbevölkerung gegen Kriegsgefahren dient, unbefugt zerstört, beschädigt, verändert, unbrauchbar macht oder beseitigt und dadurch die Sicherheit der Bundesrepublik Deutschland, die Schlagkraft der Truppe oder Menschenleben gefährdet, wird mit Gefängnis nicht unter drei Monaten bestraft.

„W e h r m i t t e l" ist alles, was den Zwecken der Kriegführung bei Angriff oder Verteidigung dient, z. B. Waffen, Panzerwagen, Flugzeuge, Benzin, und zwar ohne Unterschied, ob diese Angriffs- oder Verteidigungsmittel im Fronteinsatz, für den Nachschub oder in der Heimat verwendet werden sollen; RKG vom 31. 3. 1943 StPL (HLS) IV 19/43.

Bei der „Einrichtung oder Anlage", die ganz oder vorwiegend der Landesverteidigung oder dem Schutz der Zivilbevölkerung gegen Kriegsgefahren dient, braucht es sich nicht um eine im Eigentum des Bundeswehrfiskus stehende Einrichtung oder Anlage zu handeln. Gegenstand der Sabotage können z. B. auch städtische Luftschutzbunker sein; auch Einrichtungen und Anlagen der verbündeten Truppen in der Bundesrepublik werden durch § 109 e geschützt.

4. Das „Vorhaben" erfordert nicht, daß mit der Vorbereitung der Straftat schon begonen ist oder daß sie unter gewissen Bedingungen stattfinden soll (RGSt. 60, 254). Der Soldat muß aber die Tat auch melden, wenn er von ihr glaubhaft erst erfährt, nachdem ihre Ausführung bereits begonnen hat; die Anzeigepflicht entfällt erst dann, wenn sich der Erfolg nicht mehr abwenden läßt (Begr.).

5. „Glaubhafte" Kenntnis hat der Täter dann nicht erhalten, wenn er den Nachrichten, die an ihn gelangt sind, keinen Glauben schenkt, und es trifft ihn dann auch keine Meldepflicht (GoltdArch. 42, 394). Immerhin wird von dem Soldaten — ebenso wie von einem Beamten — eine gesteigerte Prüfungspflicht zu erwarten sein.

6. Über „vorsätzlich" s. Anm. 6 zu § 15. Im Gegensatz zu § 138 StGB, der eine Anzeige gegenüber der Behörde oder dem Bedrohten verlangt und damit eine rechtzeitige Anzeige fordern muß, verlangt § 43 lediglich die dienstliche Meldung, die unverzüglich, also ohne schuldhafte Verzögerung, zu erstatten ist. Eine nur aus Fahrlässigkeit unterlassene Meldung sieht das WStG nur als Disziplinarverstoß an, auch wenn es sich um ein leichtfertiges Unterlassen handelt. Zur Klarstellung fordert Abs. 1 daher ausdrücklich vorsätzliche Begehung der Tat (Begr.).

Über „Meldung" s. Anm. 2 II b zu § 35.

7. Die Strafe ist Gefängnis oder Einschließung von einem Monat (§ 10 Abs. 1 Nr. 1) bis zu drei Jahren oder Strafarrest von einer Woche bis zu sechs Monaten (§ 9 Abs. 1). Die Wahlregeln des § 11 sind zu beachten.

8. § 139 StGB, der nach **Abs. 2** entsprechend gilt, lautet, soweit er hier überhaupt in Betracht kommt:

> Ist die Tat nicht versucht worden, so kann von Strafe abgesehen werden.
> Wer eine Anzeige unterläßt, die er gegen einen Angehörigen (§ 52) erstatten müßte, ist straffrei, wenn er sich ernstlich bemüht hat, ihn von der Tat abzuhalten oder den Erfolg abzuwenden. Straffrei ist,

wer die Ausführung oder den Erfolg der Tat anders als durch Anzeige abwendet. Unterbleibt die Ausführung oder der Erfolg der Tat ohne Zutun des zur Anzeige Verpflichteten, so genügt zu seiner Straflosigkeit sein ernstliches Bemühen, den Erfolg abzuwenden.

Auf Anm. 2 zu § 28 darf verwiesen werden.

§ 44
Wachverfehlung

(1) Wer vorsätzlich im Wachdienst

1. sich außerstande setzt, seinen Dienst zu versehen,

2. seinen Posten verläßt oder

3. Befehle nicht befolgt, die für den Wachdienst gelten,

und dadurch eine schwerwiegende Folge (§ 2 Nr. 3) herbeiführt, wird mit Gefängnis oder Einschließung oder mit Strafarrest nicht unter zwei Wochen bestraft. Der Versuch ist strafbar.

(2) In besonders schweren Fällen ist die Strafe Zuchthaus bis zu zehn Jahren.

(3) Wer in den Fällen des Absatzes 1 die schwerwiegende Folge fahrlässig herbeiführt, wird mit Gefängnis, Einschließung oder Strafarrest bestraft.

(4) Wer in den Fällen des Absatzes 1 fahrlässig handelt und die schwerwiegende Folge wenigstens fahrlässig herbeiführt, wird mit Gefängnis oder Einschließung bis zu zwei Jahren oder mit Strafarrest bestraft.

(5) Wird ein Befehl nicht befolgt, so gilt § 22 entsprechend.

1. Die erhöhte Verantwortung, die mit dem Wachdienst verbunden ist, verlangt eine erhöhte Gewähr dafür, daß die übernommenen Pflichten ordnungsmäßig wahrgenommen werden (Begr.). Im Frieden wie im Falle eines bewaffneten Einsatzes ist der Wachposten, wie MinRat Neudeck im RA ausgeführt hat, schlechthin verantwortlich für die Sicherheit seiner Kameraden oder der von ihm bewachten Sachgüter. Es gibt keine wichtigere Pflicht für den Soldaten, und auf keine wird er auch ernster hingewiesen, als die des Wachdienstes. Man kann nach der von MinRat Neudeck vorgetragenen Auffassung des Bundesministeriums für Verteidigung geradezu davon sprechen, daß der Soldat für die „Heiligkeit“ der Pflichten des Wachdienstes erzogen werde. Um so erstaunlicher ist, daß das WStG keine dem Schutz der

Wachen und Posten dienende, dem § 111 MStGB entsprechende Vorschrift als Ergänzung und Gegenstück zu den Strafdrohungen gegen Wachverfehlungen im § 44 enthält. Das ist nicht nur unlogisch, sondern bedeutet auch eine Gefahr für die Sicherheit der Bundesrepublik.

2. Der „W a c h d i e n s t" beginnt mit der V e r g a t t e r u n g durch den Offizier vom Dienst, in Ausnahmefällen durch den Wachhabenden, und endet bei Ablösung durch eine neue Wache mit der durchgeführten Ablösung oder, falls keine Ablösung durch eine neue Wache erfolgt, auf Befehl des Offiziers vom Dienst oder seiner Wachvorgesetzten (ZDv. 10/6). Jedoch ist die „Vergatterung" in der dafür vorgeschriebenen Form keine wesentliche Voraussetzung für den Eintritt der Eigenschaft der zum Wachdienst befohlenen Soldaten als militärische Wache i.S. des § 44 (20, 183).

I. Der Wachdienst wird versehen a n L a n d von Standortwachen, die der Standortkommandant oder Standortälteste einteilt, und von Kasernenwachen, die vom Kasernenkommandanten zur Bewachung und Sicherung des Kasernenbereichs und aller dazu gehörenden Personen, Waffen, Geräte, Gebäude, Anlagen und Einrichtungen eingeteilt werden, a n B o r d von Schiffswachen und Bereitschaftswachen. Für sie gelten einstweilen die einschlägigen Abschnitte der „Bestimmungen für den Dienst an Bord" (MDv. Nr. 49) weiter.

Die S c h i f f s w a c h e steht im Hafen und in See dem Wachhabenden Offizier zur Bedienung und Sicherung des Schiffes, zur Durchführung der allgemeinen und besonderen Tagesdienstpläne und zur Handhabung der Schiffsordnung zur Verfügung. Die zur Schiffswache gehörenden Soldaten gelten als „im Dienst" befindlich (s. Anm. 3 zu § 23). Von ihnen haben die Eigenschaft einer militärischen Wache im Sinne des § 43: a) Der Wachhabende Offizier, der Leutnant der Wache, der Fähnrich der Wache, der Bootsmannsmaat der Wache, die Wachhabenden unter Deck, der Fallreepsgefreite, b) diejenigen Posten der Schiffswache, die nach ihrer Dienstanweisung als Posten im Sinne des § 43 anzusehen sind, c) die zur Bereitschaftswache gehörenden Soldaten in Ausübung des ihnen obliegenden Dienstes (s. nachstehend). Folgende Schiffsposten sind stets als Posten im Sinne des § 43 anzusehen: Posten Kajüte, Posten Back, Posten vor dem Schiff, Posten Arrest (DaB III, 76, 79, 142). Die nicht auf Posten, Wache usw. befindlichen Angehörigen der seemännischen und technischen Wachdivisionen stehen im Bedarfsfalle dem Wachhabenden Offizier und dessen Vorgesetzten als B e r e i t s c h a f t s w a c h e für den sofortigen Einsatz zur Verfügung. Die der Bereitschaftswache anhaftende Eigenschaft einer militärischen Wache im Sinne des § 43 beginnt mit dem Zeitpunkt, wo den Soldaten der Bereitschaftswache der Befehl zum Zusammentritt als Bereitschaftswache bekanntgegeben ist, und endigt mit dem Befehl zu ihrer Auflösung. Die Bereitschaftswache besitzt in Ausübung ihres Dienstes auch die Eigenschaften einer Truppenwache i.S. der StODV (DaB III, 147). Die Ehren-, Funk-, Signal- und Maschinenwachen (DaB III, 152, 156, 157, 159—163, 204) sind keine militärischen Wachen i.S. des § 44; die zu diesen Wachen gehörenden Soldaten gelten nur als „im Dienst" befindlich.

II. Die Wachen werden im allgemeinen von Unteroffizieren ohne Portepee als Wachhabenden geführt. Ältere Mannschaftsdienstgrade können als Wachhabende eingeteilt werden, wenn das zu bewachende Objekt geringere Bedeutung besitzt und die Stärke der Wache weniger als sieben Mann beträgt. Der Wachhabende hat u. a. folgende Aufgaben: Erhaltung ständiger Einsatzbereitschaft der Wache im Rahmen der besonderen Wachanweisung; Einteilung der Posten, Streifen und Melder, Einweisung in ihre Aufgaben, Überwachung ihrer Ablösung; Aufsicht über Anzug und Verhalten der Wache sowie über Ruhe, Ordnung und Sauberkeit in und vor den Wachräumen; Regelung des Dienstbetriebs im Wachraum; Kontrolle der Posten und Streifen und Kontrolle von Objekten besonderer Bedeutung; Übernahme und Übergabe der Ausstattung der Wache und der Munition und Überwachung der Verwendungsbereitschaft von Waffen und Munition sowie die Einhaltung der Sicherheitsvorschriften; Führung der Wach- und Kontrollbücher; selbständiges Eingreifen bei besonderen Vorkommnissen im Rahmen seiner Aufgaben unter besonderer Meldung an den Offizier vom Dienst; Erledigung sonstiger Obliegenheiten im Zusammenhang mit seinem Auftrag nach den Befehlen der Wachvorgesetzten.

Zu diesen gehört außer dem Standortkommandanten bzw. Standortältesten und dem Kasernenkommandanten (s. oben unter I) der Offizier vom Dienst (OvD). Seine Aufgaben als Wachvorgesetzter sind Vergatterung der Wachen vor dem Aufziehen und Kontrolle der Wachen nach besonderer schriftlicher Anweisung, insbesondere hinsichtlich der Kenntnis und Durchführung des Wachauftrages. Die Disziplinarvorgesetzten der Soldaten im Wachdienst können die vorschriftsmäßige Ausübung des Wachdienstes im Einvernehmen mit den Wachvorgesetzten kontrollieren.

Der Wachhabende darf den Wachraum nur zur Durchführung seiner Aufgaben verlassen, nachdem er die Aufsicht im Wachraum an einen Soldaten der Wache übergeben hat. Er darf während der Nacht zeitweise ruhen, muß aber für diese Zeit einen Soldaten der Wache mit der Erledigung seiner Aufgaben beauftragen. Soldaten, die sich im Dienst einer erheblichen Dienstpflichtverletzung (z. B. Trunkenheit, Verlassen des Postens) schuldig machen und dadurch die Durchführung der Wachaufgaben gefährden, kann der Wachhabende vorläufig festnehmen, muß aber die vorläufige Festnahme unverzüglich dem OvD melden und einen Ersatzmann bei dem Truppenteil anfordern, der die Wache gestellt hat.

III. Die Wachen stellen Posten und Streifen und es können ihnen bei besonderem Bedarf Melder zur Überbringung von Meldungen, Begleitung von Besuchern und Bedienung des Fernsprechers zugeteilt werden. Diese Melder sind ebenfalls Soldaten im Wachdienst.

a) Die Posten sind durch ihren Wachauftrag oder durch die besondere Wachanweisung an einen begrenzten Bereich gebunden, den sie selbständig nicht verlassen dürfen (Postenbereich). Ihre Aufgaben können sein Bewachung von Personen, Waffen, Gerät, Anlagen oder Einrichtungen, soweit es möglich ist, diesen Auftrag von einem begrenzten Bereich aus durchzuführen (z. B. Kaserneneingang, Beobachtungsturm, Hallentor), Ein- und Ausgangskontrolle (Personen- und Kraftfahrzeugverkehr) an den Eingängen der Kasernen- und Sicherungsbereiche, Absperrung besonderer Bereiche.

b) Streifen (Außen- und Innenstreifen) sind einzusetzen, wo ein größerer Bereich (z. B. Unterkünfte, Hallen, Munitionslager) zu sichern und Posten aufgrund der örtlichen Verhältnisse nicht in der Lage sind, den Auftrag durchzuführen. Sie sind besonders dann einzusetzen, wenn schlechte Sichtverhältnisse (Nacht, Nebel) den Überblick über das Bewachungsobjekt erschweren. Darüber hinaus können sie der Verbindung mehrerer Posten untereinander dienen.

Die Streifen dürfen ihren Streifenweg nicht in regelmäßigen Zeitabständen und nicht jedesmal in der gleichen Richtung begehen, da jede Gleichförmigkeit feindselige Handlungen erleichtert. Soweit die Umstände es zulassen, ist der Streifenweg zu wechseln. Im übrigen gelten für Streifen die gleichen Vorschriften wie für Posten.

IV. Straßenstreifen. Aus besonderen Anlässen kann der Standortkommandant ausgewählte Angehörige von Truppenteilen des Standorts zum Streifendienst befehlen, wenn in Ausnahmefällen Straßenstreifen durch Feldjäger nicht durchgeführt werden können. Militärische Straßenstreifen sind die vom Standortkommandanten zum Streifendienst eingeteilten und in Ausübung dieses Dienstes begriffenen Soldaten. Sie sind Soldaten im Wachdienst und werden von einem Offizier (Offizierstreife) oder einem Unteroffizier vom Feldwebel aufwärts (Unteroffizierstreife) geführt. Ihre Aufgabe ist die Überwachung von Ordnung und Disziplin der Soldaten im Standort außerhalb der militärischen Unterkünfte und Anlagen sowie in Betrieben des Hotel- und Gaststättengewerbes. Sie dürfen solche Betriebe jedoch nur auf schriftlichen Befehl des Standortkommandanten und mit Einwilligung des Gaststätteninhabers betreten. In Fällen der Notwehr bedarf es weder des Befehls noch der Einwilligung.

3. „Wer" im Abs. 1 (ebenso in den Absätzen 3 und 4) kann nur ein Soldat im Wachdienst (s. vorstehende Anm. 2) sein.

Über „vorsätzlich" s. Anm. 6 zu § 15.

I. „Sich außerstande setzt", wer seine körperliche oder geiste Unfähigkeit zur besonderen Pflichterfüllung durch Schlaf, Trunkenheit usw. herbeiführt. Die örtliche Trennung vom Posten fällt nicht darunter, weil sie als selbständiger Tatbestand (Abs. 1 Nr. 2) neben das „Sichaußerstandesetzen" (Abs. 1 Nr. 1) gestellt ist (21, 152/155).

II. Über „Verlassen" s. Anm. 4 zu § 15. Der Ausdruck „Posten" ist hier gleichbedeutend mit „Platz" (13, 109). Auch der Wachhabende ist in diesem Sinne als „Posten" anzusehen. Ob das Verlassen nur ein vorübergehendes oder dauerndes war, ist unerheblich (13, 109/112).

III. Als „Befehle" nach Abs. 1 Nr. 3 kommen nur bestimmte, auf das Verhalten bei Ausübung der betreffenden Dienstverrichtung bezügliche Gebote oder Verbote der zuständigen Stelle, die das Wesen dieses Dienstes betreffen, nicht bloße, in Beziehung auf den fraglichen Dienst geltende militärdienstliche Grundsätze in Betracht. Derartige Grundsätze können aber zur Auslegung der dem Täter in bezug auf seinen Dienst erteilten allgemeinen oder besonderen Befehle herangezogen werden (21, 136). Diese Befehle können auch in allgemeinen Dienstvorschriften als Vorschriften für eine besondere Dienstverrichtung enthalten sein (12, 62). Vorschriften für den Wachdienst enthalten besonders die StODV, die Vorschrift „Schutz und Sicherheit der Bundeswehr" (ZDv. 10/6) und die Vorschrift DaB.

Wer durch sein Verhalten nur den besonderen für den Wachdienst gegebenen Befehlen zuwiderhandelt, macht sich nur nach § 44, nicht auch noch nach den §§ 19 oder 21 strafbar, da § 44 zu den §§ 19 und 21 in diesem Falle im Verhältnis des Sondergesetzes steht (RKG 1, 6; zustimmend Schmidt, ZWehrR III S. 216).

4. Durch das Wort „dadurch" im Abs. 1 wird, wie MinDir. Dr. Schafheutle im RA erklärt hat, zum Ausdruck gebracht, daß die erste

Handlung, z. B. das Verlassen des Postens, zugleich die Ursache für die zweite, die Erzielung der schwerwiegenden Folge, sein muß. Es muß — mit anderen Worten — das Handeln, das in dem Verlassen des Postens usw. besteht, zugleich eine Bedingung für den Eintritt der schwerwiegenden Folge sein. Nun ist — nach den weiteren Ausführungen von Dr. Schafheutle — in der Rechtsprechung anerkannt, daß die Auslösung der Gefahrenlage, die durch das Verlassen des Postens entsteht, zugleich die Verpflichtung auslöst, etwas zu tun, um die durch die Verletzung der Pflichten ausgelöste Gefahrenlage abzuwenden. Wenn der Täter, nachdem er den Posten verlassen hat, erkennt, daß die Folge die Herbeiführung einer Gefahr ist, ist es seine Pflicht, etwas zu tun, um die Gefahr abzuwenden. Unterläßt er dieses Handeln, so kann das vorsätzlich, aber (nach Abs. 3) auch fahrlässig geschehen. Wenn der Täter nachträglich die Lage übersieht, handelt er bei der Herbeiführung der schwerwiegenden Folge vorsätzlich. Über „herbeiführen" s. Anm. 5 zu § 19.

5. Gerichtlich strafbar sind nur Wachverfehlungen, durch die eine schwerwiegende Folge (§ 2 Nr. 3) herbeigeführt wird; s. hierzu Anm. 3 zu § 2. Eine Wachverfehlung ohne schwerwiegende Folge kann disziplinarisch geahndet werden. Nach Abs. 1 steht auch der Versuch unter Strafe; damit sollen in erster Reihe Fälle erfaßt werden, in denen die geplante schwerwiegende Folge nicht eingetreten ist (Begr.).

6. Die nach **Abs. 1** für die vollendete Tat zulässigen Strafen sind Gefängnis oder Einschließung von jeweils einem Monat (§ 10 Abs. 1 Nr. 1) bis zu fünf Jahren (§ 16 Abs. 1 StGB; § 10 Abs. 1 Nr. 2 WStG). Auf Strafarrest kann von zwei Wochen bis zu sechs Monaten erkannt werden (§ 9 Abs. 1). Die Wahlregeln des § 11 sind zu beachten. Der Versuch kann nach § 44 StGB milder bestraft werden, und zwar mit mindestens sieben Tagen Gefängnis oder Einschließung, an deren Stelle Strafarrest tritt, wenn für den Versuch eine Freiheitsstrafe unter einem Monat verwirkt ist (§ 10 Abs. 1 Nr. 3), oder mit mindestens zwei Tagen Strafarrest.

7. Abs. 3 handelt von dem Fall, daß durch die vorsätzlich begangene Wachverfehlung i.S. des Abs. 1 fahrlässig eine schwerwiegende Folge (§ 2 Nr. 3) herbeigeführt wird; s. hierzu Anm. 6 zu § 19.

Die nach Abs. 3 zulässigen Strafen sind Gefängnis oder Einschließung von jeweils einem Monat (§ 10 Abs. 1 Nr. 1) bis zu fünf Jahren (§ 16 Abs. 1 StGB; § 10 Abs. 1 Nr. 2 WStG) oder Strafarrest von einer Woche bis zu sechs Monaten (§ 9 Abs. 1). Die Wahlregeln des § 11 sind zu beachten.

8. Abs. 4 ist der einzige Fall, in dem auch die leicht fahrlässige Nichtbefolgung eines Befehls gerichtliche Strafe nach sich zieht. Sonst ist nur der leichtfertige, d. h. grobfahrlässige Ungehorsam unter Strafe gestellt (§ 21). Es kann sein, daß ein Soldat z. B. seinen Posten fahrlässig verläßt und daß beim zweiten Teil seines Handelns, dem Herbeiführen einer schwerwiegenden Folge, nicht nur Fahrlässigkeit, sondern sogar Vorsatz — nicht nur bedingter — vorhanden ist. Die schwerwiegende Folge i.S. des § 2 Nr. 3 muß also „wenigstens fahrlässig", kann aber auch vorsätzlich oder bedingt vorsätzlich herbeigeführt worden sein. „Herbeiführen" ist gleichbedeutend mit „Verursachen" (s. Anm. 5 zu § 19).

Bei der Wachverfehlung erschien es nach den Erklärungen von MinDir. Dr. Schafheutle im RA aus zwei Gründen nötig, schon die fahrlässige Begehung mit Strafe zu bedrohen, und zwar einerseits, weil der Soldat auf die Pflichten im Wachdienst besonders hingewiesen und „vergattert" wird, also weiß, daß er in einem erhöhten Pflichtenkreis steht, andererseits, weil auch die Bedeutung des Wachdienstes erfordert, schon die leichte Fahrlässigkeit unter Strafe zu stellen. In dieser Beziehung folgt das WStG dem früheren deutschen Militärstrafrecht.

Beispiele für fahrlässiges Verhalten des Postens (gebildet von RegDir. Dr. Lackner im RA): I. Der Wachdienst dauert von 8 bis 10 Uhr. Dem Soldaten ist das klar. Aber er hat eine Uhr, die vorgeht, und verläßt um ½10 Uhr seinen Posten in der Meinung, es sei bereits 10 Uhr. In diesem Fall kann von einem vorsätzlichen Verlassen des Postens keine Rede sein. II. Einem Wachposten wird der Auftrag erteilt, einen bestimmten Geländestreifen von 600 m Breite dauernd zu begehen. Der Mann verläuft sich, er läuft 300 m über den Endpunkt des ihm zugewiesenen Geländestreifens hinaus. Dann hat er auch fahrlässig und nicht vorsätzlich seinen Posten verlassen.

Die nach Abs. 4 zulässigen Strafen sind Gefängnis oder Einschließung von jeweils einem Monat (§ 10 Abs. 1 Nr. 1) bis zu zwei Jahren oder Strafarrest von einer Woche bis zu sechs Monaten (§ 9 Abs. 1). Die Wahlregeln des § 11 sind zu beachten.

9. Abs. 5 sichert, weil § 44 (1) Nr. 3 eine Sondervorschrift zu den §§ 19—21 darstellt (s. oben Anm. 3 III), die entsprechende Anwendung des von der Verbindlichkeit des Befehls und vom Irrtum handelnden § 22. Die Anmerkungen zu diesem Paragraphen mögen nachgelesen werden.

§ 45
Pflichtverletzung bei Sonderaufträgen

Nach § 44 Abs. 1 bis 5 wird auch bestraft, wer als Führer eines Kommandos oder einer Abteilung, der einen Sonderauftrag selbständig auszuführen hat und auf seine erhöhte Verantwortung hingewiesen worden ist,

1. **sich außerstande setzt, den Auftrag pflichtgemäß zu erfüllen,**
2. **seinen Posten verläßt oder**
3. **Befehle nicht befolgt, die für die Ausführung des Auftrags gelten,**

und dadurch eine schwerwiegende Folge (§ 2 Nr. 3) herbeiführt.

1. Im MStGB war der Tatbestand, den § 45 behandelt, in den der Wachverfehlung (§ 141) eingegliedert. Das WStG hat die Strafbestimmungen gegen Pflichtverletzungen bei Sonderaufträgen von denen gegen Wachverfehlung getrennt, um die Bedeutung des Wachdienstes für das militärische Leben hervorzuheben und zugleich die Besonderheiten, die für das Führen eines Kommandos oder einer Abteilung gelten, klarer herausstellen zu können. Der innere Zusammenhang mit der Wachverfehlung ist durch den sprachlichen Anschluß an die Strafbestimmungen des § 44 und den gleichen Aufbau beider Bestimmungen genügend zum Ausdruck gebracht (Begr.).

2. Anstelle des im § 141 MStGB gebrauchten Ausdrucks „Befehlshaber" verwendet § 45 WStG das Wort „F ü h r e r", um klarzustellen, daß es auf die Größe des Kommandos und der Abteilung nicht ankommt. Die moderne Kriegführung bringt es mit sich, daß weitaus mehr als früher auch die Führer kleiner Kommandos oder Abteilungen regelmäßig selbständige Entscheidungen zu treffen haben (Begr.).

I. Ein „K o m m a n d o" bilden die zur Ausführung einer bestimmten Dienstverrichtung oder eines militärischen Auftrags ordnungsmäßig befehligten Soldaten bei Erfüllung des Auftrags (9, 176; 13, 109; 21, 152).

II. Der Ausdruck „A b t e i l u n g" entspricht nicht dem des gewöhnlichen Sprachgebrauchs (etwa in „Artillerie-Abteilung"); es ist darunter vielmehr nur die in Ausführung einer b e s o n d e r e n Dienstverrichtung oder eines militärischen Auftrags begriffene, unter einem gemeinsamen Führer zusammengefaßte Truppeneinheit zu verstehen (12, 39 und 62; 17, 67). Eine scharfe Trennung der Begriffe „Kommando" und „Abteilung" ist nicht durchführbar (21, 158).

3. Über „Auftrag“ s. Anm. 2a zu § 2. Unter einem „Sonderauftrag“ ist ein mit einer besonderen Anweisung (s. die gleiche Anm.) verbundener Auftrag zu verstehen. Um der Rechtssicherheit willen ist in § 45 das weitere Tatbestandsmerkmal eingefügt, daß der Täter auf seine erhöhte Verantwortung hingewiesen worden sein muß (Begr.). „Eine allgemeine Belehrung genügt nicht“ (Frhr. v. Richthofen 2). Die besondere Anweisung für den Führer des Kommandos oder der Abteilung muß nicht unbedingt von dem das Kommando abstellenden Truppenteil selbst ausgehen; es ist vielmehr auch zulässig, daß der Truppenteil den Kommandoführer an eine andere Stelle verweist, um dort die nähere Anweisung für den ihm obliegenden Dienst zu empfangen (22, 45).

4. Das Wort „Posten“ ist hier — wie im § 44 (1) Nr. 2 — nicht örtlich, sondern funktionell zu verstehen. Der Täter muß seinen Auftrag, sei es auch nur vorübergehend, außer acht gelassen haben (Begr.); s. im übrigen Anm. 3 zu § 44.

5. Die Strafdrohung ist hier — wie im § 44 — nach der Art des Verschuldens unterschiedlich bemessen (Begr.). Auf die Anm. 6 bis 8 zu § 45 wird verwiesen.

§ 46
Rechtswidriger Waffengebrauch

Wer von der Waffe einen rechtswidrigen Gebrauch macht, wird mit Gefängnis oder Einschließung bis zu einem Jahr oder mit Strafarrest bestraft, soweit nicht in anderen Vorschriften eine schwerere Strafe angedroht ist.

1. § 149 MStGB, dessen Wortlaut sich § 46 WStG im wesentlichen zu eigen gemacht hat, erfaßte neben dem Gebrauchmachen von der Waffe auch die an einen Untergebenen gerichtete Aufforderung zum rechtswidrigen Waffengebrauch. Dieser Fall wird bereits durch die §§ 33, 34 (erfolgreiches und erfolgloses Verleiten zu einem Verbrechen oder Vergehen) in Verbindung mit § 46 erfaßt.

2. „Waffen“ sind Werkzeuge, die bestimmungsgemäß Soldaten zum Angriff oder zur Verteidigung dienen und geeignet sind, bei bestimmungsgemäßer Verwendung durch äußere Einwirkungen Menschen körperlich zu verletzen oder Sachen zu beschädigen, sowie der Art und Form nach ähnliche Werkzeuge, die zur Ausbildung eines Soldaten im Gebrauch dieser Waffen an deren Stelle zu treten bestimmt und geeignet sind, z. B. das Zielgewehr (2, 243), auch die an

Stelle der Dienstwaffe getragene eigene Waffe (1, 264). Die Leuchtpistole ist keine Waffe (9, 98). Die Frage, ob ein Panzerkampfwagen als Waffe i.S. des § 46 zu gelten hat, ist danach zu entscheiden, ob er im einzelnen Falle bestimmungsgemäß als solche (vermöge seiner Stoßkraft und Walzwirkung) oder für andere Zwecke, z. B. als Schlepper, Verwendung findet (RGK 1, 67).

Als „Waffe" i.S. des § 46 ist nur die Waffe anzusehen, die der Soldat als solcher zu tragen berechtigt ist, einerlei, ob sie ihm eigentümlich gehört oder einem Kameraden, und einerlei, ob sie ihm oder einem Kameraden irgendwelchen Dienstgrades zum dienstlichen Gebrauch überlassen ist (2, 166/169).

3. § 46 erfaßt nur ein Gebrauchmachen von den in der vorstehenden Anm. 2 gekennzeichneten Werkzeugen als Waffe, gleichviel, ob es gegen Personen oder Sachen gerichtet, bestimmungsgemäß oder bestimmungswidrig ist (Begr.). Wird das Werkzeug nicht als Waffe verwendet, z. B. ein Pistolengriff zum Einschlagen eines Nagels (Frhr. v. Richthofen 3) oder eine Handgranate zur Tötung oder Betäubung von Fischen, um ihr Fangen zu erleichtern, so ist der Tatbestand des § 46 nicht erfüllt, jedoch Disziplinarbestrafung möglich.

4. Anders als das MStGB im § 149 gebraucht § 46 den Ausdruck „rechtswidrig" nicht als Umstands-, sondern als Eigenschaftswort und stellt damit klar, daß das Verbotensein des Gebrauchs Tatbestandsmerkmal ist, vom Vorsatz des Täters also erfaßt sein muß (Begr.).

Der Waffengebrauch gegen unbotmäßige Untergebene war nach § 124 MStGB nicht als Mißbrauch der Dienstgewalt anzusehen, wenn der Vorgesetzte, um einen tätlichen Angriff des Untergebenen abzuwehren oder um seinen Befehlen im Falle der äußersten Not und dringendsten Gefahr Gehorsam zu verschaffen, in Ermangelung anderer Mittel, den durchaus notwendigen Gehorsam zu erhalten, sich in einer Lage befand, gegen den tätlich sich ihm widersetzenden Untergebenen von der Waffe Gebrauch zu machen. Eine entsprechende Regelung fehlt sowohl im WStG als auch im SG. Letzteres legt aber im § 10 (5) Satz 2 dem Vorgesetzten die Pflicht auf, Befehle „in der den Umständen angemessenen Weise" durchzusetzen, läßt mithin jedes vom Vorgesetzten für den Umständen angemessen erachtete Mittel als rechtmäßig gelten, wenn nur bei seiner Anwendung die Grundsätze der Güter- und Pflichtenabwägung und der Verhältnismäßigkeit beachtet werden (s. hierzu SG-Kom. Anm. 5 und 6 zu § 10). Der Grundsatz der Güter- und Pflichtabwägung besagt: In Lebenslagen, in welchen eine den äußeren Tatbestand einer Verbrechensform erfüllende Handlung das einzige Mittel ist, um ein Rechtsgut zu schützen oder eine vom Recht auferlegte oder anerkannte Pflicht zu erfüllen, ist die Frage, ob die Handlung rechtmäßig oder unverboten oder rechtswidrig ist, an der Hand des dem geltenden Recht zu entnehmenden Wertverhältnisses der im Widerstreit stehenden Rechtsgüter oder Pflichten zu entscheiden. Für den Fall des Widerstreits von Pflichten — des Pflichtennotstands — ist die höhere Pflicht auf Kosten der minder hohen Pflicht zu erfüllen und die Nichterfüllung der letzteren nicht rechtswidrig (RGSt. 61, 242/254). Das Prinzip der Verhältnismäßigkeit (Äquivalenz) verlangt, daß nicht „mit Kanonen auf Spatzen geschossen", sondern die Verhältnismäßigkeit von Mittel und Zweck gewahrt wird. Es war z. B. im § 41 (2) des Preuß. PolizeiverwaltungsG niedergelegt, wonach die Polizeibehörde, wenn mehrere Mittel zur Beseitigung einer Störung der öffentlichen Sicherheit oder Ordnung oder zur wirksamen Abwehr einer polizeilichen Gefahr in Frage kamen, tunlichst das den Betroffenen und die Allgemeinheit am wenigsten beeinträchtigende Mittel zu wählen hatte. Das gleiche Prinzip ist im § 9 (2) Verwaltungs-VollstreckungsG vom 27. 4. 1953 (BGBl. I S. 157) ausgedrückt, der für den Verwaltungszwang ein angemessenes Verhältnis des Zwangsmittels zu seinem Zweck verlangt und fortfährt: „Dabei ist das Zwangsmittel möglichst so zu bestimmen, daß der Betroffene und die Allgemeinheit am wenigsten beeinträchtigt werden". Dadurch, daß nunmehr der Waffengebrauch gegen unbotmäßige Untergebene von der früheren normativen Regelung gelöst und dem (pflichtmäßigen) Ermessen des Vorgesetzten überlassen ist, begibt sich der Untergebene, wenn er einen ihm zu dienstlichen Zwecken erteilten Befehl nicht unverzüglich befolgt, in größere Gefahr, als für seine Kameraden von einst bestand. Für den Gebrauch der Schußwaffe schreibt § 6 des hess. G über die Anwendung unmittelbaren Zwanges bei Ausübung öffentlicher Gewalt vom 11. 11. 1950 (hess. GVBl. S. 247) vor, daß er in jedem Falle nur zulässig ist, wenn andere Mittel erfolglos angewendet worden sind oder ihre Anwendung offensichtlich nicht zulässig ist, und daß von der Schußwaffe kein Gebrauch gemacht werden darf, wenn dadurch unbeteiligte Dritte mit hoher Wahrscheinlichkeit in Gefahr gebracht werden. Diese Vorschrift kann auch für den Gebrauch der Schußwaffe durch Vorgesetzte gegen ungehorsame Untergebene als brauchbare Richtlinie dienen.

5. Die Strafe ist Gefängnis oder Einschließung von jeweils einem Monat (§ 10 Abs. 1 Nr. 1) bis zu einem Jahr oder Strafarrest von einer Woche bis zu sechs Monaten (§ 9 Abs. 1). Die Wahlregeln des § 11 sind zu beachten. Auf diese Strafen darf aber nur erkannt werden, soweit nicht in anderen Vorschriften eine schwerere Strafe angedroht ist. Der gleiche Vorbehalt galt schon im MStGB (§ 149) und ist so zu verstehen, daß damit der Fall der idealen Konkurrenz (§ 73 StG) vorgesehen ist, und daß infolgedessen durch die Bestimmung auch besonders für die ideale Konkurrenz eine Strafvorschrift getroffen sein soll. § 46 ist sonach dahin auszulegen, daß, wenn mit dem rechtswidrigen Waffengebrauch ein hierdurch verübtes Delikt zusammentrifft und für das letztere, z. B. für gefährliche Körperverletzung (§ 223 a StGB), eine höhere Strafe verwirkt ist, auf d i e s e erkannt werden muß.

§ 47
Fahrlässige Körperverletzung oder Tötung im Dienst

(1) Begeht ein Soldat im Ausbildungsdienst oder im Einsatz eine fahrlässige Körperverletzung oder eine fahrlässige Tötung, so sind die für die Begehung der Tat geltenden Vorschriften mit folgenden Abweichungen anzuwenden:

1. **Wird die Tat durch fahrlässigen Umgang mit Waffen, Munition oder anderen Kampfmitteln begangen, so kann bei fahrlässiger Körperverletzung auch auf Einschließung bis zu drei Jahren, bei fahrlässiger Tötung auch auf Einschließung erkannt werden.**
2. **Anstelle von Gefängnis bis zu sechs Monaten kann auf Strafarrest von gleicher Dauer erkannt werden.**
3. **Auf Geldstrafe darf nicht erkannt werden, wenn die Wahrung der Disziplin eine Freiheitsstrafe erfordert.**

(2) § 10 Abs. 1 Nr. 1, 3 und 4 ist nicht anzuwenden.

1. Die Vorschrift will darauf Rücksicht nehmen, daß der Soldat leichter als andere Bürger in die Gefahr gerät, eine fahrlässige Körperverletzung oder fahrlässige Tötung zu begehen, und daß er vielfach nicht freiwillig vor solche Situationen gestellt wird. Das trifft heute nicht nur für den Umgang mit Waffen und Munition zu, sondern in weitem Umfange auch sonst, namentlich im Straßenverkehr. Diese Umstände rechtfertigen zwar nicht eine allgemeine Strafmilderung für Soldaten; im Gegenteil muß die Geldstrafe, die bei Verkehrsstraftaten von Zivilisten vielfach angewendet wird, für Soldaten eingeschränkt werden. Dagegen erschien es geboten, diese von Soldaten begangenen Fahrlässigkeiten in gewissen Grenzen mit Strafen

zu ahnden, die das Ehrgefühl des Soldaten und seine Stellung in der Gemeinschaft möglichst unangestatet lassen. § 47 beschränkt sich dabei in Anlehnung an § 24 (1) Satz 2 SG, der die bürgerlichrechtliche Haftung regelt, auf Taten im Ausbildungsdienst und im Einsatz; nur dort treten dienstliche Notwendigkeiten von solchem Gewicht ein, daß sie die allgemeine Beurteilung der Tat entscheidend beeinflussen können (Begr.).

2. Dem **Abs. 1** liegt der Gedanke zugrunde, daß der dem Soldaten vorgeschriebene Umgang mit Kampfmitteln, also Gegenständen, die ihrer Zweckbestimmung nach notwendig gefährlich sind, eine weitergehende allgemeine Privilegierung zwar nicht im Strafmaß, aber in der Strafart vertretbar erscheinen läßt (Begr.). Durch diese Privilegierung werden fahrlässige Körperverletzung und fahrlässige Tötung, falls sie im Ausbildungsdienst oder im Einsatz begangen werden, zu militärischen Straftaten (RegDir. Dr. Lackner im RA).

I. „Ausbildungsdienst" i.S. dieser Bestimmung ist — wie nach § 24 (1) SG — jeder Dienst, der darauf abzielt, den Soldaten in seinen soldatischen Funktionen kriegsbrauchbar zu machen. Das ist praktisch der gesamte normale militärische Ausbildungsdienst (Begr. zum SG S. 25). „Es ist dabei gleich, ob der Soldat Ausbilder ist oder ausgebildet wird" (Scherer, Anm. I 3 zu § 24).

Unter „Einsatz" ist hier das Auftreten der BW, einzelner Truppenteile oder Einheiten oder einzelner Soldaten nach außen in Ausübung militärhoheitlicher Gewalt zu verstehen. Der Einsatz umfaßt somit, soweit er nicht — wie etwa der Manöverdienst — schon als Ausbildungsdienst anzusehen ist, beispielsweise die Katastrophenhilfe, die Sprengungen, Absperrungen und den Wachdienst. Vom Ausbildungsdienst und Einsatz ist insbesondere zu trennen der Innendienst, die friedensmäßige Lagerung von Gerät, Waffen, Munition und Verpflegung sowie die Durchführung sonstiger Verwaltungsobliegenheiten. Im allgemeinen wird der Soldat, der auf Grund der gesetzlichen Wehrpflicht seine Ausbildung durchmacht, von der strengeren Bestrafung, die ohne die Privilegierung durch § 47 möglich wäre, nicht betroffen werden (vgl. Begr. zum SG S. 25).

II. Über „Fahrlässigkeit" s. Anm. 7 zu § 15.

a) § 230 StGB lautet:

> Wer durch Fahrlässigkeit die Körperverletzung eines anderen verursacht, wird mit Geldstrafe oder mit Gefängnis bis zu drei Jahren bestraft.

Durch die Fassung des § 47, der den Soldaten nur in der Strafart, aber nicht im Strafmaß besser stellt, wird klargestellt, daß im übrigen die Strafdrohungen der §§ 222, 230 StGB Platz greifen, ferner daß bei der fahrlässigen Körperverletzung a) nach § 231 StGB auf Buße erkannt werden kann, b) nach § 232 StGB ein Strafantrag Prozeßvoraussetzung ist, soweit nicht die Strafverfolgungsbehörde wegen des besonderen öffentlichen Interesses die Strafverfolgung von Amts wegen übernimmt, und c) nach §§ 374 (1) Nr. 3, 395 StPO das Privat- und das Nebenklagerecht besteht. Damit bleiben dem Verletzten bei den für die Allgemeinheit praktisch besonders bedeutsamen Tatbeständen der fahrlässigen Körperverletzung und der fahrlässigen Tötung auch dann, wenn sie als militärische Straftaten verwirklicht werden, die ihm nach dem allgemeinen Recht zustehenden Befugnisse gesichert (Begr.).

b) § 222 StGB lautet:

> Wer durch Fahrlässigkeit den Tod eines Menschen verursacht, wird mit Gefängnis bestraft.

III. Über „Waffen" s. Anm. 3 zu § 46.

Die Begriffe „Waffen" und „Munition" i.S. des § 47 gehen unter den jetzigen Verhältnissen ineinander über und sind als ein zusammengehörendes, sich ergänzendes Ganzes zu bestimmen. Zu ihnen gehören alle Kampfmittel des Soldaten, die dazu bestimmt sind, Menschen oder Sachen zu vernichten oder zu beschädigen. Vor allem ist es nicht mehr haltbar, als Munition nur das zu bezeichnen, was zur Verwendung in einer Waffe bestimmt ist. Es würden sonst wichtigste neuzeitliche Kampfmittel, wie Land- und Seeminen jeder Art, Fliegerbomben usw., nicht erfaßt werden (RKG 1, 193). Auch Zielmunition fällt unter den Begriff Munition i.S. des § 47 (2, 243).

IV. Der Begriff „Umgang" umfaßt nicht nur den bestimmungsgemäßen Gebrauch der Waffe, sondern überhaupt das „Umgehen" mit ihr (Tun oder Unterlassen). Die Anwendung des § 47 ist nicht auf die Personen beschränkt, die durch eigenes Tun oder Unterlassen den Erfolg unmittelbar auslösen. Auch das Tun oder Unterlassen Dritter kann unter dieses Gesetz fallen, wenn sie eine besondere Beziehung zu der Waffe haben, die ihnen die Möglichkeit bietet, auf das Umgehen mit der Waffe einzuwirken, z. B. der die Schießübungen beaufsichtigende Vorgesetzte (18, 22/25; 4, 289), der Geschützführer und Zugführer (1, 129).

Auf fahrlässige Selbstverletzung ist § 47 nicht anwendbar. Das ergibt sich aus seiner Entstehungsgeschichte, aber auch aus folgender Erwägung: Unter „Waffen und Munition" versteht § 47 nur militärische Waffen und Munition. Denn nur bei deren unvorsichtiger Behandlung liegt eine „Handlung gegen die militärische Ordnung" vor (vgl. RMG 8, 98; RKG 1, 67/95/193). Deshalb kann nach § 47 z. B. nicht der Soldat bestraft werden, der sich während seines Heimaturlaubs mittels eines Jagdgewehrs fahrlässig verletzt, oder der sich durch einen Beilhieb fahrlässig dienstuntauglich macht. In beiden Fällen tritt aber derselbe schädigende Erfolg ein wie bei einer Selbstverletzung durch eine militärische Waffe oder Munition. Bleibt ein solcher Täter straflos, so besteht auch kein einleuchtender Grund, denjenigen gerichtlich zu bestrafen, der sich bei seiner Tat einer militärischen Waffe oder Munition bedient hat. Es gibt auch Fälle, in denen eine verhältnismäßig geringe Fahrlässigkeit einen außerordentlich schweren Nachteil für den Selbstverletzer hat, so z. B., wenn bei fahrlässigem Umgehen mit einer auseinandergenommenen Gewehrpatrone der Täter infolge Entzündung des Pulvers das Augenlicht verliert. In solchem Falle erfordert das öffentliche Interesse eine gerichtliche Bestrafung nicht; sie würde hier und in vielen anderen Fällen dem Schaden noch den Spott zufügen, wie Romen-Rissom in Erläuterung 1 zu § 148 MStGB zutreffend hervorheben; RKG vom 23. 3. 1943 StPL (HLS) I 21/43.

V. Neben den fahrlässigen Umgang mit Waffen und Munition stellt § 47 (1) den mit „anderen Kampfmitteln", um den „technischen Veränderungen" Rechnung zu tragen. Damit wird, wie MinDir. Dr. Schafheutle im RA ausgeführt hat, die Grenze dort gezogen, wo ein unmittelbarer Zusammenhang mit der gefährlichen Betätigung des Soldaten besteht. Wenn man die Grenze nicht dort ziehe, sondern etwa auch das Motorrad oder den Lastwagen des Heeres unter normalen Bedingungen des Friedens einbeziehe, ergebe sich, wie Dr. Schafheutle weiter dargelegt hat, eine Divergenz zu der Behandlung der Zivilisten, die ja auch in ähnlichen Lagen im Straßenverkehr sein könnten und nicht mit Einschließung zu bestrafen seien.

Unter „Kampfmitteln" sollen nach den Ausführungen von MinRat Dr. Dreher im RA die Mittel verstanden werden, die über Mittel des Zivilisten hinaus speziell dem Soldaten in die Hand gegeben sind und eine besondere Gefahr bedeuten. Es müsse natürlich, so hat MinRat Dr. Dreher hierzu bemerkt, zugegeben werden, daß die Abgrenzung Schwierigkeiten bereite; sie vorzunehmen, sei Aufgabe des Richters. Es wird aber eine für die allgemeinen Strafgerichte, wenn sie nicht Sachverständige hinzuziehen, meist unlösbare Aufgabe sein.

Panzerwagen sind unter den in Anm. 3 zu § 46 angegebenen Voraussetzungen Waffen.

3. Die dem Soldaten aus den in Anm. 1 genannten Gründen zuteil gewordene Privilegierung liegt darin, daß außer auf Gefängnis (s. oben Anm. 2 II) auch — unter Beachtung der Wahlregeln des § 11 — auf Einschließung und — nach Abs. 1 (1) Nr. 2 — anstelle von Gefängnis bis zu sechs Monaten auf Strafarrest erkannt werden kann. Als Gegengewicht hierzu schließt Abs. 1 (1) Nr. 3 Geldstrafe aus, wenn die Wahrung der Disziplin eine Freiheitsstrafe erfordert. Hieraus ergibt sich, daß, wenn dieses Erfordernis nicht vorliegt, auch Geldstrafe (und Ersatzgeldstrafe nach § 27 b StGB) zulässig ist, obwohl es sich um militärische Straftaten handelt, bei denen sonst eine Geldstrafe nach § 10 ausgeschlossen ist. Ein völliger Ausschluß der Geldstrafe bei den im Abs. 1 bezeichneten Straftaten, wenn sie von Soldaten begangen werden, wäre, wie MinDir. Dr. Schafheutle im RA ausgeführt hat, mit dem Grundsatz der Gleichheit vor dem Gesetz nicht vereinbar.

Über „Wahrung der Disziplin" s. Anm. 1 zu § 12.

4. Abs. 2 läßt von den bei militärischen Straftaten nach § 10 geltenden besonderen Vorschriften hier nur das Höchstmaß von fünf Jahren für die Einschließung bestehen, die nach Abs. 1 Nr. 1 bei fahrlässiger Tötung zulässig ist. Da § 10 (1) Nr. 1 hier nicht anwendbar ist, beträgt das Mindestmaß der Gefängnisstrafe und der Einschließung jeweils einen Tag (§§ 16, 17 StGB). Auf Strafarrest kann, da § 9 unberührt geblieben ist, von einer Woche (militärische Straftaten!) bis zu sechs Monaten erkannt werden.

§ 48
Verletzung anderer Dienstpflichten

(1) Für die Anwendung der Vorschriften des Strafgesetzbuches über
einfache und schwere Bestechlichkeit (§§ 331, 332),
Körperverletzung im Amte (§ 340),
Hausfriedensbruch im Amte (§ 342),
Aussagenerpressung (§ 343),
Verfolgung Unschuldiger (§ 344),
unzulässige Vollstreckung einer Strafe oder Maßregel (§ 345),
Begünstigung im Amte (§ 346),
Gefangenenbefreiung (§ 347),
Falschbeurkundung im Amte (§ 348),
einfache und schwere Amtsunterschlagung (§§ 350, 351) und
Verletzung der Amtsverschwiegenheit (§ 353 b)

stehen Offiziere und Unteroffiziere den Beamten, ihr Wehrdienst dem Amte gleich.

(2) Wegen schwerer Bestechlichkeit (§ 332 des Strafgesetzbuches) sind auch Mannschaften strafbar.

(3) Die in den Absätzen 1 und 2 bezeichneten Strafvorschriften sind mit folgenden Abweichungen anzuwenden:

1. Anstelle von Gefängnis bis zu sechs Monaten kann auf Strafarrest von gleicher Dauer erkannt werden.

2. An die Stelle von Gefängnis bis zu einem Monat tritt Strafarrest von gleicher Dauer, jedoch nicht unter einer Woche.

3. Auf Geldstrafe darf nicht erkannt werden.

1. Der Soldat tut Dienst, hat aber, selbst wenn er Berufssoldat ist, kein Amt. Soldaten und Beamte „haben eine völlig verschiedene Funktion im Leben der Gemeinschaft. Der Soldat oder überhaupt das Soldatentum beruhen auf Gehorsam und Kameradschaft. Das heißt, der Soldat bekommt Befehle; er bekommt Befehle von der politischen Führung. Die Befehlsgewalt, die er ausübt, ist technischer, spezieller Art. Sie rührt aber niemals an das Grundsätzliche. Demgegenüber der Beamte. Der Beamte bekommt keinen Befehl, sondern er erhält einen Auftrag. Es ist seine Aufgabe, auf der Grundlage seiner Rechtskenntnis Gesetze auszulegen. Das ist etwas völlig anderes" (Abg. Heye in der 132. Sitzung des 2. BT am 6. 3. 1956). Völlig anders als beim Beamten ist auch, daß der Soldat „ein Mensch ist, dem sein Leben nicht mehr zu eigen gehört. Der Soldatentod ist kein Betriebsunfall, sondern apriorischer Inhalt des soldatischen Daseins, ob er nun de facto erlitten wird oder nicht. Der Soldat hat sich demnach des obersten Menschen- und Bürgerrechts entäußert oder es ist ihm abgesprochen worden. Inmitten einer Bürgerschaft, über deren leibliches Wohl und Leben der moderne Staat mit der Besorgnis und oft genug mit den Methoden einer Kinderschwester wacht, steht er als der eine, dem der gleiche Staat zerschossene Glieder, ja die Hingabe des letzten Blutstropfens mit Selbstverständlichkeit zumutet" (Werner Picht, Vom künftigen deutschen Soldaten; „Wort und Wahrheit" XI. Jahrg. S. 8—18). Deswegen wird das sich durch das ganze SG hindurchziehende Bemühen, Soldaten und Beamte einander möglichst unterschiedslos gleichzustellen, letzten Endes doch zum Scheitern verurteilt sein.

Dem gleichen Bemühen verdankt § 48 seine Gestaltung. Während § 145 MStGB nur d e n Soldaten hinsichtlich der Verbrechen und Vergehen im Amte einem Beamten gleichstellte, der „bei einem ihm übertragenen Geschäft der Verwaltung eines der Wehrmachtteile“ eine Handlung beging, „die im Sinne der allgemeinen Strafgesetze ein Verbrechen oder Vergehen im Amte darstellt“, erweitert § 48 die Strafbarkeit der Soldaten nach diesen Vorschriften. Er stellt für die in ihm aufgezählten Bestimmungen des Beamtenstrafrechts die Offiziere und Unteroffiziere den Beamten und ihren Wehrdienst dem Amt gleich. Mit den Offizieren und Unteroffizieren werden alle Berufssoldaten erfaßt, da in das Dienstverhältnis eines Berufssoldaten nach § 39 SG nur Offiziere und Unteroffiziere berufen werden können. Andererseits erfährt die strafrechtliche Haftung der Soldaten eine Einschränkung gegenüber dem früheren Rechtszustand insofern, als nur die im § 48 aufgezählten Bestimmungen des Beamtenstrafrechts gegen Soldaten zur Anwendung kommen können und als die Mannschaften, von der Ausnahme des Abs. 2 abgesehen, nicht in das Beamtenstrafrecht einbezogen werden (Begr.).

Unberührt von § 48 bleiben diejenigen Bestimmungen des StGB, die zwar ebenfalls in dessen 28. Abschnitt über „Verbrechen und Vergehen im Amt“ enthalten sind, aber entweder überhaupt oder doch zum Teil eine Beamteneigenschaft des Täters auch im strafrechtlichen Sinne zur Zeit der Tat nicht voraussetzen (vgl. z. B. §§ 333, 334, 353 a StGB) (Begr.).

2. Die im **Abs. 1** aufgezählten Bestimmungen des StGB werden nachstehend im Wortlaut wiedergegeben. Ihnen ist die sie betreffende Begründung beigefügt.

I. § 331 StGB: Ein Beamter, welcher für eine in sein Amt einschlagende, an sich nicht pflichtwidrige Handlung Geschenke oder andere Vorteile annimmt, fordert oder sich versprechen läßt, wird mit Geldstrafe oder mit Gefängnis bis zu sechs Monaten bestraft.

§ 332 StGB: Ein Beamter, welcher für eine Handlung, die eine Verletzung einer Amts- oder Dienstpflicht enthält, Geschenke oder andere Vorteile annimmt, fordert oder sich versprechen läßt, wird wegen Bestechung mit Zuchthaus bis zu fünf Jahren bestraft.

Sind mildernde Umstände vorhanden, so tritt Gefängnisstrafe ein.

Einfache und schwere Bestechlichkeit (§§ 331, 332) müssen bei Offizieren und Unteroffizieren in demselben Maße wie bei Beamten mit Strafe bedroht sein, damit die Reinheit der Dienstpflichterfüllung gewährleistet ist.

II. § 340 StGB: Ein Beamter, welcher in Ausübung oder in Veranlassung der Ausübung seines Amtes vorsätzlich eine Körperverletzung begeht oder begehen läßt, wird mit Gefängnis nicht unter drei Monaten bestraft. Sind mildernde Umstände vorhanden, so kann die

Strafe bis auf einen Tag Gefängnis ermäßigt oder auf Geldstrafe erkannt werden.

Ist die Körperverletzung eine schwere, so ist auf Zuchthaus nicht unter zwei Jahren zu erkennen. Sind mildernde Umstände vorhanden, so tritt Gefängnisstrafe nicht unter drei Monaten ein.

Körperverletzung (§ 340) verdient bei Offizieren und Unteroffizieren dieselbe Verschärfung der Strafandrohung wie bei Beamten. Liegt Mißhandlung eines Untergebenen vor, so geht die Sonderbestimmung des § 30 WStG vor.

III. § 342 StGB: Ein Beamter. der in Ausübung oder in Veranlassung der Ausübung seines Amtes einen Hausfriedensbruch (§ 123) begeht, wird mit Gefängnis bis zu einem Jahr oder mit Geldstrafe bestraft.

Hausfriedensbruch (§ 342) muß bei Offizieren und Unteroffizieren in demselben Maße wie bei Beamten unter Strafe stehen, so daß es auch auf einen Strafantrag (§ 123 Abs. 3 StGB) nicht ankommt.

IV. § 343 StGB: Ein Beamter, welcher in einer Untersuchung Zwangsmittel anwendet oder anwenden läßt, um Geständnisse oder Aussagen zu erpressen, wird mit Zuchthaus bis zu fünf Jahren bestraft.

Aussageerpressung (§ 343) wiegt in einem Rechtsstaat so schwer, daß Offiziere und Unteroffiziere den Beamten gleichgestellt werden müssen, soweit es sich um „Untersuchungen" i.S. des § 343 StGB handelt.

V. § 344 StGB: Ein Beamter, welcher vorsätzlich zum Nachteile einer Person, deren Umschuld ihm bekannt ist, die Eröffnung oder Fortsetzung einer Untersuchung beantragt oder beschließt, wird mit Zuchthaus bestraft.

Für Verfolgung Unschuldiger (§ 344) gilt das gleiche wie zu IV. „Beantragt" wird eine Untersuchung nicht schon mit jeder Abgabe einer Sache an die Strafverfolgungsbehörde (§ 22 Abs. 1 WDO), sondern nur, wenn der Disziplinarvorgesetzte die Untersuchung fordert, also mindestens zum Ausdruck bringt, daß er auf sie Wert legt.

VI. § 345 StGB: Ein Beamter, der vorsätzlich eine Strafe oder eine Maßregel der Sicherung und Besserung vollstreckt, die nicht zu vollstrecken ist, wird mit Zuchthaus bestraft.

Ist die Handlung aus Fahrlässigkeit begangen, so tritt Gefängnisstrafe oder Einschließung bis zu einem Jahre oder Geldstrafe ein.

Unzulässige Vollstreckung (§ 345) muß bei Offizieren und Unteroffizieren in demselben Maße wie bei Beamten mit Strafe bedroht sein, zumal die BW nach Art. 6 EGWStG den Vollzug des Arrestes, auf Ersuchen der Vollstreckungsbehörde auch den Vollzug anderer Freiheitsstrafen, übernimmt. Soweit es sich jedoch um Disziplinarstrafen handelt, geht § 39 (3) WStG als Sonderbestimmung vor.

VII. § 346 StGB: Ein Beamter, der vermöge seines Amtes zur Mitwirkung bei einem Strafverfahren oder bei der Vollstreckung einer Strafe oder einer Maßregel der Sicherung und Besserung berufen ist und wissentlich jemand der im Gesetz vorgesehenen Strafe oder Maßregel entzieht, wird mit Zuchthaus bis zu fünf Jahren bestraft.
Sind mildernde Umstände vorhanden, so tritt Gefängnisstrafe nicht unter einem Monat ein.

Wegen Begünstigung im Amt (§ 346) müssen Offiziere und Unteroffiziere wie Beamte strafbar sein, soweit ihnen die Mitwirkung bei einem Strafverfahren, insbesondere die Untersuchung und Meldung eines Verdachts, und bei der Vollstreckung einer Strafe oder Maßregel als besondere dienstliche Aufgabe zugewiesen ist, wie z. B. den Angehörigen der Feldjägertruppe. Obliegt ihnen die Mitwirkung bei einem Strafverfahren nur zufolge ihrer Vorgesetzteneigenschaft, so geht § 40 WStG als privilegierende Sondervorschrift vor.

VIII. § 347 StGB: Ein Beamter, welcher einen Gefangenen, dessen Beaufsichtigung, Begleitung oder Bewachung ihm anvertraut ist, vorsätzlich entweichen läßt oder dessen Befreiung vorsätzlich bewirkt oder fördert, wird mit Zuchthaus bis zu fünf Jahren bestraft. Sind mildernde Umstände vorhanden, so tritt Gefängnisstrafe nicht unter einem Monat ein.
Ist die Entweichung durch Fahrlässigkeit gefördert oder erleichtert worden, so tritt Gefängnisstrafe bis zu sechs Monaten oder Geldstrafe ein.
Einem Gefangenen steht gleich, wer in Sicherungsverwahrung oder in einem Arbeitshaus untergebracht ist.
§ 348 StGB: Ein Beamter, welcher, zur Aufnahme öffentlicher Urkunden befugt, innerhalb seiner Zuständigkeit vorsätzlich eine rechtlich erhebliche Tatsache falsch beurkundet oder in öffentliche Register oder Bücher falsch einträgt, wird mit Gefängnis nicht unter einem Monat bestraft.
Dieselbe Strafe trifft einen Beamten, welcher eine ihm amtlich anvertraute oder zugängliche Urkunde vorsätzlich vernichtet, beiseite schafft, beschädigt oder verfälscht.
Der Versuch ist strafbar.
In schweren Fällen ist die Strafe Zuchthaus.

Entweichenlassen von Gefangenen (§ 347) und Falschbeurkundung im Amt (§ 348) wiegen grundsätzlich so schwer, daß sie bei Offizieren und Unteroffizieren in demselben Maße wie bei Beamten mit Strafe bedroht sein müssen.

IX. § 350 StGB: Ein Beamter, welcher Gelder oder andere Sachen, die er in amtlicher Eigenschaft empfangen oder in Gewahrsam hat, unterschlägt, wird mit Gefängnis nicht unter drei Monaten bestraft; auch kann auf Verlust der bürgerlichen Ehrenrechte erkannt werden.

Der Versuch ist strafbar.

§ 351 StGB: Hat der Beamte in Beziehung auf die Unterschlagung die zur Eintragung oder Kontrolle der Einnahmen oder Ausgaben bestimmten Rechnungen, Register oder Bücher unrichtig geführt, verfälscht oder unterdrückt, oder unrichtige Abschlüsse oder Auszüge aus diesen Rechnungen, Registern oder Büchern, oder unrichtige Belege zu denselben vorgelegt, oder ist in Beziehung auf die Unterschlagung auf Fässern, Beuteln oder Paketen der Geldinhalt fälschlich bezeichnet, so ist auf Zuchthaus bis zu zehn Jahren zu erkennen.

Sind mildernde Umstände vorhanden, so tritt Gefängnisstrafe nicht unter sechs Monaten ein.

Hinsichtlich der einfachen und der schweren Amtsunterschlagung (§§ 350, 351) kann ebenfalls für Offiziere und Unteroffiziere nichts anderes als für Beamte gelten. Die Anwendung des § 350 auf die Zueignung von Ausrüstungsstücken könnte zwar im Einzelfall eine Härte sein; eine solche Zueignung ist aber von der Rechtsprechung zum MStGB nicht als Unterschlagung, sondern als Diebstahl aufgefaßt worden (diese Rechtsprechung besagt: a) die Fortnahme von Sachen, die zu den Kompanie- usw. Beständen gehören, durch Untergebene des Kompanie- usw. Chefs, mögen ihnen die Sachen auch zum Gebrauch überlassen, ihnen also anvertraut sein, bewirkt, weil der Kompanie- usw. Chef nach feststehendem militärdienstlichen Grundsatz an den Kompanie- usw. Beständen [wie auch der Kommandant eines Kriegsschiffs] den alleinigen Gewahrsam hat, den Bruch fremden Gewahrsams, ist also Diebstahl (§ 242 StG), nicht Unterschlagung (1, 101); b) die Fortnahme von Sachen aus Kompanie- usw. Beständen, die anderen Kompanieangehörigen zum Gebrauch überlassen sind, um sie selbst dienstlich zu gebrauchen, ist kein Diebstahl, weil der Gewahrsam des Kompanie- usw. Chefs nicht verletzt wird [PE 1, 124], sondern nur Dienstvergehen, daher wohl disziplinar, aber nicht gerichtlich strafbar).

§ 353b StGB: Ein Beamter oder früherer Beamter, der unbefugt ein ihm bei Ausübung seines Amtes anvertrautes oder zugänglich gewordenes Geheimnis offenbart und dadurch wichtige öffentliche Interessen gefährdet, wird mit Gefängnis, in besonders schweren Fällen mit Zuchthaus bis zu zehn Jahren bestraft; hat der Täter mit der eingetretenen Gefährdung fahrlässig nicht gerechnet, so ist auf Gefängnis bis zu zwei Jahren oder auf Geldstrafe zu erkennen.

> Einem Beamten steht eine für eine Behörde tätige Person gleich, die auf die gewissenhafte Erfüllung ihrer Dienstpflicht durch Handschlag oder zur Verschwiegenheit besonders verpflichtet worden ist.
>
> Der Versuch ist strafbar.
>
> Die Tat wird nur mit Zustimmung der dem Täter vorgesetzten Behörde, und, wenn er nicht mehr in seinem Amt oder seiner Stellung ist, mit Zustimmung der letzten vorgesetzten Behörde verfolgt. Die Verfolgung von Personen, die zur Verschwiegenheit besonders verpflichtet worden sind, tritt nur auf Anordnung des Bundesministers der Justiz ein.

Verletzung der Amtsverschwiegenheit (§ 353 b) muß bei Offizieren und Unteroffizieren wie bei Beamten strafbar sein (§ 14 SG verpflichtet den Soldaten, auch nach seinem Ausscheiden aus dem Wehrdienst, über die ihm bei seiner dienstlichen Tätigkeit bekanntgewordenen Angelegenheiten Verschwiegenheit zu bewahren, was aber nicht für Mitteilungen im dienstlichen Verkehr und für Tatsachen gilt, die offenkundig sind oder ihrer Bedeutung nach keiner Geheimhaltung bedürfen).

3. Für nicht anwendbar auf Soldaten sind folgende Vorschriften des Beamtenstrafrechts erklärt worden:

§ 336 StG (Rechtsbeugung). Für den Soldaten kommt Rechtsbeugung nur als Überschreiten oder Mißbrauch der Disziplinarstrafgewalt in Betracht. Hierfür gelten ausschließlich die milderen Vorschriften der §§ 38, 39 WStG. Beisitzer im Disziplinargericht werden ebenso wie andere Laienrichter von § 336 StGB nicht erfaßt (Begr.).

§ 341 StGB (Freiheitsberaubung). Hier mußte eine mildere Behandlung sichergestellt werden, weil das Recht zur vorläufigen Festnahme nicht nur dem Disziplinarvorgesetzten, sondern nach § 9 WDO auch gewissen anderen Soldaten zusteht. Die Strafrahmen des § 239 StGB erscheinen ausreichend (Begr.).

§§ 352, 353 StG. Übermäßige Gebühren- und Abgabenerhebung kommen praktisch zu wenig in Betracht, als daß eine Gleichstellung mit den Beamten geboten wäre (Begr.).

§§ 354, 355. Die Vorschriften über Brieföffnung durch Postbeamte (§ 354) und Verletzung des Telegrafen- und Fernmeldegeheimnisses (§ 355) erfordern ihrem Tatbestande nach unter normalen Verhältnissen keine Gleichstellung der Soldaten mit den Beamten (Begr.).

§ 357 StG. Pflichtverletzung des Vorgesetzten wird in den nach dieser Vorschrift praktisch bedeutsamen Begehungsformen durch besondere Vorschriften des WStG (§ 30 Abs. 2, §§ 33, 34, 41) erfaßt.

Diese Bestimmungen gelten auch dann, wenn der Vorgesetzte dem Mannschaftsgrade angehört (Begr.).

4. Abs. 2 bringt entsprechend dem § 140 MStGB die einzige Ausnahme, die eine Vorschrift des Beamtenstrafrechts auch auf Mannschaften erstreckt, für die schwere Bestechlichkeit (§ 332 StGB). Hier müssen im Interesse der Reinheit der Dienstverpflichtung auch die Mannschaften den Beamten gleichgestellt werden (Begr.).

§ 332 ist in obiger Anm. 2 unter I im Wortlaut wiedergegeben.

5. Abs. 3. Die im § 48 (1) aufgeführten Straftaten sind als militärische Straftaten anzusehen.

Daher schließt **Nr. 3** die Geldstrafe aus (vgl. § 10) und ersetzt **Nr. 2** Gefängnis bis zu einem Monat durch Strafarrest (vgl. den hier nicht anwendbaren § 10 Abs. 1 Nr. 1), dessen Mindestdauer entsprechend § 9 (1) eine Woche beträgt. Auf Strafarrest kann nach **Nr. 1** unter Beachtung der Wahlregel des § 11 (1) von einer Woche bis zu sechs Monaten erkannt werden (§ 9 Abs. 1).

Einführungsgesetz zum Wehrstrafgesetz

Vom 30. März 1957

(BGBl. I S. 306)

Vorbemerkung

Kernpunkt des EG ist die durch die Wiedereinführung der allgemeinen Wehrpflicht notwendig gewordene Ergänzung des JGG. Sie erfolgt durch Art. 1, während durch die übrigen Artikel Änderungen des StraftilgungsG, der StrafregisterVO bewirkt, Strafvollstreckungs- und Strafvollzugsfragen geregelt und Übergangsvorschriften geschaffen werden.

Grundsätzlich gelten für straffällig gewordene jugendliche und heranwachsende Soldaten während der Dauer ihres Wehrdienstverhältnisses die Vorschriften der §§ 3 bis 32 und 105 JGG. Abweichungen von diesem Grundsatz enthält § 112 a. Er erweitert das Rechtsfolgensystem des Jugendstrafrechts für Soldaten um eine Erziehungsmaßnahme, die den besonderen militärischen Bedürfnissen entspricht (Nr. 2), scheidet die für Soldaten schon aus Rechtsgründen nicht in Betracht kommende Fürsorgeerziehung aus (Nr. 1) und erklärt Weisungen (§ 10 JGG) und Auferlegungen besonderer Pflichten (§ 15 JGG) nur insoweit für zulässig, als die Besonderheiten des Wehrdienstes damit vereinbar sind (Nr. 3).

Die Regelung wird für jugendliche Soldaten, also solche im Alter von 14 bis 18 Jahren (§ 1 Abs. 2 JGG), nur wenig Bedeutung haben, weil nach § 5 (2) WPfG der Grundwehrdienst in der Regel erst in dem Kalenderjahr beginnt, in dem der Wehrpflichtige das 20. Lebensjahr vollendet. Wenn § 112 a gleichwohl auch für Jugendliche Geltung beansprucht, so hat das praktische Bedeutung nur für vormilitärische Taten, die entweder während des Wehrdienstverhältnisses abgeurteilt werden oder bei denen die Vollstreckung mit dem Eintritt des Verurteilten in die BW noch nicht erledigt ist (Begr.). Heranwachsender ist, wer z. Z. der Tat 18, aber noch nicht 21 Jahre alt ist (§ 1 Abs. 2 JGG). In diesem Alter befinden sich die meisten Angehörigen der BW. Auf sie wendet der Richter, wenn sie eine nach den allgemeinen Vorschriften mit Strafe bedrohte Verfehlung begangen haben, die für einen Jugendlichen geltenden Vorschriften der §§ 4 bis 32 JGG an, wenn

1. die Gesamtwürdigung der Persönlichkeit des Täters bei Berücksichtigung auch der Umweltsbedingungen ergibt, daß er zur Zeit der Tat nach seiner sittlichen und geistigen Entwicklung noch einem Jugendlichen gleichstand, oder
2. es sich nach der Art, den Umständen oder den Beweggründen der Tat um eine Jugendverfehlung handelt (§ 105 Abs. 1 JGG).

Liegen diese Voraussetzungen nicht vor, so gelten für die Heranwachsenden die Vorschriften des Erwachsenenstrafrechts. „Daß diese grundlegend verschiedene Behandlung von Soldaten, die bei einer Truppe Dienst tun und meistens nahezu gleichartig sind, aus disziplinären Gründen Bedenken erweckt, bedarf keiner näheren Begründung" (Begr.). Die Pflichten, die der Staat dem Soldaten auferlegt, sind gleich, „ohne Rücksicht darauf, ob der Verpflichtete 20 Jahre alt oder älter ist. Dies gilt insbesondere auch für die Pflicht zur Tapferkeit, die im Ernstfall den Einsatz des Lebens fordert. Im Bereich des Disziplinarrechts werden alle Soldaten ohne Rücksicht auf ihr Alter nach den gleichen Vorschriften zur Verantwortung gezogen. Auch der Soldat selbst will von sich aus ernst und als Mann voll genommen werden. Es könnte deshalb naheliegen, auch strafrechtlich alle Soldaten nach den allgemeinen Vorschriften zu behandeln. Die Altersgrenze von 21 Jahren und die verschiedene strafrechtliche Behandlung der Heranwachsenden wird häufig zu Härten und materiellen Ungleichheiten führen, die namentlich vom disziplinären Standpunkt aus nicht unbedenklich sind" (Begr.). Trotzdem hat sich der Gesetzgeber nicht dazu durchringen können, entsprechend § 50 MStGB bei Bestrafung militärischer Verbrechen oder Vergehen die Erkennung der angedrohten Strafe vom Alter des Täters unabhängig zu machen. Er hat gemeint, daß sich diese Regelung „mit dem inzwischen fortentwickelten System des Jugendstrafrechts schwerlich vereinbaren" lasse. Sie „widerspricht vor allem der in der jugendgerichtlichen Praxis immer nachdrücklicher hervortretenden Forderung, die Altersgruppe der Heranwachsenden ganz allgemein dem Jugendstrafrecht zu unterwerfen". Die nunmehr durch das EG getroffene Regelung schließt aber „nicht die Notwendigkeit aus, die Entwicklung in der Praxis sorgfältig zu beobachten und, soweit erforderlich, die getroffene Entscheidung zu überprüfen" (Begr.).

Artikel 1

Änderung des Jugendgerichtsgesetzes

Das Jugendgerichtsgesetz wird wie folgt geändert und ergänzt:

1. Nach § 112 werden folgende Vorschriften eingefügt:

„Vierter Teil

Sondervorschriften für Soldaten der Bundeswehr

§ 112 a

Anwendung des Jugendstrafrechts

Das Jugendstrafrecht (§§ 3 bis 32, 105) gilt für die Dauer des Wehrdienstverhältnisses eines Jugendlichen oder Heranwachsenden mit folgenden Abweichungen:

1. **Schutzaufsicht und Fürsorgeerziehung dürfen nicht angeordnet werden.**
2. **Bedarf der Jugendliche oder Heranwachsende nach seiner sittlichen oder geistigen Entwicklung besonderer erzieherischer Einwirkung, so kann der Richter Erziehungshilfe durch den Disziplinarvorgesetzten als Erziehungsmaßregel anordnen.**
3. **Bei der Erteilung von Weisungen und der Auferlegung besonderer Pflichten soll der Richter die Besonderheiten des Wehrdienstes berücksichtigen. Weisungen und besondere Pflichten, die bereits erteilt oder auferlegt sind, soll er diesen Besonderheiten anpassen.**
4. **Als ehrenamtlicher Bewährungshelfer kann ein Soldat bestellt werden. Er untersteht bei der Bewährungsaufsicht (§ 25 Satz 1) nicht den Anweisungen des Richters.**
5. **Von der Überwachung durch einen Bewährungshelfer, der nicht Soldat ist, sind Angelegenheiten ausgeschlossen, für welche die militärischen Vorgesetzten des Jugendlichen oder Heranwachsenden zu sorgen haben. Maßnahmen des Disziplinarvorgesetzten haben den Vorrang.“**

1. Wäre die Anordnung von Schutzaufsicht über Soldaten unter den Voraussetzungen des JWG (§ 12 JGG) zulässig, so würde das dem Schutzhelfer (§ 58 JWG) ein Eingreifen in die Rechte und

Pflichten ermöglichen, die nach § 10 SG dem Vorgesetzten zufallen (Dienstaufsicht, Verantwortung für die Disziplin der Untergebenen, Sorgepflicht). Das würde „zu Schwierigkeiten, teilweise zu einem schwer erträglichen Neben- und Gegeneinander der zur Führung der jungen Soldaten berufenen Kräfte führen“ (Begr.).

Der Ausschluß der Fürsorgeerziehung ergibt sich schon daraus, daß sie nach § 72 (1) JWG spätestens mit der Vollendung des 19. Lebensjahres endet. Nach der Rechtsprechung muß der Anordnungsbeschluß bis dahin rechtskräftig sein (ORR Dr. Rüdiger im RA). Die Angeklagten werden aber in der Regel das 19. Lebensjahr überschritten haben. Im übrigen ist für alle Formen der Fürsorgeerziehung, Heim- und Familienerziehung während des Wehrdienstverhältnisses eines Soldaten kein Raum (Begr.). Wird ein Fürsorgezögling zum Wehrdienst einberufen, so wird der Vormundschaftsrichter im allgemeinen den Zweck der Fürsorgeerziehung als ereicht oder anderweitig sichergestellt ansehen und sie demnach gemäß § 72 (2) JWG aufheben können (Potrykus II 1).

2. Die hier vorgesehene besondere Erziehungsmaßregel verfolgt den Zweck, jungen Soldaten, bei denen sich aus Anlaß der Begehung von Straftaten erhebliche Erziehungsmängel herausgestellt haben, während des Wehrdienstes eine wirksame Erziehungshilfe zu bieten (Begr.). Durchführungsbestimmungen enthält § 112 b. Nach der Mitteilung von MinRat Neudeck im RA hat es der Verteidigungsausschuß des BT als selbstverständlich angesehen, daß ein Soldat, gegen den der Richter die Erziehungsmaßregel der Nr. 2 angeordnet hat, versetzt wird. Diese Erziehungsmaßregel soll auch die Lücke ausfüllen, die zwischen dem Höchstmaß von vier Wochen Jugendarrest (§ 16 Abs. 4 JGG) und dem Mindestmaß von sechs Monaten Jugendstrafe (§ 18 Abs. 1 JGG) besteht (Abg. Haasler im RA). Eine Zusammenfassung der Soldaten, für die Erziehungshilfe angeordnet ist, in besonderen Einheiten der BW, wie sie der Entwurf vorsah, hat der BT abgelehnt, weil er in der Massierung von zu einer Sondereinheit überwiesenen Soldaten eine Gefahr für diese und für die betreffende Einheit erblickte; er hielt es für besser, solche Soldaten auf verschiedene Einheiten zu verteilen und dafür Einheiten mit pädagogisch besonders qualifizierten Disziplinarvorgesetzten auszuwählen. Bevor der Richter die Erziehungsmaßregel anordnet oder für erledigt erklärt, soll er den nächsten Disziplinarvorgesetzten des Jugendlichen oder Heranwachsenden hören (§ 112 d).

3. Weisungen sind Gebote oder Verbote, die die Lebensführung des Jugendlichen regeln und dadurch seine Erziehung fördern und sichern sollen (§ 10 Abs. 1 JGG). Die Berücksichtigung der Besonderheiten des Wehrdienstes schließt von den im § 10 (1) JGG beispielsweise aufgezählten Weisungen diejenigen aus, „die sich auf den Aufenthaltsort beziehen, oder die dem Verurteilten auferlegen, in einem Heim oder einer bestimmten Familie zu wohnen" (Potrykus II 2 a), eine Lehr- oder Arbeitsstelle anzunehmen oder einer Arbeitsauflage nachzukommen. „Im Endergebnis stehen zur Anordnung gegen Soldaten von den Gesetzesbeispielen des § 10 JGG in der Hauptsache nur diejenigen des § 10 (1) Nr. 5 (Verkehrsverbot mit bestimmten Personen und Gaststättenbesuchsverbot) und Nr. 6 (Alkohol- und Nikotinverbot) sowie die im JGG nicht aufgezählten, am Einzelfall entwickelten Weisungen zur Verfügung." Die letztgenannten („selbstgeschöpften") Weisungen werden durch die notwendige Berücksichtigung der Besonderheiten des Wehrdienstes auch „stark eingeengt werden" (Potrykus a.a.O.). Vor der Erteilung von Weisungen soll der Richter den nächsten Disziplinarvorgesetzten hören (§ 112 d).

Die besonderen Pflichten, die der Richter dem Jugendlichen auferlegen kann, sind im § 15 (1) JGG abschließend aufgezählt. Von ihnen wird ohne Einschränkung nur „die Entschuldigungsverpflichtung des § 15 (1) Nr. 2 JGG mit den Besonderheiten des militärischen Dienstes nicht in Widerspruch stehen". Von der Auferlegung besonderer Pflichten, die mit Geldaufwendungen verbunden sind, wie Zahlung eines Geldbetrages zugunsten einer gemeinnützigen Einrichtung (§ 15 Abs. 1 Nr. 3 JGG) und Zahlung einer Schadensersatzsumme (§ 15 Abs. 1 Nr. 1), wird der Jugendrichter im Hinblick auf den geringen Wehrsold der meisten jugendlichen und heranwachsenden Soldaten „nur in geringem Umfange Gebrauch machen können" (Potrykus II 1 b). In jedem Fall soll der Richter vor der Auferlegung besonderer Pflichten den nächsten Disziplinarvorgesetzten hören (§ 112 d).

Weisungen und besondere Pflichten, die bereits erteilt oder auferlegt sind, soll der Richter nach Nr. 3 Satz 2 den Besonderheiten des Wehrdienstes anpassen, was „in zivilen Verurteilungsfällen, wie § 15 (3) JGG ergibt, nicht zulässig ist" (Potrykus a.a.O.).

4. entspricht dem § 14 (3),

5. dem § 14 (4) WStG. Auf die Anm. 3 zu § 14 WStG darf verwiesen werden.

§ 112 b
Erziehungshilfe durch den Disziplinarvorgesetzten

(1) Hat der Richter Erziehungshilfe (§ 112 a Nr. 2) angeordnet, so sorgt der nächste Disziplinarvorgesetzte dafür, daß der Jugendliche

oder Heranwachsende auch außerhalb des Dienstes überwacht und betreut wird.

(2) Zu diesem Zweck werden dem Jugendlichen oder Heranwachsenden Pflichten und Beschränkungen auferlegt, die sich auf den Dienst, die Freizeit, den Urlaub und die Auszahlung der Besoldung beziehen können. Das Nähere wird durch Rechtsverordnung (§ 115 Abs. 3) geregelt.

(3) Die Erziehungshilfe dauert so lange, bis ihr Zweck erreicht ist. Sie endet jedoch spätestens, wenn sie ein Jahr gedauert hat oder wenn der Soldat zweiundzwanzig Jahre alt oder aus dem Wehrdienst entlassen wird.

(4) Die Erziehungshilfe kann auch neben Jugendstrafe angeordnet werden.

1. Bei der Überwachung und Betreuung des Jugendlichen oder Heranwachsenden, für den der Richter Erziehungshilfe (§ 112 a Nr. 2) angeordnet hat, auch außerhalb des Dienstes (A b s. 1), „kommt alles darauf an, durch den Einsatz erfahrener Fachleute auf dem Gebiet der Jugenderziehung und durch eine jugendgemäße Gestaltung des Dienstbetriebes und der Freizeit die Arbeit zu leisten, die gegenüber Nichtsoldaten den Organen der öffentlichen und freien Jugendfürsorge obliegt. Dabei wird anzustreben sein, daß sich mit den Jugendbehörden und den freien Vereinigungen für Jugendhilfe eine enge Zusammenarbeit entwickelt“ (Begr.). Nach Nr. 52 StODV (ZDv. 40/1) hat der Standortkommandant die Truppenkommandeure sowie die Leiter militärischer Dienststellen bei der Verbindungaufnahme mit zivilen Betreuungsorganisationen zu unterstützen.

2. Die RechtsVO, die nach **Abs. 2** „das Nähere“ hinsichtlich der Auferlegung von Pflichten und Beschränkungen regeln soll, ist noch nicht erlassen. Die Ermächtigung der BR zum Erlaß dieser VO enthält der durch § 112 c dem § 115 JGG hinzugefügte Abs. 3.

3. Nach **Abs. 3** dauert die Erziehungshilfe so lange, bis ihr Zweck erreicht ist, kann aber nicht länger als ein Jahr dauern und endet in jedem Falle, wenn der Soldat 22 Jahre alt oder aus dem Wehrdienst entlassen wird. „Durch die Beschränkung auf ein Jahr wird einerseits den tatsächlichen Gegebenheiten bei der BW insofern Rechnung getragen, als die meisten Soldaten auf Grund ihrer Wehrpflicht ohnehin nicht länger dienen; zum anderen müssen dieser besonderen Form erzieherischer Betreuung zeitliche Grenzen gesetzt werden, weil eine zu lange Ausdehnung die Gefahr des Mißerfolges in sich birgt. Durch die zusätzlich eingefügte Altersgrenze soll der Charakter der Maßregel als eine für junge Soldaten bestimmte Maßnahme festgelegt und zugleich verhindert werden, daß Soldaten, die der Reifeentwicklung bereits entwachsen sind, noch dieser Erziehung unterworfen werden und möglicherweise eine Belastung für die Arbeit an den Jüngeren bedeuten. Daß die Entlassung aus dem Wehrdienst ein Beendigungsgrund sein muß, folgt zwingend aus der rechtlichen Struktur der Maßregel. Der zu ihrer Ausführung geleistete Dienst ist Wehrdienst (Abs. 3); auch er bezweckt in erster Linie die militärische Ausbildung des Soldaten. Die zugleich durchzuführende besondere erzieherische Betreuung ist eine Nebenaufgabe, welche die BW im Interesse des Allgemeinwohls übernimmt" (Begr.).

Über die Beendigung der Erziehungshilfe entscheidet der als Vollstreckungsleiter (§ 82 Abs. 1 JGG) zuständige Jugendrichter (§ 112 c Abs. 1) nach Anhörung des Disziplinarvorgesetzten (§ 112 d). Diese Entscheidung ist eine nicht weisungsgebundene jugendrichterliche Entscheidung i.S. des § 83 JGG (§ 112 c Abs. 3).

4. Die im **Abs. 4** vorgesehene Möglichkeit, die Erziehungshilfe mit Jugendstrafe zu verbinden, stellt eine Ergänzung des § 8 JGG dar, der alle übrigen Fragen der Verbindung mit anderen Erziehungsmaßregeln und mit Zuchtmitteln erschöpfend regelt (Begr.).

§ 112 c
Vollstreckung und Vollzug

(1) Der Vollstreckungsleiter erklärt die Erziehungsmaßregel nach § 112 a Nr. 2 für erledigt, wenn ihr Zweck erreicht ist.

(2) Der Vollstreckungsleiter sieht davon ab, Jugendarrest, der wegen einer vor Beginn des Wehrdienstverhältnisses begangenen Tat verhängt ist, gegenüber Soldaten der Bundeswehr zu vollstrecken, wenn die Besonderheiten des Wehrdienstes es erfordern und ihnen nicht durch einen Aufschub der Vollstreckung Rechnung getragen werden kann.

(3) Die Entscheidungen des Vollstreckungsleiters nach den Absätzen 1 und 2 sind jugendrichterliche Entscheidungen im Sinne des § 83.

(4) Jugendarrest wird während der Dauer des Wehrdienstverhältnisses von den Behörden der Bundeswehr vollzogen. Er darf nicht verschärft werden.

1. Vollstreckungsleiter — **Abs. 1** — ist der Jugendrichter (§ 82 Abs. 1 JGG); s. Anm. 3 zu § 112 b. Einer Entscheidung des Jugendrichters bedarf es nicht, wenn die Erziehungshilfe aus den im § 112 b Abs. 3 Satz 2 genannten gesetzlichen Gründen endet (Begr.). Abs. 1 ist nach einer Erklärung von MinDir. Dr. Schafheutle im RA die verfahrensrechtliche Ergänzung des im § 112 b ausgesprochenen materiell-rechtlichen Grundsatzes.

2. Abs. 2 „trägt einem wichtigen militärischen Anliegen Rechnung. Es wird bei der Truppe häufiger vorkommen, daß die alsbaldige Vollstreckung eines wegen einer vormilitärischen Straftat verhängten Jugendarrestes die Ausbildung des Soldaten gefährden würde. Da Jugendarrest nur innerhalb eines Jahres nach Rechtskraft vollstreckt werden darf (§ 87 Abs. 4 JGG) und überhaupt nur sinnvoll ist, wenn er der Straftat möglichst bald folgt, wird der Vollstreckungsleiter bisweilen vor der Frage stehen, wie er die Erfordernisse des militärischen Dienstes mit der Notwendigkeit alsbaldiger Vollstreckung in Einklang bringen kann. Um hier die Gefahr von Konfliktsfällen zu vermeiden, schafft Abs. 2 über den Rahmen des § 87 JGG hinaus die Möglichkeit, von der Vollstreckung eines solchen Jugendarrestes ganz abzusehen, wenn die Besonderheiten des Wehrdienstes es erfordern und ihnen nicht durch einen Aufschub der Vollstreckung Rechnung getragen werden kann. Wird der Jugendarrest wegen einer während des Wehrdienstes begangenen Tat verhängt, so kann das erkennende Gericht diese Gesichtspunkte selbst berücksichtigen" (Begr.).

3. Abs. 3 unterstellt die Entscheidungen des Vollstreckungsleiters den Regeln des § 83 JGG, welcher lautet:

> Die Entscheidungen des Vollstreckungsleiters nach den §§ 86 bis 89 sind jugendrichterliche Entscheidungen. Sie können, soweit nicht anders bestimmt ist, mit sofortiger Beschwerde angefochten werden. Die §§ 67 bis 69 gelten sinngemäß.

Der im Entw. vorgesehene Satz 2 des Abs. 3: „Die zuständige Stelle der Bundeswehr hat das Recht, Anträge zu stellen und Rechtsmittel einzulegen" ist vom BT gestrichen worden, nachdem ein Abgeordneter dagegen geltend gemacht hatte, die BW dürfe hier nicht anders als ein Arbeitgeber behandelt werden. Vergeblich führte MinRat Neudeck aus, die BW könne hier nicht mit einem Arbeitgeber verglichen werden, denn sie sei ein Teil des Staatsapparates mit bestimmmten Aufgaben; den zuständigen Organen der BW sollte die Möglichkeit gegeben werden, ihre Auffassung darüber, wie weit in dem Verfahren den Erfordernissen der militärischen Disziplin Rechnung getragen worden sei, zum Ausdruck zu bringen, was nur durch die Stellung von

Anträgen geschehen könne. Die Streichung des im Entw. vorgesehenen Satzes engt die den Vorgesetzten durch § 10 (2) SG auferlegte Verantwortung für die Disziplin ihrer Untergebenen ein. Die sinngemäße Geltung des § 67 JGG, nach dessen Abs. 3 die Rechte zur Einlegung von Rechtsbehelfen (und zur Wahl eines Verteidigers) auch dem Erziehungsberechtigten zustehen, ermöglicht es wenigstens dem nach § 112 Nr. 4 als ehrenamtlicher Bewährungshelfer bestellten Soldaten, gegen eine Anordnung des Vollstreckungsleiters, durch welche die Erziehungsmaßregel für beendigt erklärt wird (Abs. 1), sofortige Beschwerde einzulegen. Außerdem soll vor dem Erlaß einer solchen Anordnung der nächste Disziplinarvorgesetzte gehört werden (§ 112 d).

4. Mit der Vorschrift des Abs. 4 ist erreicht, daß Jugendarrest gegen einen heranwachsenden Soldaten in besonderen Anstalten der BW vollstreckt werden kann (MinDir. Dr. Schafheutle im RA). Es wird dadurch vermieden, daß der heranwachsende Soldat in eine Jugendarreststrafanstalt gebracht werden muß und damit aus dem militärischen Leben herauskommt; seine Anwesenheit in den Arrestanstalten der Landesjustizverwaltungen würde auch Aufsehen erregen (MinRat Neudeck im RA). Das Verbot der Verschärfung des Jugendarrestes während des Vollzuges (§ 90 Abs. 4 JGG) ist die Folge der Ablehnung des im Entw. des WStG vorgesehen gewesenen geschärften Strafarrestes durch den BT (s. Anm. 1 zu § 9 WStG).

§ 112 d
Anhörung des Disziplinarvorgesetzten

Bevor der Richter oder der Vollstreckungsleiter einem Soldaten der Bundeswehr Weisungen erteilt oder besondere Pflichten auferlegt, die Erziehungsmaßregel nach § 112 a Nr. 2 anordnet oder für erledigt erklärt, von der Vollstreckung des Jugendarrestes nach § 112 c Abs. 2 absieht oder einen Soldaten als Bewährungshelfer bestellt, soll er den nächsten Disziplinarvorgesetzten des Jugendlichen oder Heranwachsenden hören.

1. Die Anhörung des nächsten Disziplinarvorgesetzten soll sicherstellen, daß bei den im einzelnen aufgeführten Entscheidungen die militärischen Gesichtspunkte zur Geltung kommen und zutreffend gewertet werden (Begr.).

2. Obwohl es sich um keine Muß-, sondern um eine Sollvorschrift handelt, wird — wie nach den §§ 19 (2) Satz 3, 21 Satz 2, 23 Satz 2

JGC — „eine Nichtbeachtung nur in ganz besonders gelagerten Ausnahmefällen“ zulässig sein (Dallinger-Lackner, Anm. 2 zu § 23).

3. Der „n ä c h s t e“ Disziplinarvorgesetzte ist nach § 81 (1) Satz 2 WDO der unterste Vorgesetzte mit Disziplinargewalt, dem der Soldat unmittelbar unterstellt ist, in der Regel also der Kompaniechef für die Angehörigen seiner Kompanie, der Bataillonskommandeur für die Angehörigen seines Bataillonsstabes usw. Wechselt vor Erledigung eines Falles das Unterstellungsverhältnis, so wird der neue Disziplinarvorgesetzte zuständig (§ 18 Abs. 2 WDO).

§ 112 e
Verfahren vor Gerichten, die für allgemeine Straftaten zuständig sind

1. In Verfahren gegen Jugendliche oder Heranwachsende vor den für allgemeine Strafsachen zuständigen Gerichten (§ 104) sind die §§ 112 a, 112 b und 112 d anzuwenden.

2. Der bisherige Vierte Teil des Gesetzes wird Fünfter Teil.

3. Dem § 115 wird folgender Absatz hinzugefügt:

„(3) Die Bundesregierung wird ermächtigt, durch Rechtsverordnung mit Zustimmung des Bundesrates zur Durchführung des § 112 b Abs. 2 Vorschriften über Art, Umfang und Dauer der Pflichten und Beschränkungen zu erlassen, die dem Jugendlichen oder Heranwachsenden hinsichtlich des Dienstes, der Freizeit, des Urlaubs und der Auszahlung der Besoldung auferlegt werden oder durch den nächsten Disziplinarvorgesetzten auferlegt werden können.“

1. Die Vorschrift „hat nur technische Bedeutung. Sie ist eine unerläßliche Ergänzung des § 104 JGG“ (Begr.), dem der Gedanke zugrunde liegt, „daß (abweichend von dem Grundsatz des § 5 StPO) die Vorschriften des JGG in Verfahren gegen Jugendliche in möglichst großem Umfange auch vor den Erwachsenengerichten angewandt werden sollen“ (Dallinger-Lackner, Anm. 2 zu § 104). Das mußte auch für jugendliche und heranwachsende Soldaten sichergestellt werden.

2. Der bisherige Vierte, jetzt Fünfte Teil des JGG enthält Schluß- und Übergangsbestimmungen.

3. Zu Nr. 3 s. Anm. 2 zu § 112 b.

Artikel 2
Änderung des Straftilgungsgesetzes

§ 7 Abs. 1 des Gesetzes über beschränkte Auskunft aus dem Strafregister und die Tilgung von Strafvermerken (Straftilgungsgesetz) vom 9. 4. 1920 (Reichsgesetzbl. S. 507) in der Fassung des Gesetzes vom 24. 9. 1933 (Reichsgesetzbl. I S. 1000) erhält folgende Fassung:

„Die Frist, nach deren Ablauf ein Vermerk zu tilgen ist, beträgt

1. **fünf Jahre, wenn auf Geldstrafe, auf Haft, auf Strafarrest von höchstens drei Monaten oder auf Gefängnis oder Einschließung von höchstens einer Woche, allein oder in Verbindung miteinander oder mit Nebenstrafen, erkannt worden ist, mit Ausnahme der Fälle, in denen eine Maßregel der Sicherung und Besserung angeordnet oder auf die Zulässigkeit von Polizeiaufsicht erkannt worden ist;**
2. **zehn Jahre in allen übrigen Fällen.“**

Durch die Neufassung des § 7 (1) StraftilgungsG ist Strafarrest von höchstens drei Monaten hinsichtlich der Tilgungsfrist der Geldstrafe, der Haft, der Gefängnisstrafe und der Einschließung von höchstens einer Woche gleichgestellt worden, wobei gleichzeitig das Wort Festungshaft durch das Wort „Einschließung“ ersetzt wurde.

Artikel 3
Änderung der Strafregisterverordnung

§ 4 Abs. 1 der Strafregisterverordnung in der Fassung der Verordnung vom 17. 2. 1934 (Reichsgesetzbl. I S. 137) erhält folgende Fassung:

„Ist auf Gefängnis, Einschließung oder Strafarrest von mehr als drei Monaten oder neben einer Strafe auf Verlust der bürgerlichen Ehrenrechte oder einzelner Rechte oder Fähigkeiten oder auf eine Maßregel der Sicherung und Besserung oder auf Zulässigkeit von Polizeiaufsicht erkannt, so ist dem Strafregister der Tag mitzuteilen, an dem die Strafe oder bei bedingtem Erlaß des Strafrestes der nicht erlassene Teil der Strafe verbüßt oder die anstelle einer Freiheitsstrafe oder des Restes einer Freiheitsstrafe auferlegte Geldstrafe bezahlt ist.“

Die Ergänzung des § 4 (1) der StrafregisterVO berücksichtigt, daß der Strafarrest durch das WStG (§§ 8, 9) als neue Freiheitsstrafe eingeführt ist. Da zur Berechnung des Beginns der Frist des § 6 Abs. 1

Nr. 2, Abs. 3 des StraftilgungsG die Kenntnis des Zeitpunkts der Verbüßung der Strafe erforderlich ist, stellt die Ergänzung der Vorschrift sicher, daß dem Strafregister in allen Fällen, in denen auf eine Arreststrafe von mehr als drei Monaten erkannt worden ist, von der Strafverbüßung Nachricht gegeben wird. Auch hier ist der Abschaffung der Festungshaft dadurch Rechnung getragen, daß an die Stelle des Wortes Festungshaft „Einschließung“ gesetzt wird (Begr.).

Artikel 4
Vormilitärische Straftaten

Ist wegen einer vor Beginn des Wehrdienstes begangenen Straftat die Vollstreckung der Strafe zur Bewährung ausgesetzt oder bedingte Entlassung angeordnet (§§ 23 bis 26 des Strafgesetzbuches), so gelten für die Dauer des Wehrdienstverhältnisses eines Soldaten der Bundeswehr folgende besonderen Vorschriften:

1. **Bewährungsauflagen (§ 24 des Strafgesetzbuches) sollen die Besonderheiten des Wehrdienstes berücksichtigen. Bewährungsauflagen, die bereits angeordnet sind, soll der Richter diesen Besonderheiten anpassen.**
2. **Als ehrenamtlicher Bewährungshelfer (§ 24 Abs. 1 Nr. 6 des Strafgesetzbuches) kann ein Soldat bestellt werden. Er untersteht bei der Überwachung des Verurteilten nicht den Anweisungen des Gerichts.**
3. **Von der Überwachung durch einen Bewährungshelfer, der nicht Soldat ist, sind Angelegenheiten ausgeschlossen, für welche die militärischen Vorgesetzten des Verurteilten zu sorgen haben. Maßnahmen des Disziplinarvorgesetzten haben den Vorrang.**

Die Vorschrift bestimmt für vormilitärische Straftaten im wesentlichen dasselbe, was § 14 Abs. 2 bis 4 WStG für die Strafaussetzung zur Bewährung regelt. Es wird deshalb auf die Anmerkungen zu § 14 WStG verwiesen.

Artikel 5
Vollzug von Freiheitsstrafen an Soldaten der Bundeswehr

(1) Strafarrest, Gefängnis bis zu einem Monat und Haft werden an Soldaten der Bundeswehr von deren Behörden vollzogen. Dabei sind Gefängnis und Haft wie Strafarrest zu vollziehen.

(2) Auf Ersuchen der Vollstreckungsbehörde können auch andere Freiheitsstrafen, die sechs Monate nicht übersteigen, an Soldaten der Bundeswehr von deren Behörden vollzogen werden.

1. Der Vollzug der im **Abs. 1** bezeichneten kurzfristigen Freiheitsstrafen durch Vollzugsbehörden der BW verhindert, daß der Soldat für die Verbüßung dieser Strafen aus der BW herausgerissen wird, und ermöglicht, den Vollzug für die militärische Erziehung und Ausbildung nutzbar zu machen (Begr.)

2. Abs. 2 begründet für die Behörden der BW eine „fakultative Zuständigkeit, auf Ersuchen der Vollstreckungsbehörde andere Freiheitsstrafen bis zu sechs Monaten an Soldaten der BW selbst zu vollziehen. Diese Zuständigkeit kann insbesondere bei Haft und bei Gefängnisstrafen bedeutsam sein, die wegen vormilitärischer Straftaten oder wegen militärischer oder nichtmilitärischer, im Wehrdienst begangener Straftaten verhängt werden. Sie ermöglicht es, auch beim Vollzug dieser kurzfristigen Strafen, der sonst ausnahmslos in den allgemeinen Vollzugsanstalten durchgeführt werden müßte, im Rahmen der für sie geltenden Vollzugsvorschriften den Erfordernissen der militärischen Ausbildung Rechnung zu tragen“ (Begr.).

Artikel 6
Übergangsvorschriften

(1) Artikel 5 ist nur anzuwenden, soweit die erforderlichen Vollzugseinrichtungen in der Bundeswehr vorhanden sind. Der Bundesminister für Verteidigung stellt dies jeweils in einer Bekanntmachung fest, die im Bundesanzeiger veröffentlicht wird.

(2) Dasselbe gilt für die Anwendung des § 9 Abs. 2 Satz 2 des Wehrstrafgesetzes und des § 112 c Abs. 4 des Jugendgerichtsgesetzes.

Sowohl Art. 6 EG als auch Art. 112 c (4) JGG in der Fassung des Art. 1 EG setzen voraus, daß in der BW die erforderlichen bundeseigenen Vollzugseinrichtungen nach Art. 87 b (2) GG geschaffen werden. Für die Übergangszeit muß es bei der Zuständigkeit der allgemeinen Vollzugsbehörden bleiben. Solange der Strafarrest an Soldaten von der allgemeinen Vollzugsbehörde vollzogen wird, kann auch der Grundsatz des § 9 (2) Satz 2 WStG nicht gelten. Das stellt Art. 6 sicher (Begr.).

Artikel 7
Ausführungsvorschriften für den Vollzug des Strafarrestes

Die Bundesregierung wird ermächtigt, durch Rechtsverordnung mit Zustimmung des Bundesrates für den Vollzug des Strafarrestes durch Behörden der Bundeswehr oder durch die allgemeinen Vollzugsbehörden Vorschriften zu erlassen, die sich auf die Art der Unterbringung, die Behandlung, die Beschäftigung, den Verkehr mit der Außenwelt, die Ordnung und Sicherheit im Vollzug und die Ahndung von Verstößen hiergegen beziehen.

Die vorgesehene RechtsVO ist noch nicht erlassen.

Artikel 8
Inkrafttreten

(1) Das Wehrstrafgesetz und dieses Einführungsgesetz treten einen Monat nach dem Tage der Verkündung in Kraft.

(2) § 43 des Wehrstrafgesetzes tritt, soweit er die Sabotage betrifft, nicht vor dem Vierten Strafrechtsänderungsgesetz in Kraft.

1. Das WStG und das EG sind am 30. 3. 1957 verkündet worden (BGBl. I S. 298, 306) und daher am 1. 5. 1957 in Kraft getreten.

2. Das 4. StrafrechtsänderungsG ist am 13. 6. 1957 verkündet worden (BGBl. I S. 597). Nach seinem Art. 12 (1) tritt § 109 e StGB, der die Strafvorschrift gegen Sabotage enthält, einen Monat nach der Verkündung, also am 14. 7. 1957, in Kraft. Seitdem gilt § 43 WStG in vollem Umfange.

Anhang 1

Verordnung über die Regelung des militärischen Vorgesetztenverhältnisses

Vom 4. Juni 1956
(BGBl. I S. 459)

Auf Grund des § 1 Abs. 4 in Verbindung mit § 72 Abs. 2 des Soldatengesetzes vom 19. März 1956 (Bundesgesetzbl. I S. 114) wird verordnet:

I. Vorgesetztenverhältnis auf Grund der Dienststellung

§ 1
Unmittelbare Vorgesetzte

(1) Ein Soldat, der nach seiner Dienststellung Soldaten zu führen hat, die entsprechend der Gliederung der Streitkräfte zusammengefaßt sind, oder der eine militärische Dienststelle leitet, hat die allgemeine Befugnis, den ihm unterstellten Soldaten im Dienst Befehle zu erteilen. Hat er Disziplinargewalt, so steht ihm die Befehlsbefugnis gegenüber diesen Soldaten auch zu, wenn sie sich nicht im Dienst befinden.

(2) In den Fachdienst der Untergebenen, die der Leitung und Dienstaufsicht von Fachvorgesetzten unterstehen, soll der unmittelbare Vorgesetzte nicht eingreifen.

§ 2
Fachvorgesetzte

Ein Soldat, dem nach seiner Dienststellung die Leitung des Fachdienstes von Soldaten obliegt, hat die Befugnis, ihnen im Dienst zu fachdienstlichen Zwecken Befehle zu erteilen.

§ 3
Vorgesetzte mit besonderem Aufgabenbereich

Ein Soldat, dem nach seiner Dienststellung ein besonderer Aufgabenbereich zugewiesen ist, hat im Dienst die Befugnis, anderen Soldaten Befehle zu erteilen, die zur Erfüllung seiner Aufgaben notwendig sind. Wenn sich dies aus seinem Aufgabenbereich ergibt, hat er Befehlsbefugnis auch gegenüber Soldaten, die sich nicht im Dienst befinden.

II. Vorgesetztenverhältnis auf Grund des Dienstgrades

§ 4

(1) In den Kompanien und in den entsprechenden Einheiten sowie an Bord eines Schiffes steht die Befugnis, im Dienst Befehle zu erteilen, zu

1. den Offizieren gegenüber allen Unteroffizieren und Mannschaften,
2. den Unteroffizieren vom Feldwebel an aufwärts gegenüber allen Stabsunteroffizieren, Unteroffizieren und Mannschaften,
3. den Stabsunteroffizieren und den Unteroffizieren gegenüber allen Mannschaften.

An Bord von Schiffen gilt dies auch gegenüber Soldaten, die nicht zu bestimmtem Dienst eingeteilt sind.

(2) In Stäben und anderen militärischen Dienststellen gilt Absatz 1 Satz 1 entsprechend, jedoch kann der Kommandeur oder der Leiter der Dienststelle die Befehlsbefugnis auf Untergliederungen des Stabes oder der Dienststelle beschränken.

III. Vorgesetztenverhältnis auf Grund besonderer Anordnung

§ 5

(1) Ein Vorgesetzter kann innerhalb seiner Befehlsbefugnis Untergebene einem Soldaten für eine bestimmte Aufgabe vorübergehend unterstellen. Dabei soll ein im Dienstgrad niedrigerer Soldat einem im Dienstgrad höheren Soldaten nur vorgesetzt werden, wenn besondere dienstliche Gründe dies erfordern.

(2) Durch die Anordnung der Unterstellung, die den Untergebenen dienstlich bekanntzugeben ist, erhält der Soldat die Befugnis, den unterstellten Soldaten Befehle zu erteilen, die zur Erfüllung seiner Aufgabe notwendig sind.

IV. Vorgesetztenverhältnis auf Grund eigener Erklärung

§ 6

(1) Ein Offizier oder Unteroffizier kann sich in und außer Dienst über andere Soldaten, die im Dienstgrad nicht über ihm stehen, zum Vorgesetzten erklären, wenn er dies für notwendig hält, weil

1. eine Notlage sofortige Hilfe erfordert,
2. zur Aufrechterhaltung der Disziplin oder Sicherheit ein sofortiges Eingreifen unerläßlich ist oder
3. eine einheitliche Befehlsgebung an Ort und Stelle unabhängig von der gliederungsmäßigen Zusammengehörigkeit der Soldaten zur Behebung einer kritischen Lage hergestellt werden muß.

(2) Niemand kann sich zum Vorgesetzten von Soldaten erklären, die auf Grund der §§ 1 bis 3 und 5 Befehlsbefugnis über ihn haben.

(3) Mit der Erklärung erhält der Offizier oder Unteroffizier die Befugnis, den Soldaten, an die er die Erklärung gerichtet hat, Befehle zu erteilen, die nach der Lage erforderlich sind. In eine fachliche Tätigkeit soll nur ein facherfahrener Offizier oder Unteroffizier eingreifen.

V. Inkrafttreten

§ 7

Diese Verordnung tritt am Tage nach ihrer Verkündung in Kraft.

Bonn, den 4. Juni 1956.

Der Bundesminister für Verteidigung
Blank

Anhang 2

I. Anordnung des Bundespräsidenten über die Dienstgradbezeichnungen und die Uniform der Soldaten

Vom 7. Mai 1956
(BGBl. I S. 422)

Auf Grund des § 4 Abs. 3 des Soldatengesetzes vom 19. März 1956 (Bundesgesetzbl. I S. 114) ordne ich an:

Art. 1

Ich setze für die Soldaten folgende Dienstgradbezeichnungen fest:

I. Offiziere:
1. General, Admiral;
2. Generalleutnant, Vizeadmiral;

3. Generalmajor, Konteradmiral;
4. Brigadegeneral, Flottillenadmiral, Generalarzt, Admiralarzt;
5. Oberst, Kapitän zur See, Oberstarzt, Flottenarzt;
6. Oberstleutnant, Fregattenkapitän, Oberfeldarzt, Flottillenarzt;
7. Major, Korvettenkapitän, Oberstabsarzt, Marineoberstabsarzt;
8. Hauptmann, Kapitänleutnant, Stabsarzt, Marinestabsarzt;
9. Oberleutnant, Oberleutnant zur See;
10. Leutnant, Leutnant zur See.

II. Unteroffiziere:

1. Oberstabsfeldwebel, Oberstabsbootsmann;
2. Stabsfeldwebel, Stabsbootsmann;
3. Oberfeldwebel, Oberbootsmann;
4. Feldwebel, Bootsmann, Fähnrich, Fähnrich zur See;
5. Stabsunteroffizier, Obermaat, Maat, Fahnenjunker, Seekadett;
6. Unteroffizier.

III. Mannschaften:

1. Hauptgefreiter;
2. Obergefreiter;
3. Gefreiter;
4. Grenadier, Jäger, Panzerschütze, Panzergrenadier, Panzerjäger, Kanonier, Panzerkanonier, Pionier, Panzerpionier, Funker, Panzerfunker, Schütze, Sanitätssoldat, Flieger, Matrose.

Art. 2

(1) Ich bestimme für die Uniform der Soldaten:

I. Anzugsarten:

1. Der Dienstanzug beim Heer, bei der Luftwaffe und bei den Land-Marineteilen ist grau.
   Der Dienstanzug bei der Marine ist dunkelblau oder weiß.
2. Der Arbeitsanzug beim Heer und bei der Luftwaffe ist olivfarben.
   Der Arbeitsanzug bei der Marine ist blau.
3. Der Ausgehanzug beim Heer und bei der Luftwaffe ist grau.
   Der Ausgehanzug bei der Marine ist dunkelblau oder weiß.
4. Der Kampfanzug beim Heer ist mit Tarnaufdruck versehen.

II. Allgemeine Abzeichen:

1. Als nationales Abzeichen wird die schwarz-rot-goldene Kokarde getragen.

2. Es werden getragen:
   a) an der Mütze beim Heer zwei gekreuzte Säbel, bei der Luftwaffe eine Schwinge und bei der Marine ein Anker;
   b) bei der Luftwaffe ein Ärmelband mit Schwinge auf beiden Unterarmen.

III. Dienstgradabzeichen:

1. *Heer und Luftwaffe*

a) Grenadier
   keine Dienstgradabzeichen;

b) Gefreiter
   ein Schrägstreifen auf beiden Oberarmen;

c) Obergefreiter
   zwei Schrägstreifen auf beiden Oberarmen;

d) Hauptgefreiter
   drei Schrägstreifen auf beiden Oberarmen;

e) Unteroffizier
   ein Winkel mit der Spitze nach oben auf beiden Oberarmen;

f) Fahnenjunker
   — wie Unteroffizier — zusätzlich eine Aufsteckschlaufe als Schulterabzeichen;

g) Stabsunteroffizier
   — wie Unteroffizier — jedoch zwei Winkel;

h) Feldwebel
   ein Winkel mit der Spitze nach oben als Schulterabzeichen;

i) Fähnrich
   — wie Feldwebel — zusätzlich eine Aufsteckschlaufe;

k) Oberfeldwebel
   — wie Feldwebel — jedoch zwei Winkel;

l) Stabsfeldwebel
   — wie Feldwebel — jedoch drei Winkel;

m) Oberstabsfeldwebel
   — wie Feldwebel — jedoch vier Winkel;

n) Leutnant
   ein Stern als Schulterabzeichen;

o) Oberleutnant
   zwei Sterne als Schulterabzeichen;

p) Hauptmann
   drei Sterne als Schulterabzeichen;

q) Major
Eichenlaub und ein Stern als Schulterabzeichen;

r) Oberstleutnant
— wie Major — jedoch zwei Sterne;

s) Oberst
— wie Major — jedoch drei Sterne;

t) Brigadegeneral
goldene Eichenlaubstickerei auf dem Mützenschirm, goldenes Eichenlaub auf roten Kragenspiegeln, Eichenlaub und ein Stern in Gold als Schulterabzeichen;

u) Generalmamjor
— wie Brigadegeneral — jedoch zwei Sterne;

v) Generalleutnant
— wie Brigadegeneral — jedoch drei Sterne;

w) General
— wie Brigadegeneral — jedoch vier Sterne;

2. *Marine*

a) Matrose
keine Dienstgradabzeichen;

b) Gefreiter
ein Schrägstreifen auf beiden Oberarmen;

c) Obergefreiter
zwei Schrägstreifen auf beiden Oberarmen;

d) Hauptgefreiter
drei Schrägstreifen auf beiden Oberarmen;

e) Maat
ein Winkel mit der Spitze nach oben auf beiden Oberarmen;

f) Seekadett
ein Stern mit Umrandung auf beiden Oberarmen;

g) Obermaat
— wie Maat — jedoch zwei Winkel;

h) Bootsmann
ein Winkel mit der Spitze nach oben auf beiden Unterarmen;

i) Fähnrich zur See
ein schmaler langer Schrägstreifen auf beiden Unterarmen;

k) Oberbootsmann
— wie Bootsmann — jedoch zwei Winkel;

l) Stabsbootsmann
— wie Bootsmann — jedoch drei Winkel;

m) Oberstabsbootsmann
— wie Bootsmann — jedoch vier Winkel;

n) Leutnant zur See
ein mittelbreiter Ärmelstreifen auf beiden Unterarmen:

o) Oberleutnant zur See
ein mittelbreiter, darüber ein schmaler Ärmelstreifen auf beiden Unterarmen;

p) Kapitänleutnant
zwei mittelbreite Ärmelstreifen auf beiden Unterarmen;

q) Korvettenkapitän
zwei mittelbreite, dazwischen ein schmaler Ärmelstreifen auf beiden Unterarmen;

r) Fregattenkapitän
drei mittelbreite Ärmelstreifen auf beiden Unterarmen;

s) Kapitän zur See
vier mittelbreite Ärmelstreifen auf beiden Unterarmen;

t) Flottillenadmiral
goldene Eichenlaubstickerei auf dem Mützenschirm, ein handbreiter, darüber ein schmaler Ärmelstreifen auf beiden Unterarmen;

u) Konteradmiral
— wie Flottillenadmiral — jedoch ein handbreiter, darüber ein mittelbreiter Ärmelstreifen;

v) Vizeadmiral
— wie Flottillenadmiral — jedoch ein handbreiter, darüber zwei mittelbreite Ärmelstreifen;

w) Admiral
— wie Flottillenadmiral — jedoch ein handbreiter, darüber drei mittelbreite Ärmelstreifen.

Offiziere tragen statt der Ärmelstreifen die Streifen in entsprechender Anordnung als Schulterabzeichen, soweit Bekleidungsstücke mit Schulterabzeichen vorgesehen sind.

(2) Im übrigen übertrage ich die Befugnis zur Bestimmung der Uniform dem Bundesminister für Verteidigung.

II. Zweite Anordnung des Bundespräsidenten über die Uniform der Soldaten

Vom 26. Juli 1957

(BGBl. I 1056)

Auf Grund des § 4 Abs. 3 des Soldatengesetzes vom 19. März 1956 (Bundesgesetzbl. I S. 114) ordne ich an:

Art. 1

Ich hebe die Bestimmungen meiner Anordnung über die Dienstgradbezeichnungen und die Uniform der Soldaten vom 7. Mai 1956 (Bundesgesetzbl. I S. 422) auf, die die Dienstgradabzeichen der Stabsfeldwebel und Stabsbootsmänner sowie der Oberstabsfeldwebel und Oberstabsbootsmänner betreffen (Artikel 2 Abs. 1 Abschnitt III Nr. 1 Buchstaben l und m sowie Nr. 2 Buchstaben l und m).

Art. 2

Ich bestimme folgende Dienstgradabzeichen:

1. *Heer und Luftwaffe*
   a) Hauptfeldwebel
      ein Kopfwinkel mit der Spitze nach oben als Schulterabzeichen;
   b) Stabsfeldwebel
      ein Kopfwinkel und darunter ein Winkel mit der Spitze nach oben als Schulterabzeichen;
   c) Oberstabsfeldwebel
      — wie Stabsfeldwebel — jedoch zwei Winkel.

2. *Marine*
   a) Hauptbootsmann
      ein Kopfwinkel mit der Spitze nach oben auf beiden Unterarmen;
   b) Stabsbootsmann
      ein Kopfwinkel und darunter ein Winkel mit der Spitze nach oben auf beiden Unterarmen;
   c) Oberstabsbootsmann
      — wie Stabsbootsmann — jedoch zwei Winkel.

Anhang 3

Polizei und Bundeswehr

(VMBl. 1957 S. 486)

Die nachfolgenden Grundsätze für die Zusammenarbeit zwischen Polizei und Bundeswehr sind im Benehmen mit den Ländern aufgestellt worden. Nach ihnen ist zu verfahren.

I. Allgemeines

1. Der Grundsatz, daß alle Behörden und sonstigen staatlichen Einrichtungen sich um eine verständnisvolle Zusammenarbeit zu bemühen und im Rahmen ihrer sachlichen Zuständigkeit so weit wie möglich gegenseitig zu unterstützen haben, gilt auch für das Verhältnis zwischen Bundeswehr und Polizei.
2. Die Soldaten unterliegen wie jeder andere Staatsbürger den allgemeinen Gesetzen und unterstehen in Strafsachen grundsätzlich der allgemeinen Gerichtsbarkeit. Sie haben daher wie jeder andere Staatsbürger die Gesetze zu achten und den Anordnungen der Polizeibeamten Folge zu leisten, die diese in Ausübung ihres Dienstes erteilen.
   Soldaten im Dienst haben den Polizeibeamten auf Anforderung Hilfe und Unterstützung zu leisten, soweit nicht dringende dienstliche Gründe entgegenstehen.
3. Die Polizei schreitet gegen Soldaten in einer ruhigen, möglichst unauffälligen Form ein, die dem Ansehen von Bundeswehr und Polizei in der Öffentlichkeit angemessen ist.

II. Einschreiten der Polizei

1. **Einschreiten gegen Soldaten im Dienst**
   Befinden sich Soldaten im Dienst, so wendet sich die Polizei tunlichst an einen militärischen Vorgesetzten, sofern ein solcher zur Stelle oder schnell erreichbar ist. Einzelne Soldaten sind als im Dienst befindlich nur dann anzusehen, wenn es die Umstände (z. B. Postenstehen) eindeutig erkennen lassen oder wenn sie einen Ausweis darüber vorzeigen können.
   Befindet sich ein Soldat im Dienst, so soll ihn die Polizei nur aus besonders dringlichen Gründen selbst festnehmen, z. B. wenn er bei einem Verbrechen oder Vergehen auf frischer Tat betroffen wird.

2. **Einschreiten gegen Soldaten in militärischen Anlagen**

Befindet sich ein Soldat in einer militärischen Anlage, insbesondere in einem Dienstgebäude oder in einer schwimmenden Einheit der Marine, so wendet sich die Polizei an den zuständigen Vorgesetzten des Soldaten. Eine Festnahme ist tunlichst im Benehmen mit dem Disziplinarvorgesetzten des Soldaten durchzuführen.

3. **Einschreiten gegen Soldaten außer Dienst**

Soldaten, die sich weder im Dienst noch in einer militärischen Anlage befinden, sind ebenso zu behandeln wie Zivilpersonen.
Ist das Verhalten von Soldaten in der Öffentlichkeit geeignet, dem Ansehen der Bundeswehr zu schaden, ohne daß der Verdacht einer strafbaren Handlung oder eine Störung der öffentlichen Sicherheit oder Ordnung vorliegt, so soll die nächste erreichbare Wache der Feldjägertruppe oder einer anderen militärischen Dienststelle verständigt werden.

4. **Maßnahmen bei Festnahmen**

Die Polizei ist berechtigt, festgenommenen Soldaten mitgeführte Waffen abzunehmen. Dienstwaffen sind dem Truppenteil (Dienststelle) des Festgenommenen zur Verfügung zu stellen, sofern sie nicht als Beweismittel benötigt werden. Die Polizei hat von der Festnahme und der Freilassung eines Soldaten unverzüglich den Disziplinarvorgesetzten des Festgenommenen oder, falls dieser nicht zu erreichen ist, die nächste Standortkommandantur zu benachrichtigen. Ist die Vorführung eines durch die Polizei vorläufig festgenommenen Soldaten vor den Richter notwendig, so ist anzustreben, daß der Soldat hierbei bürgerliche Kleidung trägt.

5. **Maßnahmen bei polizeilicher Verwahrung**

Soldaten, die lediglich aus Gründen der Gefahrenabwehr durch die Polizei in Verwahrung genommen werden, sind nach Möglichkeit der nächsten militärischen Wache oder Dienststelle mit einem Bericht zu übergeben. Mit der Übergabe ist die polizeiliche Verwahrung beendet. Sofern eine Übergabe nicht erfolgt, ist der Disziplinarvorgesetzte oder die nächste Standortkommandantur wie bei der Festnahme zu verständigen.

6. **Zutritt zu militärischen Anlagen**

Wird eine Beschlagnahme oder eine Durchsuchung in einem Dienstgebäude oder einer nicht allgemein zugänglichen Einrichtung oder Anlage der Bundeswehr erforderlich, so wird die vorgesetzte Dienst-

stelle der Bundeswehr um ihre Durchführung ersucht. Diese ist verpflichtet, dem Ersuchen zu entsprechen. Die ersuchende Stelle ist zur Mitwirkung berechtigt. Des Ersuchens bedarf es nicht, wenn die Beschlagnahme oder Durchsuchung in Räumen vorzunehmen ist, die ausschließlich von anderen Personen als Soldaten bewohnt werden (§ 98 Abs. 4, § 105 Abs. 4 StPO in der Fassung des Vierten Strafrechtsänderungsgesetzes).
Macht die Durchführung von Maßnahmen, die nicht der Strafverfolgung dienen, das Betreten militärischer Anlagen erforderlich, so wendet sich der Polizeibeamte an den für die Anlage zuständigen Dienststellenleiter (Kasernen- oder Schiffskommandant) oder an die von diesem bestimmte Stelle (z. B. Offizier vom Dienst). Dem Ersuchen des Polizeibeamten ist zu entsprechen, soweit es sich nicht um das Betreten von Anlagen handelt, die Geheimschutz genießen. Ist der zuständige Vorgesetzte nicht erreichbar, so kann bei Gefahr im Verzuge ohne seine Mitwirkung vorgegangen werden. Er ist jedoch nachträglich unverzüglich zu unterrichten.
Bei Amtshandlungen in militärischen Dienstgebäuden oder sonstigen militärischen Anlagen sowie bei der Durchsuchung von Fahrzeugen der Bundeswehr, die sich auf Dienstfahrt befinden, soll der militärische Dienst durch die Ausführung polizeilicher Tätigkeiten möglichst nicht beeinträchtigt werden. Die Entscheidung trifft die Polizei.

III. Zusammenwirken im Straßenverkehr

1. **Verkehrsregelung**

   Die Polizei trägt bei der Regelung des Straßenverkehrs dafür Sorge, daß militärische Kolonnen ungehindert marschieren können. Die Truppeneinheiten sorgen für eine zweckmäßige Gliederung der Kolonnen, so daß der Straßenverkehr möglichst wenig behindert wird. Größere Marschvorhaben werden der Polizei so frühzeitig mitgeteilt, daß diese die erforderlichen Maßnahmen rechtzeitig treffen kann. Die Polizei regelt in Zusammenarbeit mit den militärischen Dienststellen die Durchfahrt der Kolonne.

2. **Verkehrsunfälle**

   Die Aufnahme von Verkehrsunfällen ist Aufgabe der Polizei. Ist bei einem Verkehrsunfall ein Fahrzeug der Bundeswehr beteiligt, so übersendet die Polizei eine Durchschrift der Unfallanzeige unverzüglich an die Dienststelle, der der Führer des Fahrzeuges angehört.

IV. Befugnisse der Streifen der Bundeswehr

Streifen der Bundeswehr (Soldaten im militärischen Ordnungsdienst) haben Befugnisse nur gegenüber Soldaten. Die Rechtsgrundlage für das Einschreiten der Streifen der Bundeswehr bilden vor allem die Bestimmungen der §§ 10 und 17 des Soldatengesetzes vom 19. März 1956 (BGBl. I S. 114), § 9 der Wehrdisziplinarordnung vom 15. März 1957 (BGBl. I S. 189*) sowie § 3 der Verordnung über die Regelung des militärischen Vorgesetztenverhältnisses vom 4. Juni 1956 (BGBl. I S. 459). Im einzelnen ergeben sich ihre Befugnisse aus den hierfür maßgebenden Dienstvorschriften. Die Polizei ist gehalten, Hilfeersuchen der Streifen zu entsprechen, sofern die rechtlichen Voraussetzungen für ein Einschreiten der Polizei vorliegen.

V. Gemeinsame Streifen der Bundeswehr und Polizei

Es kann zweckmäßig sein, auf Grund örtlicher Vereinbarungen Streifen von Bundeswehr und Polizei einzusetzen. Soweit es sich dabei um die Ausübung polizeilicher Befugnisse handelt, liegt die Leitung bei der Polizei, die insoweit auch die Verantwortung für alle zu treffenden Maßnahmen trägt.

BMVtg. 14. August 1957.
VIII A 3 — 1754/57.

---

*) und VMBl. S. 199.

Sachregister

(Die Zahlen bedeuten die Seiten)

W

Z

FSC
www.fsc.org
MIX
Papier | Fördert
gute Waldnutzung
FSC® C083411

Kolibri 360 GmbH
Ferdinand-Jühlke-Straße 7
99095 Erfurt, Deutschland
produktsicherheit@kolibri360.de